城市产教融合影响机制与发展评价研究

陈振斌 著

中国矿业大学出版社
·徐州·

图书在版编目(CIP)数据

城市产教融合影响机制与发展评价研究 / 陈振斌著
.—徐州：中国矿业大学出版社，2023.3

ISBN 978-7-5646-5760-4

Ⅰ.①城… Ⅱ.①陈… Ⅲ.①职业教育—产学合作—研究—中国 Ⅳ.①G719.2

中国国家版本馆 CIP 数据核字(2023)第 044756 号

书　　名　城市产教融合影响机制与发展评价研究
著　　者　陈振斌
责任编辑　史风萍
出版发行　中国矿业大学出版社有限责任公司
(江苏省徐州市解放南路　邮编 221008)
营销热线　(0516)83885370　83884103
出版服务　(0516)83995789　83884920
网　　址　http://www.cumtp.com　**E-mail**:cumtpvip@cumtp.com
印　　刷　徐州中矿大印发科技有限公司
开　　本　710 mm×1000 mm　1/16　**印张** 15.75　**字数** 266 千字
版次印次　2023 年 3 月第 1 版　2023 年 3 月第 1 次印刷
定　　价　58.00 元

前 言

产教融合是优化人才培养结构、促进科技成果转化的有效途径,也是推动产业转型升级、经济高质量发展的战略性举措。党的十八大以来,围绕推动产教融合,国家陆续出台了系列政策文件和重要举措。2017 年 12 月,国务院办公厅印发《关于深化产教融合的若干意见》,将产教融合上升为国家教育改革和人才开发的整体制度安排。2019 年 7 月,中央全面深化改革委员会第九次会议审议通过《国家产教融合建设试点实施方案》,指出城市是深化产教融合的重要载体,是改革政策落实的主节点。党的二十大报告提出,“教育、科技、人才是全面建设社会主义现代化国家的基础性、战略性支撑”,“统筹职业教育、高等教育、继续教育协同创新,推进职普融通、产教融合、科教融汇”。随后,中共中央办公厅、国务院办公厅印发《关于深化现代职业教育体系建设改革的意见》,提出以产业园区为基础,打造兼具人才培养、创新创业、促进产业经济高质量发展功能的市域产教联合体。然而,我国很多地级城市虽然拥有一定的产业基础和教育资源,但在企业需求侧和学校供给侧之间仍然存在“两张皮”的问题,地方产业需求与教育供给的结构性矛盾突出,产教融合发展未见实效。因此,系统分析城市产教融合的影响因素,科学评价城市产教融合的发展水平,积极探索城市产教融合的优化路径,对深化产教融合、推进城市高质量发展具有重要意义。

城市产教融合是不同主体相互博弈、相互协调,并与所处的外部环境相互影响、相互作用的过程,具有典型的生态系统特征。本研究遵循“是什么(产教融合生态系统分析)—为什么(产教融合影响机制)—怎么样(产教融合发展评价)—如何做(产教融合优化路径)”的逻辑,综合运用文献研究、调查研究、系统分析及统计分析等方法,研究城市产教融合的影响因素结构及其作用关系，建立城市产教融合评价体系，评价城市产教融合发展水平，提出城市产教融合的优化路径。不同于过往单纯从学校角度研究产教融合问题，本研究聚焦区域层面的产教融合问题，运用多学科理论和方法，研究以城市为载体的产教融合影响机制与评价问题，力图实现产教融合研究的视角创新和方法创新。

以生态系统理论为视角，本研究从产教融合主体、环境和机制三个层面筛选城市产教融合影响因素，综合运用决策试验与评价实验室方法(DEMATEL)和解释结构模型方法(ISM)确定城市产教融合影响因素的重要性程度及层次结构。DEMATEL 模型的研究结果表明，宏观政策法规、政府功能发挥、技术人才需求、社会文化氛围、城市平台载体、微观主体制度、区域组织运行等因素对城市产教融合有显著的影响，且对其他结果型影响因素也有较大的影响。ISM 模型的研究结果表明，表层影响因素主要集中于主体层面，中间层影响因素主要集中于机制层面，深层影响因素主要集中于环境层面。由此可以推断，机制层面影响因素正向作用于主体层面影响因素；环境层面影响因素不仅正向作用于机制层面影响因素，而且正向作用于主体层面影响因素。编制城市产教融合影响因素调查问卷，建立结构方程模型(SEM)验证城市产教融合影响因素作用关系的理论假设，实证研究结果支持环境层面、机制层面和主体层面影响因素作用关系的推断。

以综合评价理论为基础，研究中引入 CIPP 评价模型，从产教融合环境(Context)、产教融合资源(Input)、产教融合过程(Process)和产教融合成效(Product)四个维度构建城市产教融合评价指标体系。考虑到评价指标的模糊性和不确定性，采用模糊直觉层次分析法(IFAHP)计算城市产教融合评价指标权重，结果表明产教融合环境是最重要的评价维度，政策法规是最重要的评价指标。基于二元语义的综合评价方法，将专家的语言评价信息转化为二元语义信息，并通过有序加权平均算子实现对二元语义信息的集结，可以有效避免语言信息在处理过程中的损失和扭曲，使评价信息更加准确。以江苏省徐州市为例的评价方法应用表明，城市产教融合评价方法不仅能判断城市产教融合发展水平，还能反映产教融合环境、资源、过程、成效等各维度的状态，为城市产教融合的优化提供重要依据。

根据城市产教融合影响机制及发展评价研究结果，研究提出从环境、机制和主体三个层面提出城市产教融合的优化路径。在环境层面，要推动政策协同，建立组合激励政策体系；加强园区建设，搭建产教融合平台载体；创新人才评价，形成合作创新的社会文化。在机制层面，要完善共建共享机制，促进资源有效转换；建立利益平衡机制，实现产教融合主体共赢；创新组织形态及运行机制，促进产教融合良性运行。在主体层面，政府发挥规划引领功能，统筹城市产教融合发展格局；学校创新人才培养模式，提高服务行业企业能力；企业利用资源比较优势，推动协同育人和合作创新。

当前，国家关于产教融合试点城市建设已经全面启动，首批认定的21个国家产教融合试点城市相继制定出台了建设实施方案。试点城市在建设过程中探索不同的产教融合发展模式和运行机制，在积累建设经验的同时也暴露出不同层面的问题，需要理论研究、政策回应和经验推广。随着国家现代职业教育体系“一体两翼”战略任务的实施，以产业园区为载体的市域产教联合体将成为推进产教深度融合的重要抓手，城市产教融合问题研究也将进一步推动形成区域产业与教育统筹融合、良性互动的发展格局。

作　者

2023年2月

目 录

1

绪　　论

1.1 研究背景与意义

人才是创新驱动的核心要素，是城市发展的第一资源。当前，我国人才培养供给侧和产业需求侧在结构、质量、水平上还不能完全适应，特别是随着新增劳动年龄人口增速下降，人才供需的结构性矛盾凸显。《国务院办公厅关于深化产教融合的若干意见》(国办发〔2017〕95号)提出，"制定实施经济社会发展规划，以及区域发展、产业发展、城市建设和重大生产力布局规划，要明确产教融合发展要求，将教育优先、人才先行融入各项政策"。党的二十大报告提出，"教育、科技、人才是全面建设社会主义现代化国家的基础性、战略性支撑"，并强调"统筹职业教育、高等教育、继续教育协同创新，推进职普融通、产教融合、科教融汇"。产教融合是深化职业教育、高等教育等改革，促进人才培养供给侧和产业需求侧结构要素全方位融合的战略性举措。在一些城市，大规模的产业升级，急需现代教育体系的支撑，这使得城市产教融合发展成为当前重要的研究课题。

1.1.1 研究背景

(1) 产教融合是推进人力资源供给侧结构性改革的迫切要求

随着宏观经济结构转型和产业升级进程的不断深化，我国教育供给与产业需求的结构性矛盾日益显现，主要体现在人才供给与需求的类型结构性矛盾、层次结构性矛盾、专业结构性矛盾等方面[1]。就人才供需的类型结构性矛盾而言，我国高技能劳动力供求缺口较大，据2021年8月12日《人民日报》评论，当前我国技能劳动者占就业人口总量仅为26%，高技能人才仅占技能人才总量的28%。技术技能型人才培养难以满足产业界的需求，导致一方面企业面临"技术技能型人才用工荒"，另一方面高校毕业生面临"就业难"。就人才供需的层次结构性矛盾而言，一些地方本科高校不能很好地坚持为区域经济发展培养技术技能型人才的办学定位，转而盲目追求举办更高层次的研究生教育，在一定程度上导致研究生供给数量超过劳动力市场的实际需求，在局部区域和行业产生教育过度的现象。就人才供需的专业结构性矛盾而言，部分高校（包括职业院校）专业设置与国家宏观经济结构、区域产业结构存在错配，未能建立高效的专业结构动态调整机制，导致部分专业的人才供给与产业需求失衡。与此同时，部分高校盲目追求专业数量的“大而全”而不注重专业内涵建设，导致专业人才培养质量与产业人才需求匹配性不高。

作为人才培养改革的重要路径，产教融合最早出现在职业教育领域，其发展经历了萌芽阶段、形成阶段、发展阶段和繁荣阶段，其内涵和形式也经历了从劳教结合、产教结合、校企合作到产教融合的演进[2]。早期的产教融合是一种人才培养模式，强调专业建设与行业企业人才需求对接、课程建设与职业岗位能力需求对接、师资队伍建设与行业企业专家能手对接、实践平台建设与行业企业产研需求对接[3]，定位于培养面向生产、服务等一线工作的高素质技能型专门人才。随着产业转型升级的深化，产教融合不仅强调紧密对接经济带、城市群、产业链布局，解决学校（普通高等院校①、职业院校）人才培养滞后于新产业技术变革的现实问题，而且强调学校学科集群与区域产业集群融合，打造区域科技创新体系，与区域经济社会同步发展[4]。当前，产教融合已经成为国家教育改革和人才资源开发的整体性制度安排，强调以职业教育和高等教育为重点的整个教育体系与整个产业系统发展方式的变革，实现国家整个产业系统与整个教育系统的融合。

(2) 产教融合面临“合而不深”的困境

通过近年来国家层面出台的一系列政策，可以看出产教融合已经上升为国家战略[5]。实施产教融合，有效促进了教育供给结构与产业需求结构的匹配，学校与企业在合作育人、合作科研方面的成效初步显现。但是，产教融合是一项涉及多主体的系统工程，在深化发展过程中还面临许多困境。其一，学校和企业在产教融合过程中对接渠道不畅通。在产教融合实施前期，无论是学校还是企业，人才和科技成果信息的发布和获取渠道均较为单一，很多情况下是由学校或企业单方面主动联系，以“点对点”的方式进行信息沟通，政府部门、社会组织在产教融合对接中发挥的作用十分有限。在产教融合实施过程中，当出现问题或冲突时，学校和企业的沟通与协调多数处

① 本研究中提到的普通高等院校是指实施普通本科层次、研究生层次学历教育的学校。

于浅层次，有时甚至通过私人关系协商解决，而制度化的沟通协调机制和信息对接渠道尚未有效建立。其二，政府在产教融合中的定位不准。“缺位”和“越位”是政府在产教融合中经常出现两种问题。从资源配置的角度来讲，产教融合问题应该通过市场来解决[6]，但如果政府的引导功能缺位，过分依赖市场，会引致企业营利性诉求和学校公益性文化的冲突，使得产教融合失去原有的价值定位。事实上，产业系统和教育系统均不能独立完成产教融合的落实任务，需要政府的统筹规划。当然，政府在产教融合中也存在越位的可能，即政府以规制代替市场调节，没有按照产教融合主体的市场规律而进行强力统筹，使得产教融合主体失去应有的活力。其三，配套制度未能系统建立。尽管国家层面接连出台利好政策，要求落实组合投融资和财政等政策激励，对于产教融合型企业给予“金融＋财政＋土地＋信用”的组合式激励，但是地方政府的配套政策还不够完善，很多企业未能享受到税收减免或融资优惠的待遇。另外，学校和企业在产教融合中的产权关系、利益分配以及责任划分等也缺乏系统化的配套政策，影响校企合作的稳定性和产教融合的深入性[7]。以产权问题为例，由于产教融合中的产权界定不清晰，职业院校的股份制、混合所有制改革很难落实。一方面，公办职业院校接受政府教育部门或相关行业部门的管理，并没有完全的办学自主权，由于涉及国有资产问题，学校很难自主决定推进股份制或混合所有制改革。另一方面，我国教育领域的准入规则和退出机制还不完善，企业以资本、技术、管理等要素参与办学时的产权很难得到有效认定，也很难享受相应的权利，这就会影响企业参与产教融合的动力。

前述种种困境制约着产教融合的发展，因此要想产教融合真正落地，必须探索区域层面的产教融合问题[7]，将教育系统和产业系统的人才、智力、技术、资本、管理等资源要素集聚、融合，建立价值共创、利益共享的共同体[8]。

(3) 城市成为深化产教融合的重要载体

为深化产教融合，促进教育链、人才链与产业链、创新链有机衔接，2019年10月国家发展改革委、教育部等6部门印发《国家产教融合建设试点实施方案》，明确提出通过5年左右的努力，试点布局50个左右产教融合型城市。随后，2021年7月国家发展改革委、教育部印发《关于印发产教融合型企业和产教融合试点城市名单的通知》，浙江宁波、江苏常州等21个城市入选首批国家产教融合试点城市。试点城市以地级城市为主体，产教资源相对集聚，经济总量在本省（区）处于前列，主导产业特色鲜明、优势突出，多数城市职业教育和高等教育在校生超过20万人，具有良好的人才基础。这标志着深化产教融合改革正向纵深迈进，城市成为深化产教融合的重要载体，是改革政策落实的主节点。

城市产教融合是指在市域范围内，政府发挥统筹规划和政策引导功能，产业系统与教育系统按照市场机制和教育规律实现有序贯通衔接，为城市经济社会发展提供人才资源、创新资源支撑。可以看出，不同于学校产教融合或企业产教融合，城市产教融合强调政府统筹和市场机制并重，通过整体性治理降低产教融合的制度性交易成本，通过利益均衡机制激发产教融合主体的活力和动力。然而，当前关于城市产教融合的研究主要关注于要素分析[9]、思路梳理[10]和经验借鉴[11]等层面，缺乏对于城市产教融合的机理分析。因此，深入挖掘城市产教融合的影响因素及其结构化关系，系统评价城市产教融合的发展水平，多维度探讨城市产教融合的路径选择，能揭示城市产教融合的过程和机理，促进产教融合深化发展。

1.1.2 研究意义

产教融合作为城市发展的关键动能，能够促进区域教育链、人才链与产业链、创新链有机衔接，提高人才培养质量，增强区域创新能力，推进城市经济转型升级。因此，研究城市产教融合的系统结构、影响因素及其作用关系，开展城市产教融合的发展评价，提出城市产教融合深化发展的政策建议，具有重要的理论意义和实践意义。

(1) 理论意义

以城市为分析单元研究产教融合问题，深化和拓展了产教融合研究领域。产教融合作为一种办学模式最早出现于职业教育领域，之后逐渐推广到普通高等教育领域，而随着《国务院办公厅关于深化产教融合的若干意见》的出台，产教融合已经成为一项经济社会发展战略。以往的研究主要集中于探讨职业教育、普通高等教育等某种类型教育的产教融合问题，而较少从区域层面研究产教融合问题。本研究将城市产教融合作为一个生态系统，将区域内普通高等院校、职业院校、行业企业和政府纳入同一个分析框架，分析城市产教融合生态系统结构、生态主体、生态环境和生态机制，研究城市产教融合的影响因素、作用机制、评价体系、优化路径等问题，拓展了产教融合研究的深度和广度。

以产教融合为内容研究城市发展问题，丰富和发展了城市发展理论。城市是区域经济、政治、科学技术和文化教育发展中心[12]。以往学界主要从经济学、地理学、生态学、市政管理学等学科视角，研究城市经济、城市规划、城市生态、城市安全、城市管理等问题，而对于支撑城市发展的教育科技资源及其与产业发展的互动关系缺乏系统、深入的研究。教育是城市发展的内生动力，高水平人才培养和科技创新对于城市产业转型升级具有重要的引领和支撑作用。本研究将产教融合作为开发人才资源和实现创新驱动的主要路径，研究城市产教融合的内涵特征和系统结构，分析城市产教融合的组织形态和运行机制，丰富了城市发展理论的研究内容。

(2) 实践意义

城市产教融合影响因素的识别及其作用关系的分析，为城市产教融合模式和路径选择提供决策依据。城市产教融合不仅受到主体因素、运行机制的影响，而且受到外部环境的影响。这些因素对于城市产教融合的影响程度并不完全一致，有些因素会对其他因素产生影响，有些因素会受到其他因素的影响，厘清影响因素之间的作用关系，能够区分影响因素的重要性程度以及影响因素的层次结构，明确哪些影响因素是表层因素、哪些影响因素是深层因素，有利于政府、学校和企业等产教融合主体采取标本兼治措施，形成有效的产教融合模式和产教融合路径，促进城市产教融合发展。

城市产教融合评价指标体系及评价模型的建立，为科学评价城市产教融合发展水平提供实证支持。产教融合是一个复杂的、动态的过程，其在人才培养、协同创新、科技成果转化方面的成效具有滞后性，因此产教融合评价必须坚持结果评价与过程评价相结合，注重产教融合主体的参与度、产教融合过程的协同度、产教融合成果的贡献度。开展城市产教融合评价，就是要对城市产教融合的环境、资源、过程、成效等指标进行量化计算或做出诊断性评价。通过评价城市产教融合发展水平，能够促进产教融合主体多元化、治理结构现代化，在优化产教融合环境、创新产教融合机制中提高产教融合质量。同时，评价体系的建立还能为国家产教融合试点城市遴选和评估提供决策依据，有利于试点城市完善发展规划和资源布局、推进人才培养改革，引领城市产教融合发展。

1.2 文献综述

产教融合是教育与经济关系问题域中重要的研究课题，与此相关联的概念有校企合作、产学研合作、产教结合等，尽管这些概念出现的时代背景不同、内涵有所区分，但它们之间也存在较强的联系，甚至有的概念在特定情境下是通用的。本研究在梳理文献时重点分析产教融合的概念体系和理论框架，在分析个体层面和组织层面的产教融合时也会使用校企合作等方面的理论研究成果。

1.2.1 国内研究现状

国内关于产教融合的研究从1995年开始逐年增多，2019—2020年进入高峰，研究主题的共词网络如图1-1所示。可以看出，国内有关产教融合的

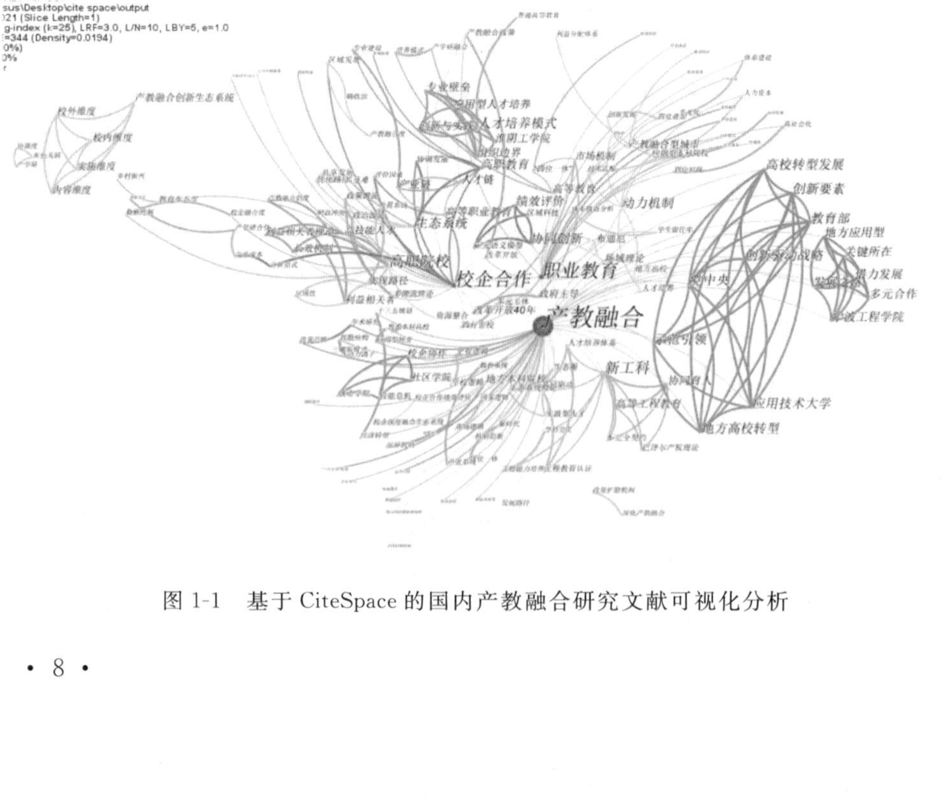

图1-1 基于CiteSpace的国内产教融合研究文献可视化分析

研究主要从产教融合的内涵与特征、组织与制度、模式与路径、困境与成因等方面展开，同时也有研究关注城市与教育、产业的互动关系以及融合问题。

(1) 产教融合的内涵与特征研究

从公开发表的文献来看，国内最早提出产教融合这一说法的是江苏无锡市技工学校（1995年）。该校在探索提高学生实习质量的过程中，提出“产教融合化”，即“千方百计寻求与生产实习紧密结合的产品，以提高学生的质量意识、产品意识、时间观念及动手能力”。这里的产教融合内涵很狭小，“产”仅指产品，“教”仅指实习教学[13]。此后，产教融合这一概念在不同领域学者的研究文献和国家政策文件中被广泛使用，其内涵已不再局限于职业学校和企业之间的合作，而是逐渐向产业系统和教育系统的协同共生演进[14]，出现了模式论、关系论、制度论等多种观点，如表1-1所示。

表1-1 产教融合内涵的主要观点

主要观点	内涵描述
模式论	育人方式上的融合，即教育教学过程与生产工作过程的融合；育人内容上的融合，即教育教学内容与生产技术技能的融合[15]； 将行业、企业最新的技术原理、技术手段、技术工艺、技术操作引入学校，学生吸收内化为自己的技术思维、技术行为、技术态度和技术文化，提升学生的技术素养，从而为产业提供高素质技术技能人才[16]
关系论	产教融合就是职业教育与产业深度合作，是职业院校为提高其人才培养质量而与行业企业开展的深度合作[13]； 由院校、企业、政府等多方参与，以满足社会对高素质技能型劳动力需求为目的，以互信合作为基础，以多方共赢为动力，以项目合作为载体，通过对各主体优质资源的共建共享、整合优化实现多主体协同育人的社会组织形式[17]； 产教融合实质是教育与产业经济发展间的一体化互动关系[4]

表 1-1(续)

主要观点	内涵描述
制度论	产教融合的本质在于把职业教育与经济社会发展紧密地联系在一起，以促进区域经济社会发展为目标，以人才培养和企业发展为落脚点，逐步实现运行模式、课程体系、资源集成良性互动的机制创新[18-19]； 教育部门与产业部门之间多元主体协商共治、协同规划、共同承担育人任务、人才育用衔接合理的制度完善、政策配套的理想状态[20-21]； 产教融合是一种社会化知识生产制度安排[22]

产教融合不仅是职业教育特质的体现，同时也是高等教育转型发展的重要路径。袁靖宇指出，产教融合正成为破解产业和高等教育主要矛盾、解决经济社会发展不平衡不充分的战略抉择[23]。邢晖等提出，职业教育和高等教育与经济、创新、就业以及高素质专门化人才培养的关系最为密切，都是深化产教融合在教育上的重点[24]。施晓秋等认为，产教融合可以在不同层次的院校，以不同的内涵与形式得到贯彻与落实[25]。《国务院办公厅关于深化产教融合的若干意见》对不同类型教育的产教融合提出要求，职业教育要“结合区域功能、产业特点探索差别化职业教育发展路径”，高等教育要“引导高校将企业生产一线实际需求作为工程技术研究选题的重要来源”，“健全高等学校与行业骨干企业、中小微创业型企业紧密协同的创新生态系统”。陈锋认为，产教融合是高等教育、职业教育融入国家创新体系建设的关键环节，是推动高等教育、职业教育内涵发展的核心机制[26]。落实到院校层面，产教融合是由地方院校与地方特色优势企业在产学研等方面开展的类型丰富、层次多样的合作，通过地方政府在财政、税收等制度层面的保障，在学校、企业和政府三方深度合作的良性运行机制推动下，提升学校人才培养质量和就业率，促进企业生产效率，实现区域社会经济发展[27]。

产教融合功能不仅包括协同育人，还包括协同创新和科技成果转化。姜大源指出，95%的高校都要走产教融合的道路，这条路也是为了使大学的研究成果转化为生产力。要实现教育、人才与产业、创新的有机链接，应形成一种高等教育与职业教育在科技成果产业转化的“有机链”，也就是说：不只是按照教育类型的各个院校单独与产业的“双元双边”合作，而是要构建

“学术型—应用型—职业型(高职和中职)—产业企业”的“多元多边互联互动”机制[28]。通过建立校企合作的技术技能人才培养模式,以企业为主体推进协同创新和成果转化,可以推进产教融合实体化运作,促进教育教学和人才优势转化为创新优势和产业竞争优势[29]。因此从过程上来说,产教融合是学校教育教学过程与企业生产过程的对接,是融教育教学、生产劳动、素质养成、技能提升、科技研发、经营管理和社会服务于一体的过程[30-32]。就目标而言,实施产教融合既要培养高素质创新人才和技术技能人才,解决人才培养供给侧和产业需求侧的重大结构性矛盾;也要开展协同创新,加快基础研究成果向产业技术转化,全面提升我国的自主创新能力[22]。

产教融合是多元主体互动与资源整合的过程,不同学者从不同角度分析了产教融合的特征。杨善江指出,产教融合具有“双主体”性(双主体指产业和院校)、跨界性(教育、产业、政府和社会的联合)、互利性、动态性、知识性(实现知识的流动与增值)、层次性(包括宏观的国家和地区关于产教融合的方略设计、中观的教育部门与产业部门的相互适应和配合、微观的教育教学过程和企业生产过程的衔接和统一)等六个基本特征[33]。钱程等认为,产教融合具有系统性、协同性、开放性、共生性等特点[34];邱晖等认为,多元化主体合作共赢、多层次动态演化、不同要素资源的优化组合和协同创新,是产教融合的基本特征[17]。陈志杰指出,职业教育产教融合是一种“产业”和“教育”、“企业”和“学校”、“生产”和“教学”相融合的人才培养模式,具有跨界、双主体、动态适应等特征[3]。万卫等分析了产教融合的性质,认为产教融合具有多元合作、需求导向、动态生成等特征[35]。孙云飞等提出产教融合需要高校、企业和政府等多方主体参与,具有多元合作、互利共赢和资源整合等特征[36]。以上研究结果表明,产教融合具有多元合作、跨界治理、资源整合、价值共创等显著特征。

(2) 产教融合的组织与制度研究

关于产教融合的组织与制度,学者们主要从产教融合的参与主体、运行机制、组织形态以及制度环境等方面展开研究。

产教融合的参与主体经历了从“双主体”到“多主体”的演变。传统的校企合作只是停留在显性主体(学校和企业双主体)层面,这样的合作局限于某个具体的环节,还没有达到融合的程度。李进基于公共治理的视角指出,产教融合形成“政府宏观统筹，企业学校共为主体，政府、企业、学校、行业、社会协同推进”的发展格局，实现人才培养供给侧与产业需求侧结构要素全方位融合[29]。董刚认为产教融合中要落实政府职能，建立产教融合联动工作机制；学校先行，全方位贯彻产教融合理念；加强行业组织建设，充分发挥行业指导作用[37]。张健提出产教融合的多元主体治理，其中政府是关键性主体，行业是指导性主体，学校是根本性主体，企业是实质性主体[38]。谢维和通过分析职业教育产教融合的政策和措施，指出产教融合中政府的地位和角色从过去的“主导”变成了“推动”，而要求职业学校更多地根据市场的引导进行办学[37]。杨钋认为，改善校企合作的核心问题在于如何把政府放回校企合作的框架中间。政府出台产教融合促进政策的时候，应该鼓励企业参与，同时也要关心校企合作的类型、成本分担的方式、技能形成的主体和技能类型[39]。可以看出，产教融合主体不仅包括学校和企业，政府、行业组织也是其中的关键主体。

产教融合运行机制是参与主体协同合作的运行方式。王秋玉分析了产教融合运行机制的内涵，即学校紧扣地方优势特色产业，主动与相关企业开展深度合作，政府参与支持，实现三方共赢发展的科学高效的运转机制[27]。这里借鉴三螺旋理论，不仅强调政府、学校、企业三方在产教融合过程中的内部功能，还旨在促进三方主体的彼此交融、互相合作。刘志敏认为，产教融合机制的形成需要产教融合的各方同步规划、同步设计、同步发展，其核心途径是转化资源要素、创造利益共同体和实现价值共享[40]。李梦卿等提出，产教融合的运行机理在于构建专业链与产业链对接、课程内容与职业标准对接、教学过程与生产过程对接的生态循环体[41]。因此，对产教融合的组织，地方政府要积极支持企业作为重要主体参与职业院校的办学，鼓励企业多要素参与，从过去以资本要素为主，向资本、技术、设备、管理等多要素拓展，强化企业参与职业院校办学的要素供给，明确企业办学的权利，创新企业参与职业院校办学的体制机制[29]。对产教融合的保障，要加强立法，明确产教融合各主体的职权责，强调产教融合是各主体的义务，而非自愿行为，受法律约束与保护[38]；要加强评估监督，健全产教融合条件下第三方评价的各类规范，促进第三方评价与产教融合同步实施[42]；要加强信息服务，建设产教融合信息服务平台，动态监测产教融合多元主体的行为，以便更好地协调产教融合主体之间的关系[43]。可以看出，产教融合的高效运行有赖于主体间的资源共享、对接协调及组织保障。

在产教融合组织形态方面，我国的产教融合实践已经形成了产业学院、职教集团、产教融合园区、校中厂（场）、厂中校、智慧学习工场、教师工作室、产教融合型企业等多元化组织形态。未来的集成化产教融合组织形态对于学校而言更多的是产业学院，对于企业而言更多的是产教融合型企业建设[44]。鲁武霞提出在公办高职院校二级单位层面上，依托产教融合集成化实践平台建设“共享工厂”，形成“1＋N”学校与企业合作的混合所有制办学模式[45]。孙卫平等从中观层面分析产教融合组织体系，提出职业院校整合企业、行业、科研院所、园区、政府等多方资源，依托校企联盟和产业学院，构建“职教集团—校企联盟—产业学院”三位一体的产教融合体系[46]。还有学者将共同体理论引入产教融合领域，提出建构产教融合共同体，化解融合发展中的“碎片化”现象，提升产教融合共同体主体行为的有序性，创造良好的组织生态环境[47]；构建以专业（群）为单元的产教融合开放育人平台，将产教融合落实到专业（群）层面，形成产教融合综合体、产教融合有机体和产教融合共生体[48]。总而言之，产教融合组织形态具有跨主体的特性，通过组织资源、组织文化的整合实现价值共创。

在产教融合政策和制度方面，国家政策文本中第一次出现产教融合的相关概念是1991年的《国务院关于大力发展职业技术教育的决定》，“提倡产教结合，工学结合”[20]。2014年，《国务院关于加快发展现代职业教育的决定》首次提出建立健全职业教育产教融合制度。在这之后，国家将职业教育产教融合的思路不断推广到普通高等教育领域[38]。潘海生等运用共词分析法对1995—2015年间的高等职业教育校企合作政策分析后认为，高等职业教育校企合作的政策始终围绕着3个核心主题不断调整，即宏观层面的高等职业教育校企合作治理体系和教育理念、中观层面的高等职业教育校企合作办学模式以及微观层面的高等职业教育校企合作人才培养模式[49]。祁占勇等梳理了改革开放40年来我国职业教育产教融合政策的发展历程，指出产教融合政策呈现出了不断追求长效发展的价值取向、积极倡导多元主体的合作参与、始终重视“双师型”教师队伍建设、持续完善职业教育与产业精准对接等特点，并提出应从转变思维方式、建立联动工作机制、设立专门法律保障、创新现代化治理模式、改进经费投入模式等方面不断完善职业教育产教融合政策[50]。霍丽娟以多源流理论框架分析《关于深化产教融合的若干意见》的制定过程，找出《关于深化产教融合的若干意见》制定的问题源流、政策源流和政治源流，认为政府应继续承担起制度创新的主要责任，在后续政策体系的完善过程中做到有序推进，同时还应重视政策企业家对政策方案的“软化”作用[51]。对于产教融合政策的目标，学者们认为主要在于促进校企协同育人、促进“两链融合”、促进就业创业、促进区域经济和产业发展、提升技术技能人才的培养质量[52]；调整和规范产业（企业）、高校（大学）、科研机构、中介服务机构、金融机构等参与主体的行为[53]。对于产教融合的制度体系，李海东等指出围绕产教融合工作推进的制度安排（如产教融合型城市、产教融合型企业等）、基于产教融合理念创新的制度设计（如职业教育集团化办学、产业学院、现代学徒制、“1＋X”证书制度等）组成了若干个产教融合制度单元，从产教合作办学、合作育人、合作测评等不同层面推动了职业教育产教融合的制度建设，明确了职业教育产教融合的工作方向及实施路径[54]。由此可以看出，国家、区域层面的产教融合政策及法规，产教融合主体遵守和认同的社会习俗和行动准则，共同组成了产教融合的制度环境。

(3) 产教融合的模式与路径研究

在产教融合模式方面，以产教融合内容为划分标准，产教融合研发、产教融合共建、产学项目牵引、人才培养与交流是常见的四种产教融合模式[55]。其中，产教融合研发模式和产学项目牵引模式受政府部门政策、市场环境以及文化环境影响较大。以产教融合主体为划分标准，产教融合模式有“企＋校”模式、“行＋校”模式、“行＋企＋校”模式、“政＋校”模式、“政＋企＋校”模式以及“政＋行＋企＋校”模式等[56]。以产教融合形式为划分标准，我国职业教育在产教融合的实践探索中形成了校企合作、引企入校、厂中校、集团办学、校办企业、企业办学六种模式[57]。以产教融合目标为划分标准，产教融合模式可分为人才培养型、研究开发型、生产经营型和总体综合型四种类型[6]。以产教融合形态为划分标准，产教融合有以“项目”为代表的“点”状合作模式，以“平台”为载体的“线”型合作模式，以“机制”为特征的“平面”型合作模式[58]。贺星岳等对国内外的产教融合模式进行了比较研究，国外产教融合的典型模式有德国的“双元制”模式、美国的“合作教育”模式、日本的“产学合作”模式和澳大利亚的TAFE（职业技术教育）模式，国内产教融合的模式有“项目”模式、“订单式”模式、“顶岗实习”模式和“引企入校”模式[19]。此外，“学园城一体化”模式、大学科技园区模式、职教集团模式、校企合作发展联盟、职业院校委托管理、校中厂和厂中校模式，都属于产教融合的模式形态。

在产教融合路径方面，学者们分别从平台建设、组织创新、环境优化、机制建设等多个方面进行了探索。关于平台建设，钱程等提出建立协调协作的政策支持和组织保障平台，升级契合区域产业发展的教学科研平台，打造协同育人的公共实训平台，共建创新创业的研发孵化平台，构建产教资源优化的调控平台，建立独立运作的督导评价平台[34]。这些平台中，有以政府为主导的产教融合政策平台[27]；有产业技术链上游企业参与的产教融合创新平台[59]；有学校、企业和政府共同构建的融合实践教学、技术研发、创新创业、产业培育于一体的集成化平台[60]。关于组织创新，郝天聪等提出要适度向组织内科层关系回归，通过扶持一批产教融合型企业、打造一批学校特色教学工厂，在组织层面上将企业与学校融合为一体[7]。陈星认为，要依托市场机制激发主体的合作动力、协调主体间的合作关系，并辅之以政府治理和市场治理[61]。关于环境优化，政府部门要致力于完善产教融合法律法规，如制定“产教融合促进法”，理顺产教融合的法律关系[23]；统筹规划强化政策合力，用好用活组合式政策激励[59,62]。关于机制建设，关键是要突出人才培养机制改革[23]，将学校的课程质量与企业的岗位能力需求深度融合[63]，将产业发展优秀元素作为专业教学改革资源[59]，探索跨学科能力培养模式[64]；要赋权并增能产教融合治理主体[14]，突出企业重要主体作用，以共享、互赢的有效行动积聚融合实力[62]；要围绕教学资源、科研成果、仪器设备和人才资源等方面实现资源共享[36,65]；要明晰学校和企业在产教融合中的产权关系、责任界限与投入比例，发挥学校资源优势，减轻企业投入成本，鼓励企业参与产教融合[66]。

（4）产教融合的困境与成因研究

当前产教融合存在的困境需要从政府、学校、企业及社会组织多主体层面分析，如表1-2所示。

表 1-2　产教融合困境的多层面分析

主体层面	主要困境
政府层面	产教融合的法律法规和政策体系尚未有效建立[31,34,38]； 产教融合运行的资金、经费支持机制有待完善[17,38]； 政府主导的产教融合信息网络体系尚未建立[38]； 对产教“两张皮”问题缺乏整体性、系统性机制设计与应对举措[67]
学校层面	传统的学校教育制度偏重于院校自身发展而忽视面向经济建设的发展，对产业技术创新的需求不敏感，教育结构与产业结构不匹配[59,67-68]； 学校自身内功不强，师资力量、实训基地、人才培养、科学研究未能满足企业的相关需求[31,34,38,69-70]； 不同层次的学校之间没有有效的衔接，跨层次的合作意识不强[71]
行业企业层面	企业参与职业教育内驱力不够[31,70,72]； 企业与学校价值观念不匹配[38]， 企业存在投机行为[7,73]， 行业指导专业能力不足[31,74]
社会组织层面	社会服务组织还不成熟，高水平的中介组织和机构数量不多[38]； 产教融合的质量监控和保障体系尚未有效建立[38]； 产教供需的双向对接困难重重[59]

对于产教融合现实困境的成因，可以从产教融合的内部动力、外部环境等方面进行分析[70]。在动力因素方面，资本投入的短期性和实际见效的长期性之间的矛盾、资本投入的显性特征与实际效果的隐性特征之间的矛盾、直接引进人才技术与合作开发人才技术之间的矛盾，是影响企业主体作用发挥的主要原因[75]。而企业能够积极参与校企合作的驱动因素有：企业所需技能型人才资源唯一依赖于职业院校；职业院校所能提供的对企业有足够大的吸引力；政府立法强制企业参与校企合作；企业有足够强的社会责任感[76]。概而言之，组织利益、教育情感、社会责任是企业参与产教融合内部动机的基本要素[77]。从学校产教融合的内在动力来看，教师参与是实现产教融合的重要因素，范惠明从学校层面、院系层面和个人层面分析了教师参

与产教融合的影响因素，并通过实证研究得出个人层面影响最大，学校层面影响次之，院系层面影响最小[78]。在外部环境方面，资源短缺、制度不完善是造成高校产教融合困境的主要缘由[79]，而以权力冲突为核心的国家逻辑、以产权和效益为核心的市场逻辑、以学科和科层为核心的高校逻辑等三种制度逻辑的影响[80]，产教融合评价机制不完善[74]，社会公众对职业教育认可度不高[81]，也都是导致产教融合发展面临困境的原因。

(5) 城市与教育、产业的互动关系以及融合问题研究

关于城市与教育、产业的互动关系，彭青等认为产业是繁荣城市的重要基础，而城镇化又促使产业转型升级；产业的发展变化影响着教育目标的实现，教育为产业提供智力支持并引导新兴产业发展[82]。在三者中，城市是基础，是产业与教育发展的载体和依托，为产业经济和教育活动提供土地、水、电、交通等基本公共服务保障，大部分产业和教育存在于城市之中，城市发展水平的高低直接影响着产业和教育的发展。产业是支柱，它既为城市的发展提供经济支撑，又影响着教育事业的发展。教育是动力，它把潜在的生产力转化为现实的生产力，实现着知识的再生产和知识创新，这种再生产是扩大的、高效率的再生产。毛伟雄等指出，城市建设为产业发展搭建舞台，产业发展拉动城市建设；职业教育发展为产业发展提供人才与智力支撑，为城市建设增强软实力；区域发展战略则是联通产业、城市与职业教育的主要纽带。它们之间的内在联系至为密切，这是产业、城市、教育融合发展的前提条件[83]。有学者专门论述了职业教育与城市发展的互动关系，陈昌智指出职业教育是支撑城市产业发展的重要基石，是促进就业、改善民生的重要保障，是提升城市综合实力的重要手段[84]。田秀萍以高职学院的具体办学案例，说明了职业教育与区域发展、职业教育与城市空间布局优化、职业教育与新城建设、职业教育与农村建设密切的关系[84]。余霞等认为高等职业教育是区域经济发展的助推器，区域经济是高等职业教育发展的动力源；区域经济发展水平、产业结构、技术结构与高等职业教育发展水平、专业设置、人才培养相互制约[85]。可以看出，城市是教育、产业发展的载体，教育、产业是城市发展的内生动力，城市、教育、产业融合发展是城市、教育、产业互动关系的理想样态。

在城市与教育、产业融合发展中，教育资源在城市规划和产业规划中的

布局尤为关键，这其中最为典型的就是职教园区的规划建设。王建根据职业教育与产业、城市空间结构的关系特点，将职教园区分为职教城型、城市新区型、城园结合型三种主要模式[86]。虽然各种模式的规划思路不同，但是都是为了整合产业和教育资源，以教育链与产业链的互动带动城市的发展。夏金星认为，在城市发展规划中要理顺政府、学校、企业（行业）之间的关系，理顺职教城、科技园、产业园、创业园、大学城之间的关系，以产教融合助推当地劳动力转移和产业技术技能人才培养[84]。还有学者针对城市发展与产教融合的互促共进关系，提出一种新的城市发展形态——产教融合型城市。对产教融合型城市建设，韩连权等提出政府层面要以政策、资金为抓手，落实建设高品质城市的目标定位，教育系统要以专业、师资等为中心，拓宽“产”与“教”的融合渠道，产业系统要以平台、技术等为突破，促进协同育人与实现技术创新互动[9]。陈星结合国际产教融合型城市的发展经验，提出建设产教融合型城市要创新产教联动方式，推动科技园、产业园、大学城合作，促进产教融合组织间的联动；打破围墙办教育，推进社会参与教育治理常态化，建立市场导向的产教融合共治机制；在政府和学校的支持下，以新时代的创新精神和合作文化为引领，营造良好的创新与合作环境[11]。以上研究表明，城市与教育、产业融合不仅需要政府的统筹规划，也需要发挥市场机制的调节效应、遵循教育主体的办学规律，构建产教融合多元共治的格局。

1.2.2 国外研究现状

在国外文献中，与产教融合相关的英文表述有多种，如 university-industry collaboration，university-industry cooperation，industry-education integration，cooperative education 等。因此在梳理国外文献的过程中，选取了与我国产教融合概念接近的文献。国外有关产教融合研究文献的共词网络如图 1-2 所示。下面主要从产教融合的内涵与特征、组织与机制、影响因素与治理，以及城市与教育、产业的关系等方面梳理有关研究结果。

（1）产教融合的内涵与特征研究

合作教育、学术创业和合作研究是国外产教融合研究的主要内容[87]。针对发展中国家存在的学校人才培养与企业技能需求存在错配问题[88]，

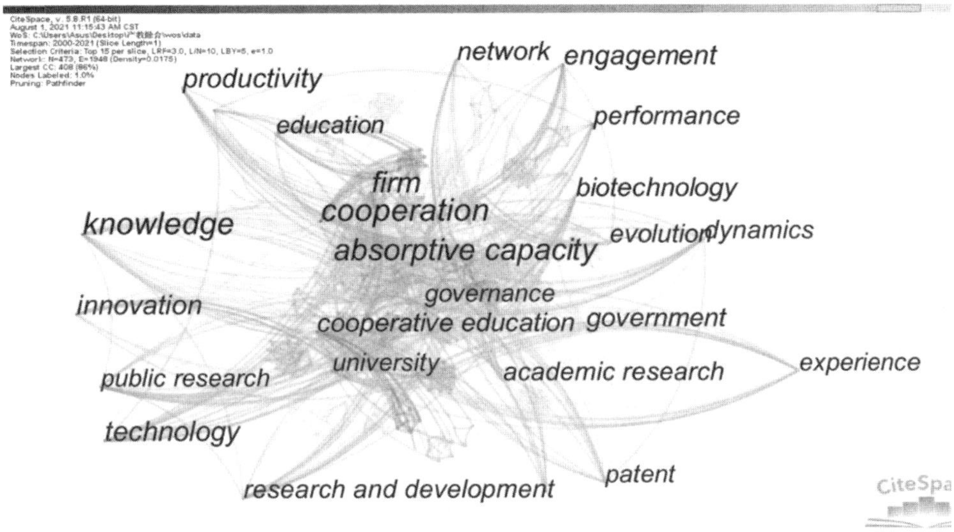

图 1-2 基于 CiteSpace 的国外产教融合研究文献可视化分析

Alshehri 等提出产教融合是院校人才培养、企业劳动力提升、技术成果转化、合作科学研究、推动创业实践的途径[89]。产教融合的形式主要有企业为学校和研究机构提供项目资助，企业与学校共同开发项目，企业与学校人员交叉任职（兼职），学校专家接受企业咨询，企业引进和利用学校发明专利等。由于教育发展与社会发展之间存在着教育与整个社会发展趋势相结合、职业学校与产业部门相依存、职业学校与学校自身发展相依赖等三个层面的关系，Whittle 等提出产教融合的内涵应从教育与社会经济发展相协调、职业学校的办学体制和教学模式的“宏观—中观—微观”层次上进行把握[90]。同样，产教融合也是高等教育和产业界之间的一种高度参与的关系，它既可以促进学生在实践中学习技能，加强和丰富教育过程，也可以让产业界获得一定的人力资源和智力支持[91]。经济合作与发展组织（OECD）认为官方的产教融合定义是多样化的，但是整体上而言，产教融合比较强调在认可的职业岗位中，初始技能培训的长期、系统安排。培训必须是可转移的、综合的。它包含一个契约合同，合同的一方是学生（学徒）及其法律责任人；另一方是私人或公共雇主、劳动力或管理者培训委员会、行业组织、公共或半公共培训组织，或其他有组织的培训实体。可以看出，尽管国外对于产教融合的表述不尽一致，但是其内容也主要集中在人才培养、合作研究、科技成果转化等领域,强调多元主体(学校、产业或企业)的参与性和互动性,通过资源和要素的整合,实现产教融合目的。

(2)产教融合的组织与机制研究

国外产教融合重视行业组织的作用,很多国家以行业组织为中心搭建利益相关者互动的平台,沟通与联结企业雇主、地方政府及学校、其他教育机构之间的关系,依托此平台研究地方职业教育与培训的策略[92]。面向区域技能人才培养的公私合作伙伴关系(PPP)[93],就是一种基于行业组织供需对接的产教融合形式,这种组织模式可以克服产教融合中企业的外部性。此外,跨主体的机构依然是国外产教融合重要的组织形态。以产教合作研究中心(CRC)为例,这是由政府、教育系统和产业系统三个不同部门组成的合作研究中心,是产教融合最可持续的发展模式[94]。美国国家科学基金会(NSF)认识到企业参与对合作研究的重要性,于1980年启动了产业-高校合作研究中心(IUCRC)项目,以改善企业与学校之间的合作研究关系。这种模式在美国获得推广,成为产教融合协同创新研究机构的范例[95]。韩国很多产教融合组织也是依托行业组织和大学合作而组建,主要从事科技研发、人力资源支持、劳动力培训等项目[96]。除了产教合作研究中心(CRC),技术转移办公室(TTO)、大学孵化器(UI)、混合自治组织(HAO)也是跨界形式的产教融合组织,其主要作用包括缓解学校和企业之间的认知距离,增加社会和物理邻近性[97-98]。

产学互动是产教融合机制形成的前提,Lemos等[99]、Dutrenit等[100]将产学之间的互动分为双向形式、商业形式、服务形式和传统形式四类。双向形式的产学合作包括产学间合作网络、共同研发项目、研究协议等;商业形式的产学合作包括专利、技术许可证、孵化器、公共研究机构的衍生产品等;服务形式的产学合作包括企业与学校之间的员工流动、咨询和技术援助、非正式信息交流、员工培训等;传统形式的产学合作包括会议和交流、合作成果出版、毕业生到企业就业等。上述四种互动形式中,传统产学互动形式和双向产学互动形式往往比其他形式更受青睐[101-103]。而决定产学互动形式的因素,从企业方面看主要是创新能力、创新战略、企业性质,从学校方面看主要是知识领域、专业化领域、资金来源等[104]。可以看出,产学互动形式的选取与企业或学校获得的利益有关。

国外关于产教融合机制的研究,重点关注了信任关系、跨界合作以及动力生成过程等方面。信任是学校和企业关系的重要基础,根据 Harris 等的说法,这种关系需要跨越不同的边界,因此带来了风险因素[105]。学校和企业之间高度信任能够弱化两者之间的文化差异,从而消除或减少影响合作的潜在障碍[106]。Harris 等认为,建立信任最常见的方式是从现有的关系开始,因为产学合作关系中的双方构成了"小共同体",每一方都认识另一方。另外,还可以利用中介和从头建立信任,后者通过合作、民主讨论、角色互补等形成关系[105]。Bstieler 等提出三种信任形成的基础,即人口统计学相似性(如相同的教育背景)、互惠行为(如互惠交流)以及决策过程相似性[107]。当信任关系成熟度处于中等水平时,互惠性沟通较强,而决策过程中的相似性随着信任关系成熟度的提高而增强。因此,随着产学信任关系的日益成熟,决策相似性取代了互惠行为以增进信任。关于产学合作机制,Chau 等从协调理论的角度建立一个组织一致性框架,其包括阐明组织的价值主张(一致性策略和一致性过程),协调各方的需求、行为和态度[108]。还有学者提出扩大各方的社会网络,软化官僚主义,通过混合自治组织跨界合作,发挥实践共同体中介作用等合作机制[97,109]。产教融合的动力除了学校和企业组织间的信任关系和跨界互动外,个体层面的合作动力也至关重要。Franco 等研究了教师(或研究人员)参与产教融合的动力和形式,结果发现个人参与动力与学校参与动力高度相关[110]。教师(或研究人员)的参与动力主要来自学术成果出版和声誉、研究成果在实践中的应用以及获得相关的资金支持,并且偏好于采用传统形式、服务形式和双向形式参与产教融合。以上研究结果表明,产学信任关系的建立是产教融合的基础,可以消除不同组织间的文化差异,有利于产学跨界合作。产教融合的动力机制要综合考虑组织因素和个体因素,以不同的产学互动形式促进产教融合。

(3) 产教融合的影响因素与治理研究

国外学者对产教融合影响因素的分析主要围绕主体和机制展开。在主体因素方面,学校自身条件是影响产教融合的主要因素,其中专业设置、师资水平、执行力等都会影响学校对产教融合信息的捕捉和理解,进而影响产教融合的实施动力[111-112]。企业是影响产教融合的关键因素,企业与学校合作的动机和意愿会影响合作行为的深入程度。一般以短期盈利为目的的企业合作意愿不高，倘若学校与此类企业合作，很可能不利于学生的发展[113]。政府也是产教融合的影响因素，Lindelof 等指出尽管产教融合建立在学校与企业发展的需求上，但仍需国家对之进行干预，方能保证产教融合模式的有效运行[114]。也有学者认为产教融合受学校、企业和政府三方面因素的共同影响[115]。在机制因素方面，Hemmert 等在对美国、日本和韩国等国家的比较研究后发现，联系优势、伙伴声誉、合同保障影响产学信任关系的形成，这些因素还会以信任关系为中介影响产学合作[106]。利益机制也是产教融合的影响因素，企业追求长期利益则会增加合作研究项目或提高人力资源质量，而追求短期利益则仅注重产品质量和现时产品投入；学校追求经济收益则会强化与产业的合作，满足产业的科技开发需求，而追求智力收益则会加强组织内学习、培训[104]。另外，产教融合影响因素之间还存在复杂的作用关系，即影响因素不仅会直接影响产教融合，而且一个影响因素可能会通过另外的因素对产教融合产生间接影响[116]。

针对产教融合中存在的企业积极性不高、学校课程与企业要求不相符等问题及致因[117-118]，学者们提出了治理对策。Pengal 等提出，在政府、教育机构、社会合作伙伴、劳动力市场的组织场域内，根据相关主体间的利益协调及交流方式，可形成多种治理模式，如自由治理模式（与政府联系弱）、计划治理模式（与政府联系强）、参与性治理模式（利益相关者之间建立特定的交流与作用机制）、协调治理模式（雇主或工人利益组织驱动职教创新）[119]。其中，参与治理模式和协调治理模式更加注重社会合作伙伴的参与，并强调交流、有效、透明、灵活、开放等治理要素。Afonso 等指出，国际社会在职业教育及其校企合作治理体系的开发过程中都致力于设计出更为明晰、精确并更富政策意义的治理指标。治理指标主要分为两类：一是评估"纸面上的"法律或法规的指标，即规则性治理指标；二是评估法律法规在"现实中的"应用或结果的指标，即结果性治理指标[120]。对于校企合作的治理，欧洲培训基金会认为关键是要建立治理模型，这个模型包括目标、实施、监控等要素，要让所有层次的利益相关者都参与进来，而在共同治理过程当中，则需要加强透明度、保持一致性，这样才可以提高治理的效率和效益。可以看出，产教融合治理强调多元主体的参与，以及治理过程的透明化。

(4) 城市与教育、产业的互动关系研究

城市是大学的诞生之地，博洛尼亚大学、牛津大学、剑桥大学、巴黎大学等中世纪大学以城市命名，足以证明大学与城市的渊源。大学与城市的关系会因地域空间、社会资源、发展目标的不一致而产生矛盾，也会因校地合作、人才培养而协同发展。美国学者伯顿·克拉克(Burton Clark)在《高等教育系统：学术组织的跨国研究》一书中，首次提出并建构了高等教育发展的政府、市场、大学“三角协调模式”[121]。他认为高等教育发展主要受政府、市场及学术权威三种势力的整合影响，肯定了政府调控对大学发展的重要作用。克拉克·克尔(Clark Kerr)认为“大学作为知识的生产者、批发商以及零售商，不可避免地需要向社会提供服务”。德里克·博克(Derek Bok)在其著作《走出象牙塔——现代大学的社会责任》一书中，针对不同流派对大学应以何种程度回应社会需求的角度，对大学的社会责任进行了论述[122]。在三螺旋模型中，大学除了承担培养人才和进行科学研究这样的传统任务外，还扮演着创建公司和推动区域发展的源头角色[123]。大学作为经济发展参与者的出现，不仅改变了企业和大学关系的性质，也使大学成为地区的重要角色。黛博拉·佩里·皮肖内在研究大学与周边社区和产业的合作关系时，以斯坦福研究园为例，指出斯坦福研究园集中了一批高水平的科学家和工程师，集基础研究、生产工艺改进、新产品开发应用及旧产品改进换代多重功用于一体，先后孵化出将近 6 000 家创新企业，其中很多公司的核心技术和商业计划都是斯坦福大学学生在校期间开发和制订的，集聚于大学周边附近的企业员工有机会参与大学组织的夜校或半日制项目或进修到更高的学位，同时社区学院和职业学校开设工程培训课程[124]。约翰·戈达德等在著作《大学与城市》中研究了城市大学“位于城市中”所带来的制度层面的社会和经济影响，并提出大学在支持城市和区域经济创新方面具有更积极的“参与”作用[125]。上述研究表明，以大学为代表的教育机构在向企业输出训练有素的技术技能人才和创新人才的同时，还向企业提供科技成果或者孵化创新企业，成为城市发展的动力源泉。而城市为产业和教育的发展提供载体支撑，促进产业和教育的融合发展。

1.2.3 国内外研究评述

(1) 研究的方向

综观当前的研究文献，学者们分别从产教融合的内涵、组织、制度、困境、模式、路径，以及产教融合与城市发展的互动关系等方面展开了研究，形成了一些比较一致的意见。

① 产教融合主体的多元化。产教融合的参与主体不仅包括产业部门(企业)和教育部门(学校)，而且包括政府和社会组织等。产教融合单纯依靠市场机制驱动是行不通的，必须将政府放回校企合作的框架中。当然，政府在产教融合中的定位也是有变化的，现有的研究普遍认为，政府的作用是推动，市场的作用是主导。纯粹依靠政府的力量，那是"拉郎配"，最终会导致企业和学校貌合神离；纯粹依靠市场利益的驱动，容易导致企业和学校合作行为的短期效应。正如《国务院办公厅关于深化产教融合的若干意见》指出的那样，政府要发挥统筹规划作用，企业和学校要发挥办学主体作用，行业和社会组织要发挥供需对接作用。

② 产教融合过程的协同化。产教融合需要各方同步规划、同步设计、同步发展，其核心途径是转化资源要素、创造利益共同体和实现价值共享。产教融合过程，不仅包括合作动机的激发、合作契约的形成，还包括合作利益的分享、合作风险的分担。现有的研究对于产教融合的动力机制、合作机制、保障机制做了比较充分的研究，普遍认为利益共享、信息共通、信任共促、风险共担是实现产教融合过程协同的重要标志。

③ 产教融合发展的跨界化。我国最早开展产教融合(校企合作)的学校主要是职业院校，近年来随着人才供给侧结构性改革的推进，产教融合也成为应用型大学(地方本科院校)、"双一流"大学发展的重要抓手。也就是说，参与产教融合的学校不仅包括职业院校，还包括普通高等院校。现有的研究同时还对产教融合的内容进行了充分的论述，互联网、大数据、VR/AR、人工智能、绿色发展等革命性技术与大多数甚至所有学科专业相结合，产教融合的内容不仅包括协同育人，还包括协同创新和成果转化。

(2) 研究的不足

通过梳理文献，也发现当前的研究存在一些不足之处，这是需要重点关注的问题。

① 较少关注产教融合的空间经济问题。新时期产教融合由传统意义上教育领域与产业领域的结合上升为综合性社会发展策略。当前的研究已经证实，产教融合对地方产业集聚和转型升级有推动作用，地方经济社会发展

对产教融合有拉动作用。同时，产教融合产生的知识外溢、技术外溢、人才外溢，也成为区域经济发展重要的内生变量。因此，研究产教融合与城市发展的关系以及产教融合的空间溢出效应，将是产教融合研究的一个重要发展趋势。

② 缺乏产教融合发展的机理分析。现有的研究重点关注了产教融合的组织、制度和模式等问题，而将产教融合的过程作为一个“黑箱”。事实上，学校、企业、政府、社会组织等主体在产教融合过程中的协同动机、行为，直接影响产教融合的成效。因此，通过文献研究或质性研究，找出产教融合的影响因素，构建产教融合影响因素的理论模型，使用相关实证方法验证理论模型，从而对产教融合的影响机制进行系统研究，将成为产教融合理论研究新的课题。

③ 缺乏产教融合发展水平的评价研究。从目前的研究成果来看，只有为数不多的几篇文献涉及产教融合的评价问题，而且在评价指标的遴选程序上比较随意，没有充分注意评价指标之间的重叠信息，评价方法的科学性和操作性还有进一步优化的空间。评价是建设的基础，评价为建设提供方向上的指引。产教融合评价不仅可以为政府公共决策提供理论依据，而且可以作为考核学校办学效益、企业教育责任的重要工具，这是产教融合研究中亟待加强的问题。

④ 较少有关于产教融合的实证研究。现有的研究内容具有较强的政策话语色彩，主要是对产教融合的运作逻辑、历史演变做了理论层面的总结和反思，也有研究者结合案例介绍了一些职业院校产教融合的成功经验。但总的来看，现有关于产教融合的研究，还主要停留在逻辑思辨层面，缺乏实证研究的支持和验证。实证研究是检验和发展理论的重要途径，采用调查研究、统计分析等方法加强对产教融合问题的实证研究也是一个重要趋势。

1.3 研究内容

本研究以城市产教融合为研究对象，结合教育学、管理学、生态学、系统科学等多学科知识，运用文献研究、调查研究、系统分析及统计分析等方法，对城市产教融合影响机制进行系统研究，构建城市产教融合评价体系，提出城市产教融合的优化路径。主要研究内容如下：

(1) 建立城市产教融合的生态系统分析框架

分析城市产教融合的生态学特征，建立城市产教融合生态系统理论模型，阐述城市产教融合的生态结构和功能、生态主体、生态环境和生态机制。

(2) 研究城市产教融合的影响因素及作用关系

以生态系统为分析视角，建立“主体—环境—机制”分析框架，筛选城市产教融合影响因素，综合运用决策试验与评价实验室方法(DEMATEL)和解释结构模型方法(ISM)研究城市产教融合影响因素的重要性程度及层次结构；提出城市产教融合影响因素作用关系理论假设，编制城市产教融合影响因素调查问卷，建立结构方程模型(SEM)，验证分析城市产教融合影响因素之间的作用关系。

(3) 构建城市产教融合的评价指标体系及评价方法

通过文献分析、专家调查筛选评价指标，形成以产教融合环境、产教融合资源、产教融合过程、产教融合成效为架构(CIPP)的城市产教融合评价指标体系，利用直觉模糊层次分析法(IFHAP)和二元语义信息集结算子建立城市产教融合评价方法，开展城市产教融合发展评价的实证研究。

(4) 探索城市产教融合的优化路径

根据城市产教融合影响因素作用关系和评价指标体系研究结果，找出城市产教融合的关键影响因素和重要评价指标，从环境、机制和主体层面提出城市产教融合的优化路径。

1.4 研究思路与方法

1.4.1 研究思路

在文献梳理和政策分析的基础上，遵循“是什么(产教融合系统分析)—为什么(产教融合影响机制)—怎么样(产教融合发展评价)—如何做(产教融合优化路径)”的逻辑，综合运用文献研究、调查研究、系统分析及统计分析等方法，基于生态系统视角分析城市产教融合的影响因素结构及其作用关系，基于CIPP模型建立城市产教融合评价指标体系，提出城市产教融合的二元语义综合评价方法，并在实证研究的基础上阐述城市产教融合的优化路径。影响因素研究在为评价指标筛选提供依据的同时，与评价体系研究共同为深化产教融合提供决策依据。整体研究的技术路线如图1-3所示。

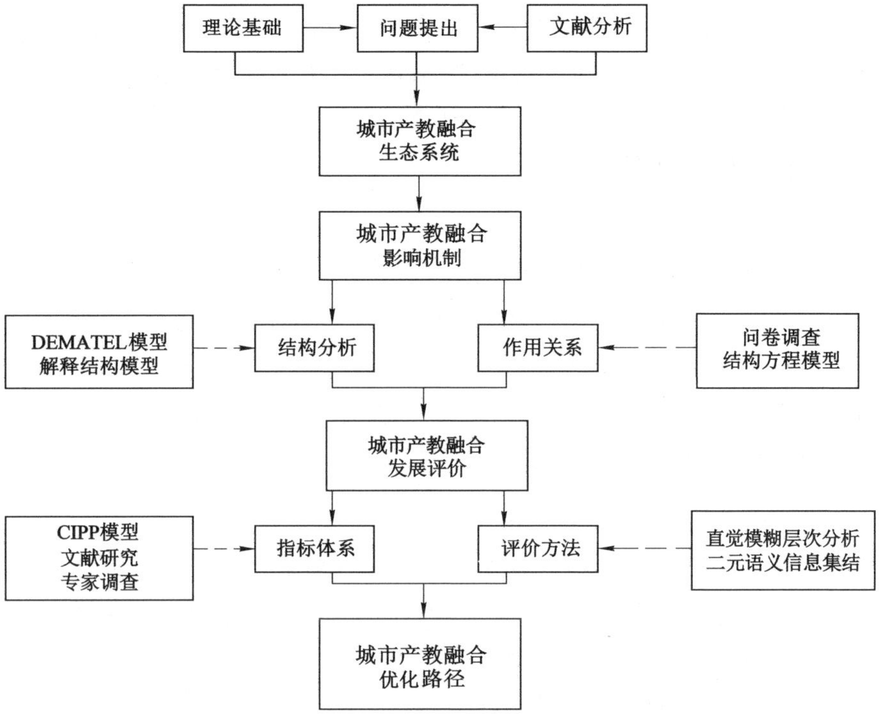

图1-3　技术路线图

1.4.2　研究方法

(1) 文献研究法

通过对产教融合研究文献、政策文件、新闻报道的内容分析，可以深入理解产教融合的背景和意义，把握产教融合与城市发展的内在逻辑关系，界定城市产教融合生态系统的内涵，构建城市产教融合影响因素的分析框架。特别是在城市产教融合影响因素和评价指标的筛选过程中，通过选定恰当的文献资料样本和进行编码等内容分析程序，建立了影响因素指标集和评价指标池，为影响因素作用关系分析和评价指标体系构建提供依据和基础。

(2) 调查研究法

编制城市产教融合影响因素调查问卷，收集有关产教融合影响因素的观测变量数据，为验证城市产教融合影响因素作用关系提供实证支持。通过实地调研，了解制约城市产教融合发展的体制机制问题，为城市产教融合影响因素筛选提供研究基础。通过专家调查，确定城市产教融合影响因素和评价指标的相对重要性，为计算各影响因素的中心度、原因度以及各层级评价指标权重提供决策依据。

(3) 系统分析法

厘清城市产教融合要素之间的关系，建立城市产教融合生态系统理论模型，分析城市产教融合生态系统的结构、功能、主体、环境及运行机制。利用决策试验与评价实验室方法、解释结构模型方法、直觉模糊层次分析法、二元语义信息集结方法，分别研究城市产教融合的影响因素结构、评价指标层次结构，确定城市产教融合发展水平。

(4) 统计分析法

根据城市产教融合影响因素作用关系的理论假设，建立结构方程模型，验证分析城市产教融合影响因素之间的作用关系。根据评价指标的专家调查信息，利用均值、标准差和变异系数分别计算专家意见集中程度和协调程度，完成对城市产教融合评价指标的筛选。

2

城市产教融合的理论基础与现实困境

2.1 城市产教融合概念内涵

根据文献综述部分对产教融合内涵和特征的梳理,学界对于产教融合的认识并不完全一致,因此厘清产教融合、城市产教融合的概念,是系统研究城市产教融合影响机制和优化路径的重要前提。

2.1.1 产教融合

我国的产教融合最早出现在职业教育领域,其理论来源于马克思主义两种生产理论和我国早期职业教育思想[126]。产教融合的发展经历了萌芽初创、恢复建设、改革探索和深化创新等长期的演进过程[127]。在不同的发展阶段,产教融合呈现出不同的内涵和特征,半工半读、劳教结合、产教结合、校企合作、产教融合成为不同历史时期我国产教关系的表征[2,128]。早期的产教融合是一种人才培养模式,基于教育的立场,强调其与人才工作模式的匹配度[129],定位于培养面向生产、服务等一线工作的高素质技能型专门人才。随着国家创新驱动发展战略的推进,产教融合内涵不仅包括协同育人,还包括协同创新和科技成果转化。也就是说,产教融合既要解决学校人才培养滞后于产业发展的问题,也要解决学校科技创新成果供给与企业需求错配的问题,构建区域创新生态系统。当前,产教融合已经上升为国家教育改革的重要制度安排,成为高等教育、职业教育融入国家创新体系和新型城镇化建设的关键环节[26]。可以看出,产教融合的概念不是一成不变的,因此需要从宏观、中观和微观三个不同的层面分析产教融合的概念。

在宏观层面,产教融合是指教育和产业统筹融合发展,实现教育供给与产业需求在区域结构、类型结构、层次结构和专业结构的匹配[16],教育链、人才链与产业链、创新链的衔接。在中观层面,产教融合是指学校、企业、政府等多方参与,以培养高素质人才、促进协同创新和成果转化为目标,以互信共享为基础,以合作共赢为动力,以区域或行业为载体,实现人才培养、员工培训、科技创新、技术应用等深层次、全方位融合[58]。在微观层面,产教融合是指教学与生产融合,实现专业建设与企业人才需求对接、课程内容与岗位职业标准对接、教学过程与企业生产过程对接、师资队伍与企业技术能手对接、实习实训与企业产研需求对接、学历证书与职业资格证书对接[3,13]。

本研究聚焦中观层面，认为产教融合是学校、企业、政府及社会组织等多方主体围绕人才培养、协同创新和成果转化，建立跨主体的组织体系和运行机制，促进人才、资金、设备、平台、技术、管理等要素整合，实现学校办学与地方经济社会发展的融合、人才培养与行业职业需求的融合、科学研究与企业创新需求的融合、师资队伍与企业技术人才的融合、教学科研资源与企业生产资源的融合、学校文化与社会文化的融合[130]。由此可以看出，产教融合的主体是学校、企业、政府及社会组织等；产教融合的目标是培养高素质创新人才和技术技能人才、实现协同创新和科技成果转化、培育经济发展新动能；产教融合的要素是人才、资金、设备、平台、技术和管理；产教融合的特征是需求导向、多元合作、资源整合和互利共赢。

2.1.2 城市产教融合

地理区位是开展产教融合的基础，是产教融合空间样态区别于组织样态和育人样态的鲜明特征[131]。要想产教融合真正落地，必须探索区域层面的产教融合问题[7]，将政府教育主管部门、产业主管部门、行业企业、普通高等院校、职业院校等主体充分吸纳进来，在政策框架内进行资源要素整合和优化配置，推动产教融合从校企双方合作到命运共同体形成。

本研究以国家行政建制中的地级城市为对象，探讨区域产教融合问题。地级城市是我国最主要的区域经济单元，集聚了相对丰富的产业资源和教育资源（职业教育、高等教育），为产教融合发展提供了重要的空间载体。产教资源在空间上的集聚，有利于企业和学校的合作[132]，使得企业和学校更便捷地共建共享产教融合实训基地、创新平台，更高效地获取人才和科技成果供需信息，从而降低交易成本，提高产教融合效能。

由图 2-1 可以看出，城市发展与产教融合之间存在双向互促共进关系。一方面，产教融合产生的人才培养、协同创新和科技成果转化成效，为城市发展提供人才、技术、知识等动力要素，可以促进城市更高质量的发展；另一方面，城市在园区建设、产业升级、社会服务、人才集聚等方面的经济和社会功能，为产教融合提供载体和支撑，可以促进产教融合更高水平的发展。因此，城市成为深化产教融合的重要载体，城市产教融合成为产教融合发展的

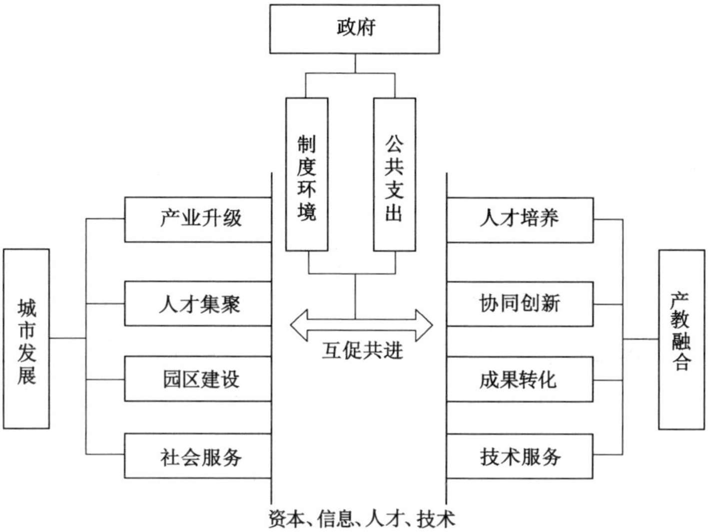

图 2-1　城市发展与产教融合的关系

新样态。

所谓城市产教融合，是指在市域范围内，政府发挥统筹规划和组织引导功能，学校、行业企业、社会组织按照市场机制和教育规律，在人才培养、协同创新、科技成果转化等方面紧密对接和良性互动，实现城市产业系统和教育系统的有序贯通衔接。城市产教融合的发展目标是教育资源有机融入区域发展布局和创新体系，职业教育、高等教育高效服务区域经济发展、产业转型升级，社会环境和公共政策积极影响校企协同育人和创新，学校人才培养结构和科技创新成果精准匹配区域产业发展需求。

2.2 城市产教融合理论基础

2.2.1 生态系统理论

生态系统理论为城市产教融合影响机制的研究提供分析框架，坦斯利(Tansley)和约恩森(Jørgensen)是构建生态系统理论的代表。本节重点论述生态系统的起源与发展、生态系统的基本原理，并就生态系统理论在本研究中的应用展开探究。

(1) 生态系统起源和发展

1935 年，英国著名生态学家坦斯利(Tansley)提出生态系统(ecosystem)的概念[133]。这一概念的提出，与“群落整体论与还原论的论争”紧密相关。在这之前，克莱门茨(Clements)于 1916 年首次提出“超级有机体”的群落思想。在此基础上，他阐述了群落“有机论”(或称“整体论”)的内涵，即作为相互影响的动植物类群集合的群落，“是一种有机体……可以形成、发育、成熟和死亡”[134]。群落“有机论”思想自提出后，在该研究领域引发关注和争论。格里森(Gleason)于 1917 年反驳了克莱门茨的观点，他认为群落的形成不是必然的，而是源于有机体个体的“环境分类”及其所在地理位置内部的迁移格局[135]，这种迁移格局有时仅仅是一个巧合。格里森的思想属于群落“个体论”(或称“还原论”)，这一思想与克莱门茨的群落思想相对。坦斯利高度关注群落整体论与还原论的论争，他既不同意群落还原论思想，也反对克莱门茨对群落整体论观点的过分夸大，并因此将群落定义为“准有机体”。1920 年，坦斯利提出虽然植物群落与人类社区相比有所差异，并不那么像真正的有机体，但其仍然可以被看作“准有机体”或“有机实体”。这其中的原因在于，一方面，植物群落的行为往往是通过一个整体的方式呈现出来的；另一方面，植物群落是由许多有机单位组成的。因此，必须将植物群落作为一个整体来研究[136]。通过坦斯利对植物群落的分析可以看出，他虽然对“超级有机体”的观点持质疑态度，但是却始终坚持整体论思想。坦斯利认为，一个状态较为稳定的顶极群落，必定是一个结构明确的复杂整体。即便我们首要研究的是有机体，但是生物体和生物体所在的特定环境是不可分离的。由此可见，坦斯利所坚持的整体论观点比克莱门茨的认识更为深刻。坦斯利的思想中不仅包括了生物因素，也包括了非生物因素。于是，坦斯利于 1935 年率先提出“生态系统”的概念：“一个物理学意义上的整个系统，它不仅包括各种生物，而且包括构成我们称之为(生态)生物群系环境的全部物理因子，即最广泛意义上的生境因子”[134]。

之后，奥德姆兄弟(H. T. Odum 和 E. P. Odum)、帕藤(Patten)、约恩森(Jørgensen)等进一步推动了生态系统概念的发展[137]。约恩森等从系统的角度看待生态系统，他认为生态系统是一个由许多生物体相互作用形成的有机整体，这些组分连接成一个互相协调、共同合作的生态网络[138]。他认为，生态系统具有七个重要的属性[139]：一是生态系统具有开放性，在其发展过程中能量、质量和信息是开放的；二是生态系统在本体上是难以理解和认识的，这是因为生态系统具有复杂性，所以很难准确地去把握生态系统发展行为的具体细节，也是很难或不可能掌握的；三是生态系统的发展具有方向性，它可以逐步地改变从而去特别地增加对自身的反馈和催化自身的发展；四是生态系统在网络上具有联结性，这给了生态系统以涌现的属性；五是生态系统按照等级而构建，即可以通过一个层次与其下层次和其上层次之间的相互作用关系，来认识和掌握这一层次的发展状况；六是生态系统是不断生长和发育着的，其必须不断获得生物量，以此来扩展生态系统的网络，增加生态系统的信息内涵；七是生态系统能够对干扰做出复杂的响应，当人们认识到生态系统的适应性、生物多样性以及连通性时，就能理解生态系统的干扰，并能预知生态系统对干扰的响应。约恩森的生态系统生态学，比较注重分析生态系统能量，在这一方面他继承了奥德姆兄弟的生态学理论内涵。同时，约恩森也强调运用网络分析方法去研究和理解生态系统功能，这一点与帕藤等学者的理论具有一致性。相比较其他生态系统理论而言，约恩森的生态系统理论既包含了物质、能量等方面内容，也包含了信息、网络等概念体系，这是约恩森理论的进步之处[137]。

(2) 生态系统基本原理

生态系统作为现代生态学的核心概念，其理论在不断发展中逐渐与数学、控制论等自然科学以及社会、经济等社会科学融合，形成了自然生态系统、社会生态系统、复合生态系统等较多新的研究领域。特别是进入 21 世纪以来，生态系统理论快速推动了社会科学化的进展，许多重大建设项目和全球热点问题都与之密切相关。生态系统理论进入城市治理、社会经济、教育发展等领域，影响了社会发展和公共决策。

生态系统是生态学和系统学结合的产物，它不仅具有生态学的属性，而且突出了系统论的科学观，其内涵具有以下特点[140-141]：一是整体性。生态系统是在一定空间内生物组分及其环境组成的一个整体，其通常可以分为三个亚系统，即生产者亚系统、消费者亚系统和分解者亚系统。二是开放性。生态系统与外部之间，内部生物与生物之间、生物与非生物组分之间进行着多渠道交流和转化，时时保持动态平衡。三是连通性。生态系统的生物与非生物组分通过网络连接起来，网络使生态系统互惠共生和协同发展。四是复杂性。生态系统组分多、构造复杂，常形成多维的网络结构；功能多且常具有不确定性，因果关系也常处于非线性状态。五是稳定性。生态系统在运行过程中通过自我调节保持其要素和结构的稳定。当环境或生态系统的要素发生变化时，生态系统能够通过自我调节保持系统相对稳定或稳定发展演替。

不论是自然生态系统、社会生态系统还是复合生态系统，它们都共同遵守一些基本的生态学原理[142]：一是胜汰原理。生态系统在一定的时空范围内其资源承载力、环境容纳总量是恒定的，但它们的分布是不均匀的。这种不均衡性和差异性导致系统内部竞争，这种竞争有利于促进生态系统的发展。优胜劣汰既是自然界发展的规律，也是人类社会发展的规律。二是拓适原理。生态系统中任一生态因子的发展都有其特定的资源生态位。生态因子的成功发展依赖于适度拓展资源生态位和需求生态位，以更好地开拓环境、适应环境。其实，开拓环境和适应环境是辩证的，若只开拓而不适应就会造成系统发展不稳定，只适应而不开拓则会造成系统发展缓慢。三是生克原理。在任何生态系统中都会有某种利导因子发挥主导作用，也都会存在某种限制因子而抑制系统发展。系统资源是稀缺的，这会导致生态系统内中存在竞争和共生。生态系统中这种相互限制、相互促进的作用机制是增强生态系统自身活力的重要条件。若是缺乏其中任何一种机制的作用，生态系统都会失去活力。四是反馈原理。生态系统的发展不仅受正反馈机制（作用和反作用相互促进、彼此放大）的控制，而且受负反馈机制（作用和反作用彼此抑制、相互抵消）的控制。正反馈机制使生态系统无止境地增长或衰退，负反馈机制使生态系统保持相对稳定。生态系统在发展初期一般正反馈占主导地位，表现出发展的势头，后期负反馈则会占据主导地位。持续发展的生态系统中正负反馈机制相互作用，进而达到一种相对平衡的状态。五是主导性与多样性原理。生态系统必须以优势因子为主导，才会有发展能力和发展实力；同时，必须以多元结构为基础，才会保持系统发展的稳定性。主导性和多样性的恰当结合，能够推动生态系统的持续发展。六是生态发展原理。生态系统发展是一种态势循序渐进和功能不断完善的过程。生态系统发展的目标在于使其功能得到不断完善，而并不于使其结构或成分获得增长；生态系统生产的目的在于发挥其对社会的服务功能，促进社会的进步，而并不于其生产产品的数量或质量。[143]

(3) 生态系统理论在城市产教融合研究中的应用

城市产教融合发展是一个复杂的系统工程。与自然生态相似，城市产教融合是学校与企业之间以及它们与外部环境之间相互影响、相互作用的过程，也具有整体性、开放性、复杂性、稳定性等诸多生态学特征。在生态系统视角下，城市产教融合的发展如同自然生态系统的演化一样，一方面产教融合主体之间相互博弈、相互协调，另一方面产教融合主体与所处的外部环境相互影响、相互作用。因此，类比于自然生态系统的概念，城市产教融合生态系统是指在市域范围内学校、企业（行业）、政府等主体与所处的经济、技术、社会、文化等外部环境之间通过非线性机制的有机耦合而形成的复杂人工生态系统。在这个系统中，各参与主体在不同的利益驱动下，持续进行物质循环、能量转换和信息传递，共同维持系统的稳定和发展。城市产教融合生态系统改变了以学校为中心的单一的产教融合模式，使政府、企业、学校等多元主体更紧密地结合在一起，开展人才培养、科学研究与技术创新、科技成果转化等深层次、全方位融合，形成跨领域联动、多主体合作、多层次融合的生态系统[58,144]。

生态系统理论侧重于从生态学角度观察系统，强调了主体行为和其所处的系统中环境相互作用、相互影响，并且提出在任何一个系统内部，所有生物之间以及生物与环境之间都能实现物质、能量和信息的转换、传递和循环流动，是一个较为全面的多学科分析框架。基于生态系统理论，本研究从产教融合生态主体、产教融合生态环境和产教融合生态机制（运行机制或调节机制）等三个层面识别城市产教融合影响因素，研究影响因素间的作用关系。可以说，生态系统理论为城市产教融合影响因素的研究提供了分析框架。

2.2.2 三螺旋理论

三螺旋理论为城市产教融合主体间的互动关系提供了理论模型，亨利·埃茨科维兹（Henry Etzkowitz）和劳埃德·雷德斯多夫（Loet

Leydesdorff)是三螺旋创新理论范式的开创者。本节重点论述三螺旋理论的起源与发展、三螺旋理论的主要观点,并就三螺旋理论在本研究中的应用展开探究。

(1) 三螺旋理论的起源和发展

三螺旋模型最初被鲍林(Linus Pauling)和科里(Robert B. Corey)用于解释DNA构成,但之后华生(James Watson)和克里克(Francis Crick)提出的DNA双螺旋结构被认为更合理。后来有人开始用三螺旋模型研究结晶学和分子生物学中的复杂转型过程。美国遗传学领域学者里查德·列万廷(Richard Lewontin)使用三螺旋隐喻来模式化基因、组织和环境之间的关系[145]。

与双螺旋模型相比,三螺旋模型被认为是不稳定的。但是社会演化与生物演化之间是有差异的,所以生物上的比喻并不能解释社会系统的关系结构问题。针对学术界、产业界和政府的趋同和交叉现象,埃茨科维兹和雷德斯多夫提出大学—产业—政府关系的三螺旋模型。三螺旋是指大学、产业和政府三者间关系的转变以及每个领域内自身所发生的改变。三螺旋模型包括三个基本元素:第一,它假定大学在知识社会中的角色更加突出,其与产业、政府同等重要。第二,大学、产业与政府间的合作关系逐步增强,同时创新政策不再仅仅是由政府制定,而是三者互动的结果。第三,大学、产业与政府除了承担自身传统的职能外,还承担其他部门的任务。即学校除了承担培养人才和开展科学研究等传统任务外,还扮演着创建公司和推进区域发展的创新源头角色;企业承担了本属于大学的人才培养和科学研究任务;政府除了营造环境、减免税收、开展风险投资外,还承担了企业知识应用等职能以及学校人才培养等职能[146]。

三螺旋模型的发展包括四个阶段:第一,每个螺旋中的内部转换。在社会中,大学扮演着全新的角色,不仅体现在人才培养和科学研究方面,还体现在将知识运用到实际生产中。典型的是创业型大学,它消除了学术界和产业界的界限,为研发而进行联盟的企业和政府,在风险投资中扮演平行且交叉的角色。第二,一个螺旋对于另一个螺旋产生影响。以政府出台技术转移方面的政策为例,政府听取大学及其代表的意见,设立规则保护从政府资助的研究中获得知识产权,鼓励技术向大学内转移。第三,三个螺旋之间的互动产生了一个全新的、能够覆盖三边的网络和组织。由大学、产业与政府组成的团体可以通过头脑风暴法形成新理念，以填补创新体系中的空白。第四，三螺旋模型的递归效应不仅体现在自身螺旋上，还体现在大的社会群体中，并对科学本身产生影响[147]。

三螺旋模型的结构有三种类型，反映了不同制度安排下的大学一产业一政府关系。第一类是中央集权模式（简称模式Ⅰ），如图 2-2(a)所示。在这种结构中，政府包括了大学和产业，并指挥两者之间的关系。在这种模式下，大学和产业处于相对弱势的地位，政府采用一种从上而下的控制。采用这种模式的国家往往是想保证本国技术行业免受世界其他地方正在发生的变化的干扰。第二类是自由放任模式（简称模式Ⅱ），如图 2-2(b)所示。在这种结构中，政府、大学和产业是相互分离的，它们之间的竞争多于合作。严格的分离使得政府、大学和产业三者角色的定义过于狭隘。在这种模式下，大学被认为是做基础研究和培养人才的地方，其与产业间的联系就是出版研究成果和输送毕业生；产业希望能从大学获取的有用知识，除此之外，没有抱太多期望。第三类是重叠模式（简称模式Ⅲ），如图 2-2(c)所示。这是三螺旋模式最为理想的类型。大学、产业和政府每个制度领域保持其特殊的功能和独特的身份，同时也承担其他制度领域的任务或角色，如产业参与培养人才，承担了学校的部分功能；大学通过科技创新，衍生科技公司，推动区域经济发展，承担了产业的部分功能。

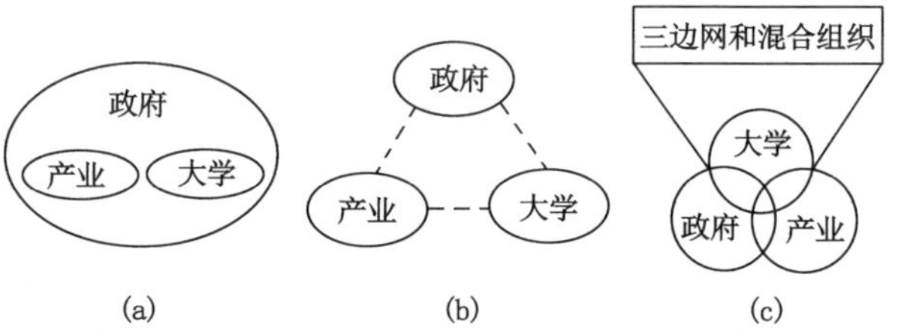

图 2-2 三螺旋模型结构[146]

模式Ⅰ在一定程度上来说是一个失败的发展模式。在这种模式下，“自下至上”的发展空间受到极大限制，社会创新受到压制而未得到鼓励。改革这种模式的第一步就是要改变这种自上而下的控制，提高社会的创造力。模式Ⅱ导致的是自由放任的政策，由于可以减少政府在三螺旋中的作用，被一些国家所采用。在这种模式下,大学—产业—政府之间的互动比较有限,当它们之间存在相互关系时可能会在边界的界定上产生争议,因此需要中介机构来处理这些争议。模式Ⅲ是大多数国家和区域青睐的模式,这种模式的共同目标是创造一种创新环境,该环境包括大学衍生公司、企业战略联盟、国家实验室、学术研究群体机构等。

(2) 三螺旋理论主要观点

① 大学—产业—政府互动关系。大学是创新活动的重要机构,为外界提供人才、研究成果和知识。从20世纪80年代起,越来越多的人认为大学和产业的关系是经济增长的要素之一,它们的互动是催生新产品和新企业的重要力量。大学除了承担传统的人才培养和科学研究的角色外,还承担了把知识运用到实际生产中的"第三使命"。随着大学的企业家或者创业者等角色不断增强,特别是契约等法律概念在大学与产业间的运用,大学与产业间的距离越来越近。与此同时,由于政府对大学资助力度不断提升,大学与政府之间各取所需越发显著,特别是当产业引入其中后,双边关系开始被三边关系所替代。产业(企业)在继续生产商品、提供服务或开展研发之余,更加关注更高层次的培训,体现在现实中就是许多企业在某些专业领域建立了自己的"学校"。而政府的作用也在悄然发生转变,主要是负责制定"游戏规则",或者说成为三螺旋模型中社会规则的最后担保人[148]。同时要说明的是,三螺旋模型的意图不是大学变成企业,也不是政府变成商业;相反,由于每一方都具有其他二者的能力,所以它们各自都保持了其原始作用和独有特性。"充当他者的作用"有助于完成传统的机构使命,同时也有可能激发其他方产生新的创造力,实现"创新中的创新"[146]。

② 创业型大学。几乎在所有的高科技起源地都可以发现三螺旋模型中的创业型大学[123]。创业型大学源自从事经济活动的基地,如科技园区或企业等,其第一个变形来自研究型大学的一个过渡性阶段。过渡时期的创业型大学继续从自身内部设定研究问题和目标,但有所不同的是,已经考虑了经济和社会中有用的成果,并采取了一些措施。发展成熟后的创业型大学,其研究问题主要由大学研究人员与合作项目的外部资源互动产生。创业型大学不仅仅提供人力资源和研究资源,而且主动将知识运用于实际,这是其典型特征。创新型大学以"研究中心"作为其特色组织形式。这些中心具有

跨界性，它跨越大学的边界，吸引其他机构成员参与到学术活动中，也将大学的学术人员吸引到其他领域中。这意味着中心通常包括大学和非大学成员，他们共同参与研究问题、研究内容和研究目标的制定和实施[146]。这种组织形式也为产教融合组织创新提供了参考和借鉴。

③ 以知识为基础的区域发展。三螺旋模型的出现，也被认为是区域发展中的一个关键因素[123]。学习和创新是区域发展的两种动力基础，学习区域和创新区域是区域发展的两种形态。学习区域强调企业与客户之间密切关系的反线性模式，以对方为基础的渐进式创新。创新区域以线性模式为基础，但又不是出版研究成果或毕业生流动这样传统的线性模式，而是一种辅助线性模式，即通过相关组织机制(研究中心、技术转移办公室等)将企业的发展与大学研究联系起来。学习和创新的区域是潜在相互支持的创新模式，彼此之间具有密切的关系。然而相比而言，学习区域强调在构建时以现有资本为基础，而不是建立新资本，因此这类区域可能定位于低技术而不是高技术，定位于渐进式创新而不是突破式创新。在学习区域和创新区域这两种类型的区域中都有科技园的存在，只不过学习区域中的科技园有可能退化为一般性的产业园(不以研究为基础)。当然，如果学习区域中的科技园有较多的高科技企业，就说明学习区域在向创新区域转变。同时，两种类型区域中的大学定位也有所不同，学习区域中的大学将其主要精力集中于人力资源供应和咨询关系等传统的产学关系，而创新区域中的大学需要广泛涉猎多个学科，以便能站在先进科技领域的最前沿。因此，大学和区域的发展紧密相连，必须在高度集中和分散之间谨慎地选择一条道路[146]。

(3) 三螺旋理论在城市产教融合研究中的应用

依据三螺旋理论，学校、企业和政府是实施产教融合的核心三要素，三者之间交叉融合，体现了相互螺旋缠绕的关系结构。同时，在彼此构建的生态系统中又主导了不同的社会职能。三螺旋理论的核心价值在于打破了传统的组织边界和功能划分，学校作为知识生产、人才培养的机构，其与企业之间的边界变得越来越模糊。学校、企业和政府三个主体间不仅通过彼此间的间接关系，还通过直接关系来进行相互作用。三个主体在合作模式和创新机制中相互渗透、融合，每个主体在产教融合生态系统中既扮演自己的角色，独自承担自己的权利、责任和义务，同时也履行其他两个主体的部分职能。正是由于三主体之间的两两互动、角色重叠、协同合作，促使三者的内部职能不断演化，形成三边网络与混生结构，从而总体呈现“三螺旋”上升的状态。

在三螺旋模型中，学校以培养学生和科研创新为主，同时也强调将科研成果运用到生产实际或者根据生产实际开展科研攻关，在区域发展和产业升级中扮演着重要的角色。企业在三螺旋模型中承担生产经营和技术研发的角色，同时也承接学校的科技成果转化，参与学校人才培养，或举办教育机构开展人才培养。可以看出，企业是产教融合、校企合作的重要主体和推动力量。在产教融合的发展导向下，企业与学校在人才培养、科技创新和成果转化等方面进行对接，有利于企业创新能力的提升，有利于学校办学效益的优化，有利于区域经济社会发展。政府是产教融合的推动者，也是产教融合环境建设的主体，通过为产教融合主体提供制度环境保障，规范产教融合主体行为，促进产教融合深化发展。

2.2.3 综合评价理论

综合评价理论为城市产教融合评价提供了方法论基础，杜威(Dewey)是早期评价理论的主要构建者。本节重点论述评价的概念内涵、综合评价的基本理论，并就综合评价理论在本研究中的应用展开探究。

(1) 评价概念内涵

美国著名教育学家杜威在其著作《评价理论》中指出，人类所有的行为举止似乎都包含评价。评价问题与人类活动的紧密相连，“是一个很重要的问题”[149]。由此表明，评价是一项应用广泛的社会活动，它伴随着人类活动的形成而发展起来。杜威认为，评价就是通过引导行为而创造价值、确定价值的一种判断，是一种对价值可能性的判断，对一种尚未存在的、有可能通过活动而被创造出来的价值承载者的判断[150]。在杜威看来，就功能而言，评价是对于人的期望和情感的形成发挥调节作用的判断；就内容而言，评价是对于有关对象的条件与结果的判断；就形成方式而言，评价是探究对象的条件与结果后得到的结论[151]。从杜威对评价的论述中可以看出，当人们需要谨慎地做出选择的时候评价就出现了。

日本学者三浦武雄等认为，评价是指根据确定的目的和标准来衡量评价对象的属性，并将这种属性转变为客观量值或者主观效用的行为[152]。我国学者苏为华认为，评价是人们按照既定标准判断评价对象价值的一种认知过程[153]。评价有单项评价和综合评价之分，它们的区别在于评价标准的复杂程度。王宗军对综合评价的概念和过程进行了描述，认为综合评价是对具有多种属性的对象做出整体性的评价，即首先选定评价对象，根据已有的标准和条件，采用一定的方法确定每个评价对象的评价值，再据此进行排序或择优[154]。秦寿康认为，综合评价是对评价对象的一种量化表述，既可以用时间序列数据描述同一评价对象的功能演变，也可以用同一时间的统计数据描述不同评价对象的功能差异[155]。郭亚军在其著作《综合评价理论、方法及拓展》中描述了综合评价的核心思想，即根据不同的评价目的和价值标准，获取评价对象的属性信息，采用科学的方法建立指标体系、确立权重系数、集结评价信息，对评价对象进行客观合理的比较、判断及排序[156]。彭张林等在对综合评价理论与方法综述的基础上，提出综合评价是从某种层面或某种角度对评价对象进行的评价，是根据评价目的，通过相关方法测量或获取评价对象的属性，从整体上判断评价对象在某一段时间内或某一个时间点的状态、业绩或效能等[157]。

(2) 综合评价理论发展

综合评价是在多学科交叉融合的基础上发展起来的实用性很强的学科[157]，其在教育、管理等社会科学领域的应用，推动了一些具有学科和领域特色的综合评价理论的形成。

综合评价理论的发展离不开决策科学的推动。意大利著名学者帕累托(Pareto)在研究经济效率时提出了帕累托最优(帕累托效率)的概念[158]，至此有关决策的研究由单目标转向多目标，推动了多目标决策理论(MODM)的发展。在这过程中，诺依曼(Neumann)等对多个决策者参与的多目标决策问题进行了研究[159]，沙内尔(Charnes)等提出了 DEA 方法(数据包络分析方法)[160]，罗伊(Roy)提出了 ELECTRE 方法(消去与选择转换方法)[161]。类似这样的研究对多准则决策(MCDM)理论与方法产生了一定的推动作用。Hwang 等第一次提出多准则决策(MCDM)包括多目标决策(MODM)和多属性决策(MADM)两种类型[162]。之后，巴特勒(Butler)等研究了一种多属性效用理论用于方案的排序和优选[163]；Wang 等提出了一种多属性决策方法,可以融合决策者的主观偏好和客观信息[164];罗德里格斯(Rodríguez)、马丁内斯(Martínez)先后研究了运用语言信息的决策模型[165-166],更加贴近评价者的直觉评价。这些研究都进一步推动了多准则决策理论的发展。其中,多属性决策理论通过考虑决策方案的属性对多个备选方案进行排序和优选,这与多指标多方案的综合评价问题在研究目标、研究思路上基本相似。因此,从某种意义上说,多属性决策理论的发展促进了综合评价理论的发展。

在社会科学研究中,综合评价理论出现了三种研究取向,即实证主义评价理论、后实证主义评价理论和建构主义取向的综合性评价理论[157]。实证主义评价理论主要是通过专业技术收集和整理来自社会公众的信息,要求以事实为中心,评价者和利益相关者做到价值中立,从而将评价的事实和价值相分开,综合运用实证技术评价政策、方案和措施的有效性。实证主义评价理论以罗西等的项目评估[167]、戴伊的政策评价[168]为代表,其缺点是过分强调运用精确化的技术手段评价社会问题,忽视有关社会或人文因素。后实证主义评价理论充分考虑评价者和利益相关者的情感倾向和价值取向,并将其与事实相结合,综合运用规范分析、实证分析等方法衡量政策效果和方案优劣,其不足在于以语言信息说明客观事实,过分强调人的情感倾向和价值取向。建构主义取向的综合性评价理论强调在评价过程中政策与方案的多方面需求与多主体互动,不仅关注效率问题,而且注重公正原则,充分运用多种技术与方法进行评价。“第四代评估”理论[169]是其主要代表。

教育评价是综合评价理论在教育领域的发展与运用。教育评价的历史随着人们对教育功能认识的变化而不断演变。起初,教育评价主要发挥的是遴选功能,最常见的是将具有特定知识或能力的个体从一定范围的候选人中挑选出来,使其能够接受更高一级水平的教育,或者是对其开展相应的资格(资质)认定,或者是让其从事符合相应能力特征的工作。20 世纪 90 年代,教育评价的功能不再局限于遴选,而渐渐拓展到质量监控、效益衡量,即通过教育评价系统衡量区域或学校个体的教育质量和发展水平[170]。之后教育评价目的进一步演变,教育评价具有了诊断、规范和指导功能。具体到高等教育评价,更是种类和功能多样。就评价内容而言,有教学质量评价、学科水平评价、科研成果评价、教师学术评价及就业质量评价等；就评价形式而言，有现场评价、远程（在线）评价、质量认证及信息监测等；就评价层次而言，有研究生教育评价、本科教育评价及高职高专教育评价等；就评价组织而言，有政府评价、社会第三方评价及高校自我评价等[171]。《深化新时代教育评价改革总体方案》出台后，我国学者对教育评价进行了再审视。刘振天认为，要变一维评价为多维评价，改进结果评价和综合评价；要变一次性评价或结果性评价为长期性、多次性评价，强化过程评价；要强化学术共同体（或同行）评价、自我增值性评价或自比性评价；要促进政府评价、学校评价、社会评价、专门机构评价、个人评价相结合；要实现绝对评价与相对评价的结合；要减少评价功利化导向和效果过度使用[172]。

(3) 综合评价理论在城市产教融合研究中的应用

城市产教融合是一个复杂、长期、动态的过程，其效果显现具有滞后性。因此，城市产教融合评价要同时考虑产教融合效果和产教融合过程，并且将产教融合价值、产教融合方向、产教融合措施、产教融合治理等作为评价的考虑因素[173]。从这个意义上说，城市产教融合评价是一项综合评价，它要对城市产教融合的主体状态、环境水平、过程质量、治理成效等指标进行综合计算或做出结论性评价。

根据综合评价理论，完整的评价由评价目标、指标体系、评价方法与模型、评价实施、评价结果的评估与检验、评价结果分析等要素组成[153]。综合评价理论为构建城市产教融合评价体系提供了过程框架和方法基础。城市产教融合评价体系的构建，关键在于评价指标的筛选、指标权重的确定和评价信息的集结。评价指标的筛选需要根据城市产教融合的评价目标、系统构成、影响因素而定，同时要遵循发展性、科学性、系统性和多元化等原则。指标权重反映了不同评价指标之间的相对重要性，其确定方法需要根据城市产教融合评价指标的性质和特点而定，其合理与否关系到综合评价结果的可信程度。评价信息集结是指对具有不同权重的评价指标值，采用一定的数学模型或算法将其“合成”为一个综合评价值。综合评价方法很多，本研究将根据城市产教融合的评价目的和价值导向选择恰当的方法。

2.3 城市产教融合现实困境

城市产教融合是一项复杂的系统工程，产业系统和教育系统均不能独立实施产教融合，需要政府的统筹和引导。当前城市产教融合发展过程中，面临政府层面政策权力分配与政策消费难以形成合力，产业系统支撑教育系统发展的动力不够，教育系统服务产业系统发展的能力不足等困境[5-6,9]。

2.3.1 产教融合政策体系难以形成合力

长期以来，政府在产教融合的推进过程中一直扮演着主导角色，无论是产教紧密结合，还是产教松绑及恢复阶段，或是现阶段的产教融合阶段，高等教育产教融合政策都体现了政府的高位推进特征。2017 年以后，产教融合更是被提到国家战略层面，国家逻辑在产教融合政策推进中高度彰显。总体而言，产教融合教育决策模式主要沿袭单向度的政策模式，突出了决策者在教育政策中的地位，而在一定程度上忽视了公众尤其是产教融合利益相关主体，如企业、学校对于政策制定过程的参与，忽视产教融合政策对主体需要的回应性。

在产教融合政策的分配方面，教育领域的权力比其他任何领域的权力都分散，教育政策不仅在不同的权力级别上形成和执行，而且在同一权力级别上也存在复杂的权力分配，从而加大了教育政策活动的难度和复杂性。教育学者陈鹏等对《国务院办公厅关于深化产教融合的若干意见》文件中的责任分配进行分析后发现，意见共有 26 条任务，共涉及近 20 个主要责任单位，其中“强化金融支持”和“落实财税用地”政策的落实需要至少 5 个中央部门共同参与、高度协调。同时，责任分配向下扩展至省级政府，各省级政府和有关省级政府涉及 9 条任务。在 26 条任务中，有 15 条任务出现由相关部门会同“有关部门”落实字样，未明确具体责任主体。中央部门之间、中央部门与省级政府之间的权力关系交错纵横，政策在权力划分时已然为政策的有效落实增加了难度。在 2019 年中央相关部门联合印发的《国家产教融合建设试点实施方案》中，此种情况得到一定改善，明确了国家产教融合建设试点的中央部门及省级政府的责任分工，但是对于部门之间的政策统筹、协调推进责任并未明确。

与此同时，在产教融合政策的实际执行过程中，政府各部门呈现出了不同的积极性。在2017年12月《国务院办公厅关于深化产教融合的若干意见》发布之后，仅有教育部密集牵头发布了多项落实政策，而中央政府其他部门则行动迟缓。在省级政府层面，虽多数省级政府相继印发本省深化产教融合相关实施意见，但是各省级政府深化落实政策的积极性差异较大。对已出台实施意见的文本分析后发现，部分省份的实施意见缺少具体实质性的建设意见，难以实现地方特色发展，可操作性低，弱化了政策文本的实际指导意义。

2.3.2 产业系统支撑教育系统发展的动力不够

产教融合中的产业由各个相关行业和企业所组成，着眼点是生产力布局的宏观领域。作为产教融合的重要主体，企业通过与学校开展广泛的合作，从学校获取技术知识、人力资本、社会服务资源等，以此收获产品创新、劳动力供给等利益。在理论上，企业与学校在产教融合中可以实现利益共享与价值双赢。但在实践中，目前的产教融合停留在表面居多，企业参与度普遍不高。近年来，在产教融合系列政策实施进程中，“企业冷”的现象似乎有所改善。教育部自2014年启动实施产学合作协同育人项目，先后支持1 100多所本科院校与近800家企业合作立项3.7万项，企业提供经费及软硬件支持约112亿元。2018年，本科高校参与数、企业合作立项数、企业提供经费及软硬件支持经费同比增加61.25倍、70.87倍和644.33倍，实现“井喷式”增长。然而，运动式的项目推进、各项指标井喷式的增长并未带来高质量的产教融合。

当前，制约产教融合高质量发展的关键因素是企业参与产教融合的动力不够。在产教融合协同过程中，企业一方面承担着国家政策的任务和社会责任，另一方面却不得不仔细衡量着投入与产出的利益关系。当企业所得利益无法达到预期、权责不协调的时候，就难免形成“表面一套，背后一套”的运行逻辑，甚至利用“廉价劳动力”的方式变相地实现利益最大化。尽管政府已制定了许多有关产教融合的文件，但是真正落实上对责、权、利的规定比较模糊，缺乏可操作的实施细则。这在一定程度上打击了企业履行社会责任的积极性。

企业参与产教融合的动力源泉之一是人才培养质量。由于当前校企合作培养人才的质量与企业的要求仍有距离，企业在人才招聘后仍需要大量培训，这就降低了企业参与产教融合的价值回报。与此同时，企业参与人才培养过程中不仅需要投入较多人力和场地等资源，还面临着技术泄露、安全责任等风险。因此，在获益不可靠却要承担较大成本和风险的情况下，企业参与产教融合的积极性也会大大降低。

此外，如果企业参与培养的人才无法保证留在自己企业，反而被其他企业“挖墙脚”，产生人才价值外溢时，企业的合作育人行为将出现“亏损”，这就直接影响了企业进一步的投入积极性。有关调查研究显示，有 68.2%的受调查企业更愿意将精力放在培养现有员工，他们普遍认为对现有员工进行培训的收益高于参与产教融合所带来的人力资源回报。而与此相对应，有调查显示，在有合作办学的被调查企业中，半数以上企业在合作院校招聘新员工的比例不足 20%。加之目前相关政策、法规对于企业的权益保护并不明确，特别是对于价值外溢的情况并无较好的补偿办法，导致许多企业与其加大投入进行联合培养，不如提高薪金“抢挖”现成人才，这些都极大影响了众多企业参与产教融合的积极性。

2.3.3 教育系统服务产业系统发展的能力不足

高等教育、职业教育与经济社会发展紧密相连，对促进就业创业、助力产业转型升级、推动经济社会发展具有重要意义。当前教育系统服务地方和产业发展能力不足，最直接的表现就是区域教育结构与经济结构的匹配度不高，地方院校发展跟不上区域经济发展趋势，并未形成与区域产业、行业、企业发展相适应的专业设置、课程体系、师资力量、教学设施等。另外，学校的创新能力在一定程度上低于企业的期待，教育系统中创新资源的“失活”“迟滞”“错位”等问题也为产教融合带来障碍，降低了产教融合成效。

具体而言，受管理体制所限，地方院校尤其是本科院校大多由上级政府进行业务直属管辖，这就使得地方院校在管理制度上往往过于强调刚性和整齐划一，造成灵活性不足以及与属地政府之间联系不够紧密，无法满足地方产业发展对技术技能人才和科技成果的需要。一些地方院校按照教育部门规定开展学科专业教育，专业设置不能随地方经济社会发展需要进行相应调整，无法与地方需求匹配；同时，一些地方院校在培养过程中往往注重规范，培养模式强调整齐划一，造成人才供给侧和地方产业人才需求侧在结构、质量、水平上还不能完全适应，供需不匹配的问题日益凸显。

与此同时，一些学校在发展中没有突破现行学科体系的禁锢，导致其在专业设置、课程体系、师资队伍、教学设施等方面与地方产业需求产生一定程度的错配。在专业设置上，有的学校在快速发展中不顾自身办学特点和师资力量，片面甚至错误地理解了以服务为宗旨、以就业为导向的方针，什么专业热门就开设什么专业，什么专业好就业就开设什么专业，学校、教师领着学生在陌生的专业道路上摸索前进。一些学校专业门类日趋庞杂，分散了本就有限的师资力量，模糊了专业发展方向。在课程建设上，行业、企业的新技术标准、新经营模式融入学校课程不足，人才培养模式滞后于行业、企业的实际发展需要，导致最终培养的学生不能满足企业岗位对人才能力的要求。在师资建设上，很多地方院校的教师没有真正深入到企业实践中，行业、企业技术性人才也到不了学校中，基于生产过程的专业教学和技能实践未能真正展开。一些学校现有的教学方式、方法更多偏向书本知识体系，脱离了生产实际，专业性、应用性、创新性不足。同时，随着招生专业的不断增加，教师总体数量不足、专业领军人才和教学骨干缺乏、教学团队建设滞后等问题也有所显现。在教学设施上，很多学校投入建设的教学场所和购置的仪器设备都基于教学演示或者模拟教学环境，主要用于学生对基础知识的认识和对基础技能的训练，对比企业实际生产要求还有很大区别。这导致学生学到的知识未能真正转化为技术，技术未能及时转化为技能，与企业的生产实践需要有不小的差距。

2.4 本章小结

本章在梳理产教融合概念的基础上，分析城市发展与产教融合的互动共促关系，明确界定城市产教融合的概念，认为城市产教融合是指在地级城市区域范围内，政府发挥统筹规划和组织引导功能，学校、行业企业、社会组织按照市场机制和教育规律，在人才培养、协同创新、科技成果转化等方面紧密对接和良性互动，实现城市产业系统和教育系统的有序贯通衔接。同时，本章对城市产教融合研究的理论基础进行了梳理，重点对生态系统理论、三螺旋理论和综合评价理论的起源和发展、主要内涵、基本观点及其在本研究中的应用进行了探究。生态系统理论强调联系的原理和共生的原理，生态系统具有整体性、开放性、连通性、复杂性和稳定性等特征。城市产教融合是学校、企业之间及与所处的经济、技术、社会、政策等外部环境之间相互影响、相互作用的过程，具有诸多生态系统特征。生态系统视角下的城市产教融合，其主体、环境、机制之间相互作用和影响，为城市产教融合影响因素提供了分析框架。三螺旋理论强调政府、大学、企业之间不仅保持自身使命，而且其功能获得延伸，相互交叉重叠，形成行政系统、知识系统和产业系统的三力合一，共同推动价值创新。城市产教融合生态系统中的政府、学校和企业等主体相互渗透、融合，每个主体在产教融合中既扮演自己的角色，同时也履行其他两个主体的部分职能，形成三边网络与混生结构，从而总体呈现“三螺旋”上升的状态。综合评价理论主要是围绕评价的目的与原则、评价指标的筛选、指标体系的构建、指标权重的确定以及评价信息的集结等形成的一套理论与方法体系。综合评价理论为构建城市产教融合评价体系提供了过程框架和方法基础。城市产教融合是一项系统工程，当前主要面临政府层面产教融合政策体系难以形成合力、产业系统支撑教育系统发展的动力不够、教育系统服务产业系统发展的能力不足等困境。

3

城市产教融合生态系统分析框架

3.1 城市产教融合生态系统结构和功能

在一定空间中，生物群落及其生存所需要的非生物环境相互作用、相互依存，在能量转换、物种流动、物质循环和信息传递的过程中形成了一种动态复合体，即生态系统[140]。生态系统是生态学的基本研究单位，它不仅是一种实体，具有客观实在性，还是一个功能单元，具有时空概念。对生态系统的概念，可以作如下理解：它既包括生物组分，也包括其所生长的环境；组成它的各要素既进行物质和能量交流，也进行着信息交流，彼此之间相互依存、互为因果；它本身也可以划分为许多子系统或者亚系统，同时，它也可以作为一个部分，与系统周围的环境一起共同构成一个更大的系统，也就是说，它既有边界也有层次。

3.1.1 要素结构

根据生态系统生态学的基本理论，生态系统的成分主要包括生态主体、生态环境和生态机制。对于自然生态系统而言，生态主体即生物组分，根据在生态系统中作用的不同，生态主体可以分为生产者、消费者和分解者。生产者是生态系统中最基础的成分，它包括所有的绿色植物，同时也包括某些细菌。生产者也称自养生物，它们可以利用简单的无机物直接制造出有机物。消费者又称异养生物，它自身不能用无机物直接制造有机物，它的生存所需要的有机物，直接或间接地，都是由生产者所制造的。分解者都是异养微生物，在生态系统中不断地发挥着分解作用，把复杂的有机物逐步分解为简单的无机物，最终以无机物的形式回归到环境中。生态环境即非生物组分，也称生命支持系统，主要包括能源、气候、基质和介质、无机代谢原料等。生态机制，是指生物个体与群体之间、个体和群体与环境之间的关系以及促进其良性互动的调节功能。

产教融合生态系统是学校和企业之间合作所形成的资源共享和循环的功能单位，可将其视为在一定区域和产业范围内，在企业与学校之间及其发展生存的社会环境中，通过资源的交流共享、内生升华、转化应用而相互影响、作用的有机整体[174]。城市产教融合生态系统是在市域范围内产教融合主体与所处的外部环境之间通过非线性机制耦合而形成的有机整体。由此可以看出，城市产教融合生态系统是一个复杂的人工生态系统，按照仿生学原理，它同样由生态主体、生态环境和生态机制构成(见图 3-1)。根据三螺旋理论，政府、学校和企业是城市产教融合的核心主体，其中政府是指城市所辖行政范围内的地方政府，学校包括普通高等院校、高等职业院校和中等职业学校等，企业包括行业骨干企业、中小微创业型企业等。城市产教融合生态环境主要包括经济环境、社会环境、技术环境和制度环境。城市产教融合生态机制，即城市产教融合的运行机制，是指在城市产教融合过程中各要素之间相互作用和调节的过程和方式，包括资源共享机制、沟通协调机制、利益平衡机制和组织保障机制。

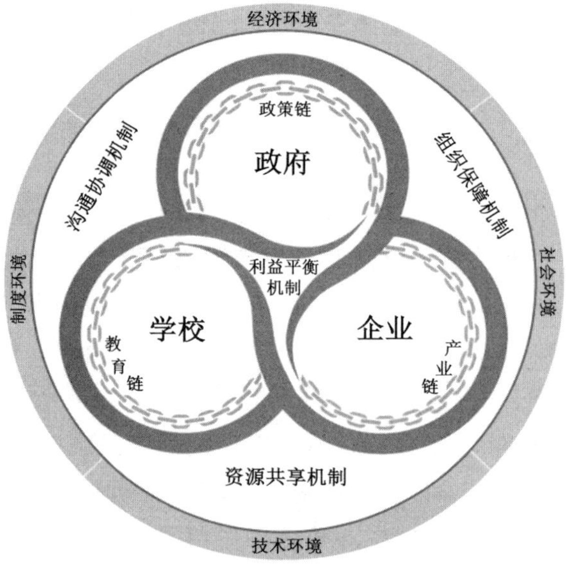

图 3-1　城市产教融合生态系统组成要素及关系

3.1.2　社会功能

(1) 协同育人功能

城市产教融合生态系统以培养满足区域经济发展和产业转型需求的高素质创新型人才、应用型人才、技能型人才等多层次人才为主要功能，由区域内普通高校、职业院校与行业企业通过要素整合、资源转换、价值共创，创新人才培养模式、提高人才培养质量，为城市产业发展提供人才支持和智力支撑。城市产教融合生态系统的构建，打破了传统产教融合的路径依赖，建立产教融合主体间的资源共享机制和利益平衡机制，通过合作开展专业建设和课程开发、建设高水平教师队伍、打造共享型实习实训基地、搭建产教融合信息服务平台，促进区域内高等教育、职业教育与产业集群联动发展，形成多元主体参与的人才培养格局，实现产业链、创新链和教育链、人才链的有效衔接。在城市产教融合主体的互动中，可以形成一批融课程学习、科技创新、创业竞赛、企业实践等功能于一体的人才培养实体，为产教协同育人提供可推广的新模式。

(2) 经济驱动功能

产教融合是城市经济发展的动力因素和重要前提。产教融合产生的人才培养、协同创新和科技成果转化成效，为城市发展提供人才、技术、知识等动力要素，从而驱动城市经济发展。一方面，城市区域内的各类学校以充裕的人才资源，为区域产业的战略研究、企业的技术研发以及生产与管理优化等，提供源源不断的智力支撑，规避城市经济发展过程中的不可控风险，缩减企业用人磨合周期和技术创新的迭代周期。另一方面，产教融合形成的人才培养成果和科技创新成果契合行业、企业的需求，必然会在深层次上推动城市经济发展。产教融合在推动城市经济发展的同时，也会受到城市经济发展的作用。城市经济发展的总体趋势、产业规模和市场前景决定了产教融合的主体内容、协作模式和最终效果。城市经济发展的差异性会重塑区域教育空间布局、专业结构及内涵特色。产教融合对标城市发展要求，旨在解决城市经济发展的升级障碍、创新瓶颈和技术难题。

3.2 城市产教融合核心主体

产教融合主体是产教融合生态系统的组成部分，相当于自然生态系统中的“物种”。李建奇等依据三螺旋理论，构建产教融合生态系统，分析产教融合中学校、企业和政府的关系结构和角色定位[175]。毛才盛等将生态学中的共生理论引入产教融合研究中，构建应用型本科院校、企业和政府的共生系统,认为地方政府、应用型本科院校、企业是产教融合最重要的三个主体[68]。曾阳在分析美国、德国、澳大利亚等国家在职业教育产教融合体制与机制等方面的经验后,提出我国应构建政府、院校和企业三方主体的产教融合生态系统[176]。韩连权等在分析产教融合型城市时认为,政府、教育系统与产业系统是构成产教融合型城市建设的三个基本要素[9]。综合上述分析,可以认为城市产教融合的核心主体包括政府、学校(包括普通高等院校、职业院校)和企业。

3.2.1 政府

(1) 角色定位

在城市产教融合生态系统主体的三螺旋结构中,政府角色经历了由"主导"到"推动"的转变[177]。政府作为社会公共利益的"掌舵者",在城市产教融合中承担统筹规划、组织引导、服务保障、评估监督等角色。

第一,统筹规划。政府在编制城市经济社会发展规划时,要同步把产教融合发展要求融入其中,统筹高等教育、职业教育与区域产业发展的关系,协调教育、发改、财政、人社、科技、土地、税务、金融等行政部门,明确产教融合发展的政策措施、项目安排和支持方式等。政府通过调整和优化布局,推进职业院校向产业和人口集聚区集中,高等学校与行业骨干企业协同创新,构建梯次有序、功能互补、资源共享、合作紧密的产教融合网络。同时,对于《国务院办公厅关于深化产教融合的若干意见》、《职业学校校企合作促进办法》和《建设产教融合型企业实施办法(试行)》等国家层面的政策,地方政府要制定可操作、可考核的实施细则,明确产教融合主体的权责义务、产教融合过程的质量保障、产教融合项目的风险监控等制度和措施。

第二,组织引导。政府积极搭建产教融合平台,大力支持职业院校开展"引企入校"、企业开展"引校入企",引导学校建立校企合作的科学机制。设立重大产教融合项目,鼓励学校和企业联合申报;合理界定平台产权,鼓励学校和企业之间进行科技成果转化。组织开展产教融合对接活动,人社部门出台政策将教师职称评审与企业实践挂钩,引导学校教师到企业进行实践锻炼,教育部门和财政部门出台政策支持学校向企业购买实训教学服务。选取产教融合典型案例,宣传产教融合的有关政策,引导学校和企业开展产教融合实践，让产教融合成为学校和企业等主体的自觉行动。

第三，服务保障。政府在人才、财政、金融、信息方面为城市产教融合提供完善的服务支持系统。在人才方面，政府加大引进人才力度，保护学校和企业科研人员的知识产权，允许科研人员在科技成果转化中获取合理报酬。同时，为了使企业和技术工人更有意愿在技能方面加大投资力度，政府完善技术工人的就业环境，突破不合理的干部与工人相对立的二元管理体制，在工资福利等待遇方面缩小管理者与一线工人的差距，引导企业重视工人技能水平，并将其作为工资待遇与职务评聘的重要依据[7]。在财政方面，政府加大本级财政性教育经费中专项经费的安排，比如，设立产教融合发展专项资金，重点加强实习实训基地建设，补助学生实习意外伤害保险，奖励产教融合绩效优秀单位和个人等。在金融方面，政府通过各种政策和措施建立引导与监督机制，使包括银行在内的各种金融机构积极为产教融合项目提供多元化融资品种，在政府和社会资本的合作中提供相关配套金融服务。在信息方面，探索建设区域性产教融合信息服务平台，促进学校和企业在人才供需、项目研发、技术服务等各类供求信息方面的精准对接。

第四，评估监督。政府要建立科学、合理的产教融合绩效评估机制和评价体系，注重产教融合过程与成效的综合评估，将评估结果与学校的财政拨款和企业的优惠政策挂钩，从而形成以评促建的良性循环。政府要对产教融合工程和项目的经费使用、进度进展实施监督，对产教融合的政策、制度和标准落实情况开展督导检查，制定保障学校与企业开展产教融合的监督体系，保证学校与企业开展产教融合的质量。

(2) 利益诉求

政府有着自身的利益诉求，它并不是一个抽象的概念。刘泰洪等认为，只有依附于一定的主体，政府利益才能够得到实现，依照不同的主体，地方政府利益可以分为地方政府官员的个人利益、地方政府的机构利益、地方政府辖区的共容利益[178]。就城市产教融合而言，政府的利益诉求包括：推进职业教育体系与劳动就业体系贯通，获得产业转型升级的人才资源；促进高等学校与行业骨干企业、中小微创业型企业紧密协同，获得新旧动能转换的创新资源；争取产教融合型城市建设试点，获得中央政府有关方面的资金支持。

人才资源是城市发展的第一资源。地方政府关于财政资源的利益诉求,依赖于区域内经济社会的发展,特别是产业结构的调整和优化,而这些都离不开人才资源的保障和支撑。从近年来各地政府频繁出台的人才新政可以看出,吸引高层次人才、高技能人才成为城市发展的重要战略举措。对于很多非省会城市或经济发达城市而言,引进人才的难度不小,而引导本地学校优化人才培养结构、推进产教协同育人,成为地方政府利益实现的必然选择。

创新驱动是城市实现经济发展新旧动能转换的必由之路。那种需要大量资源投入,并且消耗较高的环境成本和社会成本,以此来驱动经济增长的动能是经济旧动能。经济发展新动能涉及的范围非常广泛,既包括电子商务、"互联网+"、云计算、大数据等第三产业的新业态,也包括新一代信息技术、智能制造、新能源汽车等第二产业的业态,还涉及新型农业合作社、农业电商、股份合作制企业等第一产业的领域以及农村一、二、三产业融合发展等。当前,很多城市正处于新旧动能转换的关键时期。推进产教融合,引导学校与企业围绕产业关键技术、核心工艺和共性问题开展协同创新,加快新旧动能转换,成为地方政府利益实现的重要路径。

产教融合型城市是工业城市发展到一定阶段后出现的一种城市类型,在这类城市里,产业系统与教育系统衔接顺畅,产业侧的产业链、创新链与教育侧的教育链、人才链实现了自主互通、联动发展,经济社会与教育发展彼此促进,在发挥各自优势的同时实现了统筹融合,进而形成良性循环[9]。《国家产教融合建设试点方案》提出,中央预算内投资支持试点城市自主规划建设产教融合实训基地,优先布局建设产教融合创新平台,对建设成效明显的省份和试点城市予以动态奖励。因此,地方政府获取产教融合型城市建设试点的支持和奖励,也是其推进产教融合发展的利益诉求之一。

3.2.2 学校

(1) 角色定位

在城市产教融合生态系统主体的三螺旋结构中,学校是校企合作的策动者,主要承担人才培养、科学研究、社会服务等职能和角色。

人才培养是各级各类学校最重要的职能之一。城市区域内的高水平大学专注于创新创业人才培养，应用型本科高校以应用型人才培养为主，职业院校主要培养高级技能人才。特别是区域内的应用型本科高校和职业院校，其专业建设要围绕区域产业结构展开，形成专业动态调整和优化机制。教学工作是人才培养的关键，课程建设又是教学工作的基础。学校要与企业联盟、与行业联合，设计基于岗位工作过程的课程内容和体系，加强创新创业课程和实践教学内容，在技术性、实践性较强的专业中全面推行现代学徒制和企业新型学徒制。人才培养离不开师资队伍。学校要加大"双师型"师资队伍培养力度，支持教师定期到企业进行技能训练、工程技术实践锻炼。创新和完善人事管理体制，选聘一批企业技术能手作为产业教授（专家）参与学校人才培养，指导学生的生产实践和科技创新。

地方高校和职业院校要面向企业需求开展科学研究，将研究价值链扩展到社会领域，注重科技创新成果的应用与转化。学校科技创新成果是教师团队充分利用学校各种研究资源，在教师自身的复杂的智力劳动中开发出的具有知识属性的产品，这些成果在社会经济的动能转化和结构调整中能够发挥促进作用。要实现科技成果转化，学校就要和企业开展合作，选择具有实用价值的科技成果，不断进行后续试验，逐步进行开发、应用和推广，最终形成新产品、新工艺或者新材料[179]。同时，学校的科研活动也可以为人才培养提供新的途径，学生参与其中能够获得科学思想和素养的提高，教师能够将最新的理论和技术创新成果运用于教学，更好地促进人才培养。

学校作为知识生产、科技创新以及高素质技术技能人才的重要供给方，要发挥自身的人才资源、创新资源等优势，服务地方产业转型升级。在面向区域内企业开展在岗职工职业技能培训服务过程中，要掌握企业及职工对技能发展的需求，创新技能培训方式和内容，充分利用"互联网＋教育培训"模式，提升培训服务质量与企业职工能力素质。在面向区域内企业开展技术和管理咨询服务过程中，学校教师要深入企业实践，了解企业生产和管理过程中的问题，在理论研究与实践探索中形成问题的解决方案，再回到企业运用到生产和管理实践之中，检验和校正技术方案的成效，从而建立螺旋式的技术服务供给模式。

（2）利益诉求

在地方政府的推动下，学校改革和创新治理结构，引入行业企业、社会组织等建立学校理事会(董事会),积极发展跨学科、跨专业的教学和科研组织,推进产教融合人才培养改革。学校在实施产教融合过程中,其利益诉求包括:获得企业在资金、设备、场所等方面的支持;提高人才培养质量;促进科技创新成果转化;提升学校的社会影响力。

学校发展由社会场域中政治的、经济的、文化的结构所决定,反过来它又支持着社会结构的维系[180]。学校是一个开放的系统,其发展离不开外部资源的支持。企业具有真实的生产场景,这是学校人才培养过程中不可或缺的资源。在联合研发、合作共建、项目牵引、人才培养与交流等四种产教融合模式中[55],企业可以为学校提供项目资金、科研与实训设备、实习场所以及产业技术人才(如产业教授)等方面的支持。

教学性生产和生产性教学相结合,是产教融合培养人才最核心的要素[19],也是学校实施产教融合的重要动力。在工学结合人才培养模式中,学校的专业教学与企业的生产过程紧密结合,学生在学校学习专业知识的同时,还可以在企业接触实际的生产技术、完成实际的工作任务,从而在未来工作中具有较强的适应性和竞争力。现代学徒制也是一种重要的校企合作人才培养模式,它将工作岗位训练与学校技术技能教学紧密衔接,充分发挥师徒授受的育人优势,让学生在实践中学习,并且领会行业技艺所包含的隐性知识。总之,校企合作培养人才,注重对学生创新实践能力的培养,在教学实践中鼓励学生根据环境变化,创造性地完成工作任务。通过参与企业生产实践,学生对技术技能、职业文化和工匠精神有更深入的思考和理解,从而不断提高综合素质。

高等学校科技创新活动长期以来以自由探索为主,对企业的需求关注不足,导致科技成果转化率很低[179,181]。另外,由于中试环节投资大、回报周期长、不确定性高,高校缺乏资金和场所去建设中试平台或熟化基地,因此科技成果从实验室到市场,到成为有价值的产品与服务,这其中仍然存在一定的距离。学校实施产教融合,不仅可以使教师的科研活动面向企业需求,而且在中试环节获得企业的支持,与企业联合建立中试基地,从而促进高校科技成果转化。

学校在城市区域内发展产教融合,在为地方产业输出人才和技术的同时,可以获得政府、企业和社会的认可,不断提升社会影响力和美誉度,成为学校办学成果宣传、招生就业宣传,甚至学校领导治理能力展示的重要渠道。

3.2.3 企业

(1) 角色定位

在城市产教融合生态系统主体的三螺旋结构中,企业的角色定位经历了从支持到参与再到主体的转变[182]。企业受发展阶段、行业领域、经营规模等因素影响,在产教融合中的角色呈现多样性,主要承担的角色有办学主体、培养主体、创新主体等。

作为办学主体,企业有义务依法履行实施职业教育的责任。企业的资本、技术、知识、设施、设备和管理等要素都可以作为校企合作的资源,在校企合作中起到促进人力资源开发的作用。2017 年出台的《国务院办公厅关于深化产教融合的若干意见》规定,企业可以以独资、合资、合作等方式依法参与举办职业教育、高等教育。根据这一文件的精神,企业自办职业教育、高等教育,企业参与举办职业教育、高等教育,都是企业发挥重要办学主体作用的途径。例如,在技工教育领域,有研究者总结了"吉利模式"和"华为模式"这两种成功模式[183]。"吉利模式"重在企业直接举办技工院校,"华为模式"重在企业参与技工教育。吉利作为先进制造企业,具有产业规模庞大、辐射效应强等特点,更加注重直接培养技术技能人才,从源头开始健全技能人才培养、使用、评价、激励制度;华为作为高科技企业,通过产学合作协同育人项目参与技工教育,更注重对已有人才的使用和激励。这两种技工教育和技能人才培养模式,分别契合先进制造业和高科技行业的实际需求,都被证明是富有成效的。

作为培养主体,企业将生产经营环节的用人需求融入学校人才培养环节,以多种方式参与学校专业建设、课程与教材开发、实习实训,引导学校专业设置与产业需求相对应,课程内容与职业标准相契合,教学过程与生产过程相衔接,毕业证书与职业资格证书相关联。企业主动参与学校人才培养方案的制定,发挥生产设备、技术工艺、工作场地、现场师资等优势,提高人才培养与社会需求的契合度。企业积极实施订单人才培养、现代学徒制,将自身建设成为学生的实习实训基地,使实习实训更加合理、规范,为学生提供应有的合法权益方面的保障。企业通过向学校购买在岗员工教育培训服务,促进员工职业生涯发展,使员工成为既满足岗位工作要求,又在内心认同企业文化和价值理念的具备较高素质的复合型技术技能人才。企业发挥自身优势,用优秀的企业文化来引导人,通过与学校的合作,在课堂教学中融入包括企业价值观在内的职业文化,让学生感受到企业不断进取、探索创新、追求效率的文化氛围,使学生在学校就能够认清目标和自身状况,有针对性地强化技能训练和理论学习,不断提升自身的职业素养和文化修养,最终成为适应企业需求的合格人才。

作为创新主体,企业不仅依靠自身资源独立研发,而且更加注重开放式创新。企业主动对接学校的应用技术研发、成果推广应用,积极探索技术转移和知识转化的途径,发挥其与学校合作创新的优势,缩短产品创新周期,减少市场交易成本。企业积极响应市场需求,利用其在产业技术上的优势,引导学校主动响应产业发展需求,向学校定制科研成果。一方面,企业可以将自身的科技成果需求通过网络、报刊等各种渠道或委托技术交易中介机构进行发布,寻找能够满足自身需求的科技成果;另一方面,企业还可以与学校、科研院所等合作者联合起来,根据企业需求共同进行科技研发和成果转化。企业在科技成果转化为产品的环节,可以通过柔性引进或者兼职等方法,充分利用学校的人才资源,深入推进科技成果从实验室向市场转化。

(2) 利益诉求

在地方政府的推动下,企业作为城市产教融合的重要主体,其利益诉求包括:获得企业发展所需的人才资源;获得企业发展需要的技术和创新成果;获得政府在财政、税收、融资、土地等方面的支持;提高企业的社会声誉。

企业参与产教融合的重要目的之一就是人力资本投资,获得企业发展所需的人才资源[184]。企业接收学生实习,与学校共同开发课程和教材,与学校共建产教融合实训基地、产业学院等,一方面是希望学生能够获得适合企业发展的通用技能,另一方面也希望学生能够学习掌握适合企业自身独特需求的排他性知识和技能,由此形成满足发展需求的特定人力资本。以企业接收学生顶岗实习为例,这一方面可以弥补企业短期用工需求,另一方面可以为企业积累长期人力资源[185]。从短期利益来看,企业接收学生实习,能够填补企业短期用工的缺口,在用工成本上升和劳动力市场中技能型人才短缺的现状下，可以节约用工成本。从长期利益来看，学生通过在企业实习，掌握特定的知识和技能，认同企业的文化和理念，毕业后继续留在企业工作，这就成为企业人力资本投资的长期收益。

企业由于受到规模和资源的约束，往往采用接收外部组织技术转移的方式提高自身的技术创新水平，这也是企业参与产教融合的重要动力。在众多产教融合模式中，企业主要通过委托开发、共同开发、共建研发实体等方式[186]，获得学校的技术成果转移。所谓委托开发，是指企业通过与学校协商与沟通，将技术需求告知学校，学校接受企业委托开展技术研发，并将技术研发成果应用于企业生产。这种方式主要依赖于委托契约，企业提供研发资金，学校实施技术研发，学校和企业之间实现技术转移。所谓共同开发，是指企业和学校共同确定合作项目，共同开展技术研发，共同应用技术成果。在这种方式下，企业和学校始终保持密切的联系，企业将市场需求融入技术研发，获得所需的技术成果。所谓共建研发实体，是指企业和学校通过资金投入或技术入股等形式，共同组建开展技术研发、成果转化、生产销售的实体机构。这种方式不仅可以降低企业的技术研发成本，而且可以使企业获得所需的核心技术。

企业参与产教融合的另一个利益诉求是获得政府的有关政策支持，其中财政支持和税收优惠是企业最想获得的红利[184]。2019 年 1 月，国务院印发《国家职业教育改革实施方案》，提出“培育数以万计的产教融合型企业”；2019 年 3 月，国家发改委、教育部出台《建设产教融合型企业实施办法（试行）》，提出对产教融合型企业给予“金融＋财政＋土地＋信用”的组合式激励，并按规定落实相关税收政策；2019 年 9 月，国家发改委等六部门印发《国家产教融合建设试点实施方案》，提出支持企业参与职业院校办学或举办职业院校，对试点企业兴办职业教育符合条件的投资，按规定投资额 30％的比例抵免当年应缴教育费附加和地方教育附加；2022 年 4 月，新修订的《职业教育法》更是从法律层面规定，对深度参与产教融合的企业给予奖励和税费优惠。从政策的描述中可以看出，企业兴办职业教育、高等教育的投资额与其享受的政策优惠力度成正相关关系。

企业参与产教融合，是其承担社会责任的重要表现，并因此可以赢得良好的社会声誉，扩大企业产品或服务的购买群体，提高用户对企业产品或服务的忠诚度，从而获得市场对企业的产品支持。这是企业提高动态能力的长效机制，也是企业积极参与产教融合的长久动力。

3.3 城市产教融合生态环境

在生态学中，生态环境是指生物体生存空间内各种条件的总和[142]。对于产教融合而言，生态环境是指影响产教融合主体活动的一切外界因素的总和。毛才盛等利用战略管理中的 PESIN 工具分析产教融合的共生环境，即政治与法律环境、经济环境、社会文化环境、国际环境和自然环境[68]。刘晶晶认为高职教育产教融合外部影响环境主要包括宏观政策环境、区域经济发展环境、社会文化环境和科学技术环境[81]。岑霭芬认为产教融合系统的环境类型包括经济、社会、产业、政策、人文和自然环境[187]。凌守兴等指出，校企合作生态系统的外部环境包括政治制度、文化科技、地域交通、经济水平、产业发展和法律法规等[188]。吕银芳等认为，应该从经济、政治、文化、社会、制度等宏观环境层面来研究职业教育产教融合问题[189]。

城市是产教融合的重要载体和空间依托，城市产教融合的一个重要特点就是区域性，因此城市产教融合生态环境不仅包括宏观政策环境，而且包括区域经济社会环境。具体来说，城市产教融合生态环境主要包括经济环境、社会环境、技术环境和制度环境。

3.3.1 经济环境

经济环境是指城市产教融合发展的经济条件和设施资源，主要包括经济发展水平、产业结构层次和园区建设情况等。

经济发展水平是城市综合实力的重要表现。一般来说，经济发展水平高的城市，产业集群效应明显，企业无论是对与学校合作，还是对与其他企业合作的积极性都比较高，与学校、其他企业之间能够开展深度合作，取得较好的产教融合效果。同时，经济发展水平高的城市，其在教育方面的投入也比较高，对高等院校、职业院校的支持力度较大，高等教育和职业教育资源相对较为丰富。深圳、苏州、青岛等城市近年来在高等教育领域的迅速扩张，与其强劲的经济发展水平是分不开的。

产业结构升级是区域经济发展的重要动力。一般而言,由于各地资源禀赋、技术条件、消费需求不同,其产业结构层次也不相同。产业结构转换理论认为,产业结构升级是指一个地区的主导产业随着经济的发展而发生质的变化,其变化的同时又对经济的发展起到促进作用,实现产业和经济的共同发展。产业结构升级主要依赖于创新驱动和人才驱动,这也为区域产教融合发展提出了现实要求。也就是说,地方政府、企业和学校之间的三重螺旋演进,不仅要实现协同育人,而且要实现协同创新,推动产业从低技术水平向高技术水平转化。

园区建设是城市产教融合平台载体建设的主要抓手。城市可以依托产业园区,聚集相关企业和学校围绕区域特色产业和专业,建设共享型实习实训平台。学校可以与地方政府、产业园区、行业企业共建产教融合公共服务平台和产教融合创新平台,打造高水平产教融合创新创业园区。除了产业园区,大学科技园、职教园区、产教融合园也是一些城市推进产教深度融合的载体。大学科技园是促进产学研合作、推动科技成果转化、培养创新创业人才、孵化高新技术企业的重要基地[190]。它以大学为依托,但不属于大学,也不从属于政府机构或者社会公益团体;它具有现代企业的属性和职能,以市场化方式运作,完成大学“科技—产业链”中的技术创新、成果转化与孵化部分。职教园区是由政府、行业、企业和院校等多主体共同参与,在一定区域内通过优化产教资源配置,发挥集聚效应和规模优势,实现产教融合的公共服务平台[191]。产教融合园是由职业院校与政府、行业、企业共同创建并运营或者独立创建并运营,以有形的建筑为空间载体,集聚一批与学校教学科研相关的企业入驻,以培养高技能人才为根本任务,集教育、经济和服务功能于一体的平台[192]。

3.3.2 社会环境

社会环境是指城市产教融合发展面临的人口条件和文化背景,主要包括人口结构、社会观念、文化氛围等具体因素。其中,人口是重要的生产要素和战略资源,事关产业系统与教育系统的宏观布局;文化通常包含价值观念、文化传统、社会习俗、思维方式等,对产教融合具有持久和潜在的作用力。

根据第七次(2020年)全国人口普查结果(2021年5月11日发布),我国劳动年龄人口数量和占比双下降。2020年,我国15～59岁劳动年龄人口总规模为89 438万人,与2010年相比减少4 524万人;15～59岁劳动年龄人口占总人口的比重为63.35%,与2010年相比减少6.79%。据预测,2030年以后,我国劳动年龄人口的下降速度还将加快;劳动年龄人口的规模和占比都进入下降区间,这将是一个长期和稳定的趋势[193]。面对劳动年龄人口数量下降可能对经济发展带来的不利影响,建立政府推动、行业指导、校企实施的合作机制,培养高素质劳动者和高水平技术技能人才,可以使经济增长从更多依靠数量型"人口红利"转变到更多依靠质量型"人才红利"。

文化对城市产教融合会产生潜移默化的影响,主要表现在社会观念、社会认知和社会氛围等对产教融合的作用方面。很多人在传统观念的影响下认为职业教育所培养的技术技能人才往往会遇到发展渠道窄、薪酬待遇低、职业前景不明朗等问题。大部分家长对于孩子的培养,依旧是按部就班的初中考高中、高中考大学,报考本科院校无望的才会选择职业院校。很多学生也持有以升学做准备的普通高等教育为正统,以就业做准备的职业教育为偏系的传统观念。近年来,随着职业教育作为一种类型教育在国家层面的确立,社会媒体加强了对各地涌现的产教融合典型经验和创新型人才、技术技能型人才、高素质劳动者的宣传报道,积极引导社会公众对于技能人才、工匠精神的认知,增强全社会对技能人才的认可度。很多地方政府在招录考试、人才落户、职称评定、薪酬待遇等方面对职业院校毕业生和本科院校毕业生一视同仁,不看文凭看本领、不重学历重能力,树立起良好的用人导向。同时,通过深化改革,建立起职业院校与其他教育相互沟通和衔接的"立交桥",使职业院校毕业生有提高学历的正常通道,逐步形成上职校是正常现象、绝不低人一等的社会认识。一些城市还通过举办职业教育活动周、职业教育技能节等活动,营造重视一技之长、看重能力、不唯学历的社会氛围。

3.3.3 技术环境

技术环境是指城市产教融合发展的技术支撑条件和技术发展趋势。一方面,技术变革催生了新的产业人才需求,为产教融合协同育人提供新的方向指引；另一方面，技术发展进一步推动资金、人才、信息等要素的聚集和整合，为产教融合信息服务平台建设和产教融合模式创新提供技术支撑。

随着人工智能、大数据、云计算等技术的发展，传统产业生产方式和经营模式发生重大变革，企业生产和经营逐步实现信息化和智能化，一般的重复性工作交由自动化生产线以及智能化管理系统完成，企业对人才的需求发生变化。以制造业为例，在工业机器人取代从前那些重复性强、技能要求低的岗位的同时，企业对于从事智能化生产系统安装与调试、维护与检修、生产与技术管理等工作的高层次技术技能人才的需求激增。技术发展导致的企业用工需求变化，进一步传导至职业教育和高等教育领域，推动了学校专业设置和人才培养模式的改革，并使得产教融合、校企合作成为学校转型发展的重要路径。

现代信息技术的发展还为产教融合组织创新提供了技术支撑。基于人工智能、大数据、云计算等技术构建的区域性产教融合信息服务平台，对企业人才和技术需求信息、学校毕业生和技术成果信息进行智能分类和整合，形成“需求—供给”信息闭环，实现产业系统与教育系统的精准对接，推动产业系统与教育系统的资源共享、价值共创。同时，在信息技术基础设施建设水平大幅提升的背景下，现代信息技术如互联网、大数据和人工智能等广泛应用于教育领域，在线教育成为一种重要的教育教学模式。学校和企业在在线教育领域开展合作，资源共享、开放共建，形成产教融合共同体，推出更深入的产学合作协同育人项目。2019 年 7 月，教育部学校规划建设发展中心发布《智慧学习工场 2020 建设标准指引》，指出要以智慧学习工场为载体，更加充分和广泛地聚集融合教育、科技、产业、人才和信息等要素，将其作为深化产教融合的新平台、适应科技革命的新机制，以创新实践引领人才链、教育链、产业链、创新链变革，为普通高等院校和职业院校培养创新型、应用型和技能型人才提供基础架构[194]。

3.3.4　制度环境

产教融合制度是产业界、教育界在合作与融合过程中共同遵守的活动规则和行为准则。广义的制度包括政策和法律法规[195]。政策的导向作用和法律的规制作用是推动城市产教融合生态系统演化的主要外部动力。当前，我国针对产教融合出台的政策较多，制定的法律法规较少。截至2021年4月1日，我国“产教融合”有关规范性文件共171部，其中包括行政法规1部、部门规章4部、行业规定2部，地方规范性文件55部，地方工作文件109部[196]。

产教融合政策的主要目标是促进教育链、人才链与产业链、创新链衔接，推进校企协同育人、技术转移和成果转化，推动区域产业和经济发展；主要措施有激励引导措施、考核评价措施、资金经费措施、组织保障措施[52]；主要特征是追求长效发展价值取向、倡导多元主体合作参与、重视“双师型”教师队伍建设、完善教育与产业的精准对接[50]。按照政策作用范围进行划分，产教融合政策可以分为国家层面政策、省级层面政策、市级层面政策。以国家和江苏省有关产教融合的政策为例，2017年国务院办公厅印发《关于深化产教融合的若干意见》后，2018年江苏省政府先后出台了《关于深化产教融合的实施意见》《关于加快推进职业教育现代化的若干意见》等文件。2019年3月，江苏省人大常委会审议通过了全国首部省级职业教育校企合作领域的地方性法规《江苏省职业教育校企合作促进条例》，并于当年5月1日起施行。就市级产教融合政策而言，自宁波市2009年出台全国第一个《职业教育校企合作促进条例》以来，不少城市出台区域产教融合发展的政策文件。如苏州市先后出台《关于加快发展全市现代职业教育的实施意见》《教育均衡、优质发展三年行动计划(2018—2020)》等文件，印发江苏省首个促进校企合作的规范性文件《苏州市职业教育校企合作促进办法》，制定出台《苏州市职业教育校企合作管理办法(试行)》《关于推进苏州市职业院校企业学院建设的意见》；建立苏州市经济教育联席会议制度，成立市职业教育改革发展领导小组。

按照政策内容进行划分，产教融合政策包括产教融合平台建设、职业教育集团化办学、混合所有制办学、产业学院建设、新型学徒制、现代学徒制、产教融合型企业认证、“1+X”证书制度、“双师型”队伍建设、技术转移等方面的政策。利用ROST CM6软件对国家和江苏省有关产教融合的42条政策进行词频统计分析，剔除“推进”“加强”等无显著影响的动词后，得出产教融合政策中的高频词汇，如表3-1所示。

表 3-1　产教融合政策中的高频词汇

词汇	词频	词汇	词频
企业	874	服务	234
职业教育	518	培训	220
合作	357	教师	217
实习	354	人才培养	206
人才	350	制造业	195
教育	346	制度	194
创新	315	试点	176
学校	313	办学	171
融合	303	教学	165
职业	290	机制	162
技术	279	社会	153
行业	278	标准	147
专业	269	质量	139
校企	265	实践	137
职业院校	258	人力资源	125
培养	252	项目	118
技能	248	组织	117
高校	246	评价	108
产业	241	需求	106
学生	241	学徒制	103

当前，虽然产教融合政策不断完善，但是有关产教融合的法律、法规、规章的出台相对滞后。2022 年 4 月 20 日，全国人大常委会表决通过新修订的《职业教育法》，将坚持产教融合、校企合作作为职业教育发展的原则和方向，并对促进产教融合、校企合作做出了相关规定。但这仅仅是在职业教育

方面的单一法律规定，在产教融合领域还未形成更有针对性的体系化、制度化的法律法规体系，缺乏类似“产教融合促进法”或“产教融合促进条例”等的配套法律规范。这就导致在国家和省市政策方面虽然明确重视产教融合战略举措，但是在具体落实上，企业和学校都感到缺乏具有可操作性的法律规范作为保障和监督。以产教融合中的产权问题为例，由于缺乏明确的产教融合产权法律法规制度，参与主体投入的资源要素的产权很难完全清晰界定，且难以准确测算投入资源要素产生的预期价值，因此产权往往是不完全的[197]。那么，由这种不完全的产权关系引发的纷争，就会造成产教融合的浅层化、形式化和短视化，不利于产教融合的深入推进。如果对产教融合实践过程中资源要素的权益在法制框架下界定清晰，那么企业主体和学校主体就能获得合理的产权保护。因此，只有完善产权保护制度，产业系统与教育系统才能在宏观层面与微观层面形成长期的合作机制。

3.4 城市产教融合运行机制

城市产教融合运行机制是城市产教融合主体与主体之间、主体与环境之间相互作用和调节的过程和方式。李梦卿等提出高职院校产教融合的运行机制在于构建一个生态循环体，实现专业链对接产业链、课程内容对接职业标准、教学过程对接生产过程[41]。高职院校深化产教融合应健全教育生态环境的保障机制：政府搭建平台，积极加强融合力度；高职院校调适结构，主动满足发展需求；企业对接教育，参与高职人才培养。顾菊平等提出产教融合的实现基础是互信机制，即价值取向通过互信而认同、产教资源通过互信而共享、人才培养通过互信而联动[198]。蔡敬民等认为应用型高校推进产教融合发展，要完善协调机制，突出政府的服务与协调；推进合作机制，加强产教之间的对话与沟通；强化保障机制，促进制度的规范和有效[21]。谢笑珍认为推进产教融合深化发展，要构建资源共建共享机制和信息沟通机制，创建开放、共享、透明、便捷的产教融合资源平台，使教育系统与产业系统资源实现共享与便捷使用[4]。张旭刚提出运用法律稳定性、强制性、规范性的要求，调节化解产教融合主体利益冲突、促进利益相关者各方公平博弈，在产教融合系统内部形成一种稳定的利益平衡机制[199]。综合上述分析，可以从资源共享机制、沟通协调机制、利益平衡机制和组织保障机制四个方面分析城市产教融合运行机制。

3.4.1 资源共享机制

产教融合的资源共享机制是指产教融合主体将各自拥有的优势资源与功能深度协同与集成化，实现资源有效流动和功能互补的运行方式[200]。作为城市产教融合生态系统的重要组成部分，产教融合主体拥有各自的优势资源。例如，政府拥有行政资源、制度资源和信息资源等，企业拥有资金资源、场地资源和设备资源等，学校拥有人才资源、知识资源和科研成果资源等。根据资源依赖理论，组织之间资源的依赖性和相似性直接影响合作关系的形成[201]。对于产教融合而言，任何一方产教融合主体都掌握或控制着另一方主体所需的稀缺资源，如企业拥有学校无法具备的真实生产环境，学校可提供企业生产所需的技术技能人才，政府具有协调学校和企业的行政和政策资源。因此，资源共享成为产教融合主体互动的首要前提。基于对学校和企业在产教融合过程中提供资源和获取资源的分析[202]，可以从人才、场地、设备、课程、科研成果等方面分析资源共享机制。

一是人才资源共享。学校、企业之间人员流动互派，是实现产教融合人才资源共享的重要形式。学校一方面通过建立技能大师工作室、产业教授（导师）制度，引进企业技术人员到校担任兼职教师、技能竞赛选手指导教练，帮助学校培训教师；另一方面通过规定教师企业实践时间、企业实践形式，引导教师到企业学习现场生产实践中新的标准、设备、材料、技术和工艺。企业建立技术需求发布机制，吸引高校教师到企业开展技术创新实践，在协同解决企业技术难题的同时，提高教师解决实际技术问题的能力。地方政府也出台政策引导高等院校教师或政府公务员、事业单位专业技术人员到企业挂职或兼职。例如，2013 年江苏在全国首先开始实施促进企业柔性引进人才的“科技副总”政策，主要从全国高校和科研院所引进技术专家，到企业兼任负责技术的副总经理或副总工程师。实施“科技副总”政策，就是引导更多来自高校和科研院所的技术专家走进企业，充分发挥个人和所在高校院所的综合优势，在开展产学研合作、推进科技成果转化、引进培养人才团队、完善企业创新体系等方面全方位服务企业，提升企业创新能力。

“科技副总”给企业带来产学研合作成果的同时，也反哺高校的教学和科研工作。教师主要通过假期和课余时间参与企业相关研发工作，通过真刀真枪实战，有效解决课堂教学的空泛问题，带着企业问题丰富课堂内容，部分研究生还可以直接参与企业研发和实习，教学效果和质量得到有效提升。

二是场地设备共享。政府、学校、企业共建公共实训基地，是实现产教融合场地资源共享的重要形式。通过标准化的场地建设，公共实训基地整合学校和企业的设备、人才、项目等，一方面促进学生在实训过程中接受理论和技能的综合训练，使其成为符合企业发展需要的合格技能人才，另一方面为企业职工和社会人员提供职业技能训练和鉴定，促进科技成果转化。在公共实训基地的建设中，可以采用 PPP 模式引入社会资本，也可以接受公益性赞助，以解决公共实训基地建设的经费投入问题。对于仪器设备，建立设备资源信息库，根据仪器设备的不同来源，明确权责关系，所有设备使用实行“预约制”，优先保证共建学校学生实训、企业职工技能培训使用[36]。设立共享仪器设备维护专项基金，定期开展仪器设备的检测、保养和维护，实现仪器设备使用效益的最大化、持久化。

三是课程与教学资源共享。课程与教学资源的模块化和数字化，是实现产教融合课程与教学资源共享的重要形式。开发和建设模块化课程，形成基础素质课程模块、基本从业能力课程模块、专门职业能力课程模块，既能用于学校人才培养活动，也能用于企业职工技能培训和教育。开发和建设数字化教学资源，利用信息技术和网络技术，通过共享系统向学校学生、企业职工和社会人员提供教育和培养服务，实现优质课程与教学资源共享。数字化的教学资源库可以由学校、企业共同建设，打造具备浏览、下载、检索等功能的教学素材资源库、技能训练资源库、行业服务信息库、拓展知识资源库，形成以技术学习、互动、考核为主的课程板块、培训板块和测试板块[65]。通过这种资源建设方式，不仅能够融合企业的岗位需求和技术优势，而且能够融合学校的专业建设需求和理论优势，更好地实现校企协同育人。

四是科研成果共享。学校和企业合作创新产生科研成果和知识产权的，以学校和企业的实际贡献为依据，对科研成果转化收益按照一定的比例进行分配，保障参与主体利益。建立科研成果转化信息共享平台，企业积极发布技术创新需求，学校及时发布科研创新成果，促进产教融合不断深入。

建立校企协同科研创新平台，企业与学校一方面可以有针对性地开展研究工作，降低双方在科研中的重复性投入，提高科研成果质量；另一方面可以共同开展科研项目需求调研、方案设计、过程研究、市场转化等，提高科研成果转化率[203]。学校和企业还可以根据双方的人才培养要求和技术创新特点，设计各类科技竞赛等活动，引导教师与学生发挥创新和创造能力，为学校培养和选拔高水平的科技竞赛选手，为企业孵化和拓展新型的产品和市场，实现科研创新成果共享。

3.4.2 沟通协调机制

在产教融合的过程中，政府、学校和企业各主体拥有异质性的信息资源和优势，沟通协调为降低产教融合的运行交易成本提供了必要的前提。所谓产教融合的沟通协调机制，是指在城市层面建立由不同产教融合主体组成的具有一定权威性和规范性的沟通平台，为多元主体的利益博弈提供信息沟通，使多元主体的利益诉求得到充分表达。根据多元主体之间的沟通形式与协调方式，可以从产教融合工作联席会议制度、产教融合信息服务平台、行业组织协调指导等方面构建产教融合沟通协调机制。

建立城市产教融合工作联席会议制度，由政府发改、教育部门牵头，经信、财政、人社、国资、大数据管理及涉及千亿产业的有关行业主管部门和地方高校、职业院校等单位组成，牵头单位的主要负责人是联席会议的召集人。联席会议根据工作需要可以定期召开，也可以不定期召开，主要解决城市产教融合工作中需要政府部门间沟通协调的重点难点问题。各联席会议成员单位按照职责分工，主动研究涉及产教融合工作的有关问题，积极协调产教融合主体之间的关系，及时向联席会议办公室报送工作情况和信息。同时，学校建立健全内部治理结构，深化多元化办学机制改革，畅通与市场要素、行业企业衔接机制[204]。组建职业教育集团或区域产教融合联盟，以“专业群对接区域产业群合作发展”为核心，通过建立科学规范的议事决策机制和产学研协同工作例会制度，促进学校与产业、企业的需求及时衔接和良性互动。

建设产教融合信息服务平台，汇聚和整合区域、行业的人力资源、科技成果、项目研发、技术服务等各类供求信息，向产教融合主体精准推送有关信息，并提供信息检索等相关增值服务，保障产教融合主体实时掌握发展动态，促进学校和企业实现精准对接。信息服务平台利用云计算、大数据等信息技术，集成行业、企业发布的产业部门信息，政府教育行政机构、学校、师生有关的教育部门信息，以及产教融合政策法规、发展规划等政府部门信息，形成学校信息、企业信息、项目信息、人才信息和政策法规等数据库[205]，实现产教融合主体之间的信息互通互联，发挥信息服务平台的沟通和对接功能。与此同时，通过对信息服务平台大数据的分析，可以动态监测产教融合多元主体的行为，以便更好地协调产教融合主体之间的关系[43]。

发挥行业组织的信息和协调功能，降低校企合作的交易成本。行业组织通过开展人才需求预测、科技成果推广、校企合作对接等服务，为产教融合信息服务平台建设提供信息资源支撑。也就是说，行业组织的调查研究、推广对接是建设产教融合信息服务平台的前期工作。行业组织在完成这些信息工作后，就可以将学校的人才资源和科技成果资源信息以及企业的人才需求和科技成果需求信息在产教融合信息服务平台上发布，从而降低学校和企业因为寻找合作对象而产生的信息成本。另外，在政府教育主管部门和行业主管部门的引导下，行业组织可以开展教育教学指导、人才培养标准制定、职业技能鉴定等工作，并在产教融合发展过程中参与评估和监督管理，定期发布统计评估报告、绩效考核报告等，这些工作都可以降低产教融合、校企合作的执行成本和监督成本[206]。

3.4.3 利益平衡机制

在产教融合的过程中，各产教融合主体具有不同的角色定位和利益诉求。根据利益相关者理论，只有深入分析各产教融合主体的利益平衡机制，才能了解产教融合主体价值选择、行为选择的根源，进而了解影响产教融合深度发展的动力因素。所谓产教融合的利益平衡机制，是指对产教融合过程中的利益分配、利益补偿及利益调节予以制度化安排，使各产教融合主体的利益在相容与共存的基础上达到合理的优化状态。其主要包含利益分配机制、成本分担与补偿机制、利益联结机制等方面。

一是利益分配机制，即产教融合主体间相关收益的分配规则和调整方式。在产教融合主体间的利益分配过程中，政府发挥指导和协调作用，组织学校、企业在法律法规的框架内，根据权责对等、整体最大化的原则衡量产教融合的各种收益，实现产教融合收益在各主体之间的合理分配。各主体之间的利益关系是相互博弈的结果。根据博弈理论，产教融合主体的收益不仅取决于自身的决策，而且与其他主体的决策相关，也可以说产教融合主体收益是主体之间相互作用的结果。因此，建立利益分配机制就是以权利义务的形式，对各主体间的利益冲突进行平衡，使得产教融合主体不断调整自身的合作对策，促进产教融合整体利益实现最大化，各产教融合主体利益分配实现合理化。

二是成本分担与补偿机制。企业参与产教融合需要投入一定的成本，在其收益未能超过成本时，就需要解决产教融合的成本分担问题。以职业院校与企业协同育人为例，职业院校每年都有数量众多的学生需要生产实习，如果完全依靠企业承担学生实习任务，则企业的成本负担太重。学校可以和企业共建校内实习实训基地，由学校提供场地和管理，企业提供师资和设备，双方共同承担学生的实习任务，共同分担育人成本[127]。通常而言，仅仅学校的成本分担并不足以覆盖企业参与产教融合投入的成本，这就需要政府加大财政性经费投入，给予企业更多的成本补偿。一方面，地方政府发挥产教融合主体功能，实施组合式激励，通过税收优惠、融资支持、财政补贴、用地优先、教育附加费减免等多种手段，对参与产教融合的企业给予成本补偿或奖励。另一方面，地方政府可以建立一定规模的产教融合发展专项基金，用于支持产教融合基础设施的建设以及仪器设备的购置等。专项基金的资金一方面来源于政府财政性教育经费的划拨，另一方面来源于对当地未参与产教融合的企业征缴的费用。这是因为产教融合具有明显的溢出效应，区域内企业即便不参与产教融合，实际上也能享受到协同育人和创新的成果，在经济学上这是一种“搭便车”行为，因此有必要向其征收一定的费用，用于补偿参与产教融合的企业[206]。

三是利益联结机制。正如前文在产教融合制度环境中分析的那样，当前我国产教融合方面的立法滞后，产教融合主体的权利、责任和义务尚未完全明确。因此，建立规范的契约是化解多元主体利益冲突、平衡多元主体利益关系、保障多元主体利益诉求的重要手段[199]。基于当前产教融合过程中存在的契约主体不对称、效力不够，契约关系单一、不全面，契约内容宽泛、不具体等问题，产教融合主体可以通过建立“契约网”实现利益的联结。具体而言，政府主体要履行政策引导和监督管理的职能，制定规范的校企合作、校地合作契约文本，对校企合作契约实行备案，并将契约履行情况作为企业和学校享受政府优惠政策的重要依据；学校和企业要明确契约的法律主体和实施主体，细化契约合作内容，尤其要明确校企合作科研项目成果、学生顶岗实习、企业指导教师的报酬和责任。

3.4.4 组织保障机制

在产教融合的过程中，各方主体为实现资源共享、沟通协调、利益平衡而组建矩阵式组织或网络组织，实现产教融合的人才培养、合作创新、成果转化、社会服务、创业孵化等功能。所谓产教融合的组织保障机制，是指学校、企业、政府部门以及社会组织为实现产教融合而建立的跨界组织机构，保障产教融合生态系统的健康运行。城市产教融合组织是一种多元化、集成化的组织形态[44]，主要有区域层面、学校层面和企业层面的组织形式。

一是区域层面产教融合组织。根据产教融合的跨界特性，在区域层面成立由政府相关部门、学校、企业、社会组织等多方参与的产教融合组织机构，负责统筹协调各类资源和要素联动，保障城市产教融合的运行；制定产教融合组织章程，明确各方主体在产教融合组织机构中的权利与义务，并配套相应的评价、考核、监督与奖惩机制。在城市产教融合的实际运行中，这样的组织形式多样，如产教融合理事会[4]、产教融合工作委员会和督导委员会[199]、产教融合共同体[40,47]、职业教育集团和产教联盟[22]、产教融合园区[192]。以产教融合共同体建设为例，该组织坚持共享发展理念，聚焦区域经济社会发展和产业转型升级的人才需要和技术要求，将人才培养、技术研发、成果转化等系列知识生产活动整合在一起，按照各方主体投入产出相平衡的社会交换原则，以价值共享机制激发产教融合主体活力，构筑共同体的生态优势，积极创设城市产教融合的合作治理模式。

二是学校层面产教融合组织。如果说区域层面的产教融合组织是针对学校产教融合的外部治理，那么学校层面的产教融合组织就是学校产教融合内部治理体系的重要组成部分。学校层面的产教融合组织可以分为一元主体结构的院系和多元主体结构的院系[46]。一元主体结构的院系，即院系的举办主体或参与主体是单一的。与传统的院系设置不同，面向产教融合的学校二级办学机构，基于区域产业集群和主导产业需求建构专业群，并以专业群组建二级院系，保证院系办学资源聚集，更好地对接产业需求。多元主体结构的院系，即院系的举办主体或参与主体不止一个。多元主体结构院系的形式多样，其中最为典型的是产业学院。产业学院是指为了培养适应和引领现代产业发展的高水平人才，学校与地方政府、行业企业等多主体共同建设、管理和享用的办学机构。在教学组织上，产业学院将学校教育的宽基础和企业培训的专业化相结合，学生既可以学到通用的知识和技能，也可以学到企业独有的专用技能。学校可以与一家企业或多家企业组建产业学院，通过共享学校和企业资源开展人才培养，以满足多家企业的人才需求，解决人才专业化和规模经济发展的内在矛盾。

三是企业层面产教融合组织。产教融合组织形态对于学校而言更多的是产业学院，而对于企业而言更多的是产教融合型企业[44]。《建设产教融合型企业实施办法（试行）》（发改社会〔2019〕590号）将产教融合型企业定义为："深度参与产教融合、校企合作，在职业院校、高等学校办学和深化改革中发挥重要主体作用，行为规范、成效显著，创造较大社会价值，对提升技术技能人才培养质量，增强吸引力和竞争力，具有较强带动引领示范效应的企业。"产教融合型企业的本质特征，是将生产服务与人才培养融为一体，既从事商品生产和经营服务，又从事人才培养和培训。产教融合型企业主要在实训基地、学科专业、教学课程建设和技术研发等方面稳定开展校企合作。比如，举办职业院校或高等学校，参与制定教学标准、开发课程和教材，实施"1+X"证书制度试点，捐赠教学设施设备，共建产教融合实训基地，共享知识产权，承担现代学徒制任务，接收学生实习或实训。因此，从城市产教融合的发展看，产教融合型企业建设有利于促进区域人才培养、技术创新和产业升级。

3.5 本章小结

本章分析了城市产教融合生态系统的要素结构，提出城市产教融合生态系统由生态主体、生态环境和生态机制组成，阐述了其在协同育人和经济驱动等方面的功能。政府、学校和企业是城市产教融合的核心主体，其中政府承担统筹规划、组织引导、服务保障、评估监督等角色，其利益诉求在于获得产业转型升级的人才资源、创新资源以及中央政府有关方面的支持；学校承担人才培养、科学研究、社会服务等角色，其利益诉求在于获得企业在资金、设备、场所等方面的支持，提高人才培养质量，促进科技成果转化，提升学校的社会影响力；企业承担办学主体、培养主体、创新主体等角色，其利益诉求在于获得发展所需的人才资源和技术创新成果，获得政府在财政、税收、土地等方面的支持，提高企业的社会声誉。城市产教融合生态环境主要包括经济环境、社会环境、技术环境和制度环境。经济环境是城市产教融合发展的经济条件和设施资源，社会环境是城市产教融合发展面临的人口条件和文化背景，技术环境是城市产教融合发展的技术支撑条件和技术发展趋势，制度环境是产业界、教育界在合作与融合过程中共同遵守的活动规则和行为准则。城市产教融合生态机制（运行机制）是产教融合过程中各要素之间相互作用和调节的过程和方式，包括资源共享机制、沟通协调机制、利益平衡机制和组织保障机制。资源共享机制是产教融合主体将各自拥有的优势资源与功能深度协同与集成化，实现资源有效流动和功能互补的运行方式；沟通协调机制是产教融合主体搭建规范性的沟通平台，就主体间的利益博弈进行信息沟通和协调的方式；利益平衡机制是对产教融合过程中的利益分配、利益补偿及利益调节予以制度化安排，使各产教融合主体的利益在相容与共存的基础上达到合理的优化状态；组织保障机制是学校、企业、政府部门以及社会组织为实现产教融合而建立的跨组织运行方式。

4

城市产教融合影响因素结构分析

4.1　生态系统视角下影响因素识别

影响产教融合的因素是多元的，柳友荣等认为产教融合受到学校与企业内部因素、校企耦合因素和外部环境因素的影响[55]。邱璐轶认为高校、企业和政府三方主体中的任何一方主体，都要受到其他主体以及外部环境的制约，并将校企合作的影响因素分为外部环境和内部机制两个方面[207]。Gümüsay 等侧重于将校企合作障碍从机构边界进行定位，区分了内部影响因素和外部影响因素[208]。傅新民使用二维分类法对校企合作的影响因素进行分类，认为影响校企合作的因素可分为宏观和微观因素、内部和外部因素、必要性和支撑性因素等[209]。王新国认为职业教育产教融合受外部因素、内部因素及其耦合因素的影响[210]。

产教融合影响因素之间存在复杂的关系。Muscio 等在对校企合作障碍的分析中，识别出参与主体特征、合作网络、外部环境和合作文化等影响因素，并研究了影响因素之间的作用关系[116]。王保宇基于问卷调查和专家访谈，筛选出产教融合的关键影响因素有人才、观念、技术、制度、资金、项目、愿景、机构、平台和信息[211]。朱小军以校企合作动力、合作关系、沟通机制、外部环境为前因变量，以合作行为为中介变量，以合作成效为结果变量，构建概念模型研究高校校企合作成效的影响机制[212]。

综合以上关于产教融合影响因素的分析，根据城市产教融合生态系统的结构与原理，影响城市产教融合的因素主要包括内生性因素、外生性因素以及系统运行因素。因此，可以从产教融合核心主体、生态环境、运行机制等层面，筛选影响城市产教融合的因素。

4.1.1　主体层面影响因素

学校对产教融合的认知[209]，在产教融合中的主动性[77]，以及在办学中的市场意识[213]，都反映了学校的产教融合意识，这是学校产教融合的影响因素之一[55]。多淑杰等基于对全国 20 所职业院校的调查，指出教育层次(高职、中职)、示范校层次(国家级示范校、省级示范校、非示范校)、区位(东部、中部和西部)对学校产教融合有显著影响[214]；陶红等对广东省 79 所高职院校开展调研，发现学校区位、办学水平、办学性质对产教融合有显著影响[215]。由此可以认为，学校区位、办学层次、办学性质，以及包括专业、师资、课程、设备等在内的培养条件是影响产教融合的基础性条件。傅新民、吴强等提出学校人才培养质量、服务行业企业的能力、组织研发能力等是影响产教融合的能力因素[209,216]。此外，学校在产教融合方面投入资源的力度（包括成本投入和努力程度）也是城市产教融合的影响因素。由此得出，学校主体对于城市产教融合的影响因素主要包括学校产教融合意识、学校基础条件、学校办学水平以及学校资源投入等，如表 4-1 所示。

表 4-1　学校主体影响因素筛选

代码	影响因素	内容描述	文献来源
U_1	学校产教融合意识	学校对产教融合的认知，在产教融合中的主动性，办学中的市场意识	沈剑光等，2018[77] 傅新民，2015[209] 潘海生等，2013[213]
U_2	学校基础条件	学校区位、办学层次、办学性质，以及包括专业、师资、课程、设备等在内的培养条件	杨钋，2020[39] 沈剑光等，2018[77] 多淑杰等，2015[214] 陶红等，2017[215] 庄小将，2018[217]
U_3	学校办学水平	学校人才培养质量、组织研发能力、服务行业企业的能力	柳友荣等，2015[55] 傅新民，2015[216] 吴强，2015[216] 庄小将，2018[217]
U_4	学校资源投入	学校师资、学生、设备、经费等方面投入程度（包括努力程度）	柳友荣等，2015[55] 沈剑光等，2018[77] 傅新民，2015[209]

作为产教融合的重要主体，企业的经营规模、发展阶段以及所处的行业领域是其影响城市产教融合生态系统的基础性因素。沈剑光等在分析我国企业参与校企合作的现实意愿时，认为人力资源、经营管理、风险承担等是企业内部影响因素，也就是说企业对产教融合的战略意识、社会责任感以及风险容忍度等文化性因素对企业参与产教融合产生影响[77]。王莉提出企业

投入资金、设备、科研人员以及实训基地建设情况，是反映产教融合程度的重要指标[218]。由此得出，企业主体对于城市产教融合的影响因素主要包括企业基础条件、企业文化特征以及企业资源投入，如表 4-2 所示。

表 4-2 企业主体影响因素筛选

代码	影响因素	内容描述	文献来源
U_5	企业基础条件	企业性质、经营规模、发展阶段、行业领域	杨钋，2020[39] 傅新民，2015[209] 吴强，2015[216] 黄晓玲，2018[219]
U_6	企业文化特征	企业对人力资源的战略意识，企业承担职业教育/工程教育的社会责任感，以及企业对产教融合风险的容忍程度	沈剑光等，2018[77] 傅新民，2015[209] 吴强，2015[216] Treyvaud，2011[220]
U_7	企业资源投入	企业人员、资金、设备等资源投入	沈剑光等，2018[77] 王莉，2019[218]

政府在城市产教融合中承担统筹规划、组织引导、服务保障、评估监督等角色。沈剑光等对产教融合中的政府作用进行了实证研究，结果发现政府影响产教融合的因素有：优惠支持力度不够，优惠政策申请程序繁杂、具体实施难，缺乏统一的职业技能标准体系，缺乏相应的评价制度[77]。这说明城市产教融合发展依赖于政府作用的发挥。由此认为，政府主体对于城市产教融合的影响因素主要是政府功能发挥，如表 4-3 所示。

表 4-3 政府主体影响因素筛选

代码	影响因素	内容描述	文献来源
U_8	政府功能发挥	城市政府在产教融合的统筹规划、组织引导、服务保障、评估监督等方面发挥的功能和作用	韩连权等，2021[9] 潘海生等，2021[14] 胡昌送等，2019[22] 李永生等，2018[31] 张旭刚，2019[199] 翟博文等，2021[221]

4.1.2 环境层面影响因素

经济环境是城市产教融合发展面临的经济条件和需求。余霞等认为，区域经济发展水平、产业结构、技术结构与区域教育发展水平、专业设置、人才培养相互制约[85]。涂宝军等提出，高等学校产教融合程度主要取决于专业设置与产业结构的适配度[222]。张建云分析了近年来逐渐兴起的一种城市产教融合载体——产教融合园，它是涉及政、校、企等多方主体，以培养技术技能人才为根本任务，融多种社会功能于一体的组织平台[192]。李小鲁等认为，在创建产教融合型城市中，要重视平台建设，即将学校、企业、职教园和产业园联结成一体的纽带[10]。由此得出，经济环境对于城市产教融合的影响因素主要包括城市产业结构、城市平台载体，如表 4-4 所示。

表 4-4 经济环境影响因素筛选

代码	影响因素	内容描述	文献来源
U_9	城市产业结构	城市内各产业的构成及各产业间的联系和比例，其与学校专业结构的匹配度，与专业设置的联动性	牟延林，2018[63] 刘耀东，2019[73] 余霞等，2020[85] 涂宝军等，2018[222] 汤正华等，2020[223]
U_{10}	城市平台载体	城市职教园区、产教融合园区、产教融合实训基地、产教融合创新平台等建设情况	李小鲁等，2020[10] 陈星，2020[11] 胡昌送，2019[22] 朱琴华，2019[144] 张建云，2020[192]

社会环境是城市产教融合发展面临的社会背景和文化氛围。刘晶晶认为社会环境对产教融合具有潜移默化的影响[81]，其中社会认同是一个重要的方面，主要是指社会公众对职业教育、应用型本科教育的认可程度，技术技能人才的社会地位。柳友荣等提出在激烈的市场竞争环境中，产教融合各主体在产教融合模式选择上易受文化氛围的影响[55]。由此得出，社会环

境对于城市产教融合的影响因素主要包括社会认同、文化氛围，如表 4-5 所示。

表 4-5 社会环境影响因素筛选

代码	影响因素	内容描述	文献来源
U_{11}	社会认同	社会公众对于职业教育、应用型本科教育的认可度，技术技能人才的社会地位	刘晶晶，2019[81] 王新国，2019[210] 曹靖，2019[224]
U_{12}	文化氛围	社会媒体对产教融合、校企合作的宣传报道，城市举办职教技能节等活动	柳友荣等，2015[55]

技术环境是城市产教融合发展面临的技术支撑条件和技术发展趋势。刘君论述了"互联网＋"时代产教融合的含义，指出利用大数据技术实现校企人才需求信息、教学过程与生产过程的无缝对接，使培养的人才满足互联网时代对于技术技能人才的需求[43]。刘斌等分析了产教融合的技术性，提出企业将最新的技术发明、技术手段和技术工艺引入学校，能够提升学生的技术思维、技术素养和技术能力[16]。姜大源提出构建"学术型高校—应用型高校—职业型院校（高职和中职）—产业企业"的产教融合互动机制，可以有效提高科技成果转化率[28]。由此得出，技术环境对于城市产教融合的影响因素主要包括技术人才需求、技术成果应用，如表 4-6 所示。

表 4-6 技术环境影响因素筛选

代码	影响因素	内容描述	文献来源
U_{13}	技术人才需求	技术发展催生企业新型人才需求，促进校企人才信息对接	刘君，2018[43] 刘晶晶，2019[81]
U_{14}	技术成果应用	企业最新的技术手段、技术工艺引入学校，学校最新的科技创新成果向企业转化	陈星，2020[11] 刘斌等，2017[16] 姜大源，2018[28] 谢海波等，2021[179] 杨丽桃，2021[225]

制度环境是城市产教融合过程中主体共同遵守的活动规则和行为准则。刘晶晶认为宏观政策是影响产教融合的重要外部环境，其主要包括国家、各级政府及产教融合主管部门颁布的各项法律法规、产教融合管理办法及认证标准等[81]。李海东等认为校企合作促进办法、产教融合型企业建设等推进产教融合发展的制度安排，以及产业学院、现代学徒制、企业新型学徒制、"1+X"证书制度等基于产教融合理念创新的制度设计，影响了产教融合的工作方向及实施路径[54]。孙云飞等指出地方高校现有产教融合制度过于宽泛，且其制度创新的难度大，已成为制约产教融合发展的因素[36]。由此得出，制度环境对于城市产教融合的影响因素主要包括宏观政策法规、微观主体制度，如表 4-7 所示。

表 4-7　制度环境影响因素筛选

代码	影响因素	内容描述	文献来源
U_{15}	宏观政策法规	国家层面和省级层面有关产教融合的法律法规、产教融合管理制度及认证标准等	和震等，2018[20] 胡昌送等，2019[22] 贺书霞等，2021[47] 李海东等，2021[54] 刘晶晶，2019[81] 方益权等，2021[196] 李玉珠，2017[226]
U_{16}	微观主体制度	城市政府部门、学校和企业有关产教融合、校企合作的制度	王秋玉，2017[27]； 孙云飞等，2021[36]； 霍丽娟，2018[51]； 石伟平等，2019[129]

4.1.3　机制层面影响因素

资源共享机制是产教融合主体将各自拥有的优势资源与功能集成化，实现资源有效流动和功能互补的运行方式。谢笑珍、孙云飞等提出将产教融合主体的优势资源置于开放、共享的平台中，根据各方主体的实际需求，统一进行资源配置，使政府、学校与企业的人力资源、信息资源、设备资源、场地资源、科研成果等各类资源共享共用[4,36]。由此认为，资源共享机制对于城市产教融合的影响因素主要在于资源共享共用，如表 4-8 所示。

表 4-8 资源共享机制影响因素筛选

代码	影响因素	内容描述	文献来源
U_{17}	资源共享共用	学校和企业在产教融合过程中在人才、场地、设备、课程、科研成果等方面的资源共享共用情况	谢笑珍，2019[4] 孙云飞等，2021[36] 朱琴华，2019[144] 周丙洋，2020[200]

沟通协调机制是指不同产教融合主体通过构建信息沟通平台，使其利益诉求得到充分表达的运行方式。朱小军通过构建概念模型和实证研究，得出沟通机制是校企合作行为重要的影响因素的结论[212]。李正卫等认为畅通的信息渠道是开展校企合作的保证，它不仅有利于高校及时从企业获得技术需求信息，而且有利于企业及时从高校获得有价值的科研成果[227]。奚进认为社会组织履行产教融合的协调职能，能显著降低产教融合的执行成本和监督成本[206]。由此得出，沟通协调机制对城市产教融合的影响因素包括信息沟通渠道、社会组织协调，如表 4-9 所示。

表 4-9 沟通协调机制影响因素筛选

代码	影响因素	内容描述	文献来源
U_{18}	信息沟通渠道	产教融合信息服务平台，开展信息统计、信息发布等，传递政府、学校和企业之间的信息	王保宇，2018[211] 朱小军，2016[212] 李正卫等，2012[227]
U_{19}	社会组织协调	社会组织协调校企主体之间的关系，制定人才培养标准和企业参与资质，并在产教融合过程中参与监督管理	奚进，2018[206] 傅新民，2015[209] 潘海生等，2013[213]

利益平衡机制是产教融合过程中各方主体利益分配、利益补偿及利益调节的制度化安排。彭莉洁认为各方产教融合主体都有自己的利益诉求，

利益分配机制是促进产教融合深化的重要因素[127]。奚进认为可以通过建立利润替代补偿机制来进一步降低产教融合的交易成本[206]。张建云等提出构建利益共享和风险分担机制,完善学校和企业在产教融合实践过程中的委托一代理关系[228]。由此得出,利益平衡机制对于城市产教融合的影响因素主要包括利益分配、成本分担与补偿,如表 4-10 所示。

表 4-10　利益平衡机制影响因素筛选

代码	影响因素	内容描述	文献来源
U_{20}	利益分配	学校、企业等产教融合主体间相关收益的分配规则和调整方式	孙云飞等,2021[36] 彭莉洁,2019[127] 傅新民,2015[209]
U_{21}	成本分担与补偿	校企双方共同分担育人成本,政府采用组合式激励措施,对参与产教融合的企业和学校给予成本补偿或奖励	彭莉洁,2019[127] 奚进,2018[206] 张建云等,2021[228]

组织保障机制是学校、企业、政府部门以及社会组织为实现产教融合而建立的跨界组织机构及其运行方式。贺书霞等提出产教融合共同体的组织形式,该类组织将人才培养、技术研发、成果转化等系列知识生产活动整合在一起,按照各主体投入产出平衡的社会交换原则,以价值共享机制激发产教融合主体活力[47]。聂劲松等认为学校层面的产教融合组织形态更多的是产业学院,企业层面的产教融合组织形态更多的是产教融合型企业[44]。由此得出,组织保障机制对于城市产教融合的影响因素主要包括区域组织运行、微观组织运行,如表 4-11 所示。

表 4-11　组织保障机制影响因素筛选

代码	影响因素	内容描述	文献来源
U_{22}	区域组织运行	区域层面产教融合组织机构(产教融合理事会、产教融合工作委员会和督导委员会、产教融合共同体、职业教育集团和产教联盟等)及其运行机制	谢笑珍,2019[4] 刘志敏等,2019[8] 胡昌送等,2019[22] 贺书霞等,2021[47] 张旭刚,2019[199]

表 4-11(续)

代码	影响因素	内容描述	文献来源
U_{23}	微观组织运行	学校和企业主体层面的产教融合组织创新（如产业学院、产教融合型企业）及其运行机制	聂劲松等，2021[44] 鲁武霞，2021[45] 任金秀等，2021[229] 欧阳河等，2019[230]

4.2 影响因素分析方法

关于产教融合、校企合作影响因素的评价模型，现有研究多采用主成分分析法[214,217]、回归分析法[216,231,232]、结构方程模型[55]，这些方法对于影响因素之间的关系和结构关注不够。这里我们采用 DEMATEL-ISM 法确定城市产教融合影响因素之间的关系及其层次结构。

DEMATEL(Decision Making Trial and Evaluation Laboratory，决策试验与评价实验室方法）运用图论与矩阵工具分析复杂系统内部因素之间的关系，确定系统因素的重要性程度。该方法通过构建直接影响矩阵，计算每个因素对其他因素的影响度与被影响度，以及每个因素的中心度和原因度，以此来判断该因素在整个系统中的作用[233]。ISM(Interpretative Structural Modeling，解释结构模型）方法可以把复杂系统的影响因素划分为不同的逻辑关系层次，特别适用于影响因素多、关系复杂的系统分析[234]。城市产教融合影响因素多，因素间关系复杂，DEMATEL-ISM 法可以在区分各因素重要性程度及其相互影响关系的基础上，对各因素影响关系进行分层，从而构建影响因素结构框架。具体分析流程如图 4-1 所示。

4.2.1 建立直接影响矩阵

城市产教融合影响因素体系包括三大类 23 个影响因素，其集合可表示为 $U=\{U_1, U_2, U_3, \cdots, U_{23}\}$。一般采取专家调查法（或德尔菲法），按照表 4-12 所示的赋值规则[234]，分别对因素 U_i 和因素 U_j 之间的影响关系进

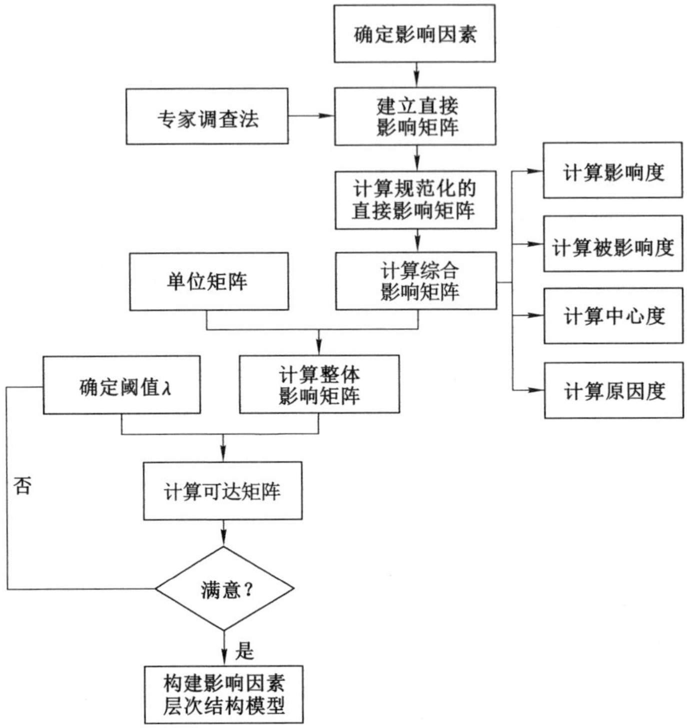

图 4-1 DEMATEL-ISM 法的分析流程

行赋值,得到城市产教融合影响因素之间的直接影响矩阵 $X=(x_{ij})_{23\times 23}$,其中 x_{ij} 为因素 U_i 对因素 U_j 的影响程度。

表 4-12 语义赋值规则

语义	分值
因素 U_i 对因素 U_j 的直接影响程度	没有影响——0
	弱的影响——1
	一般影响——2
	强的影响——3
	较强影响——4

对于影响因素的直接影响矩阵进行规范化处理，得到规范化后的直接影响矩阵 G：

$$G=(g_{ij})_{23\times 23}=\frac{1}{\max\limits_{1\leqslant i\leqslant 23}\sum\limits_{j=1}^{23}x_{ij}}X \tag{4-1}$$

4.2.2　建立综合影响矩阵

在建立城市产教融合直接影响矩阵的基础上，计算其综合影响矩阵 T，用以确定各影响因素相对于城市产教融合影响系统中最高水平因素的影响程度。

$$T=G(I-G)^{-1} \tag{4-2}$$

其中，I 为单位矩阵。

利用下面公式计算各影响因素的中心度 M_i 和原因度 N_i。

$$f_i=\sum_{j=1}^{23}t_{ij}\quad i=1,2,\cdots,23 \tag{4-3}$$

$$e_i=\sum_{j=1}^{23}t_{ji}\quad i=1,2,\cdots,23 \tag{4-4}$$

$$M_i=f_i+e_i\quad i=1,2,\cdots,23 \tag{4-5}$$

$$N_i=f_i-e_i\quad i=1,2,\cdots,23 \tag{4-6}$$

其中，t_{ij} 是综合影响矩阵的元素，f_i 是因素 U_i 的影响度，e_i 是因素 U_i 的被影响度，M_i 是因素 U_i 的中心度，N_i 是因素 U_i 的原因度。M_i 值越大，则该因素影响越大。N_i 大于 0，表示该因素为原因型因素，对其他因素影响大；N_i 小于 0，表示该因素为结果型因素，受其他因素影响大[235]。

4.2.3　建立整体影响矩阵和可达矩阵

整体影响矩阵是 ISM 模型的计算起点，可以由基于 DEMATEL 模型确定的综合影响矩阵与单位矩阵相加得到[236]。整体影响矩阵 H 的计算公式为：

$$H=T+I \tag{4-7}$$

下面通过给定阈值 λ，对整体影响矩阵进行处理，得到可达矩阵 K。设置阈值 λ 的目的是舍去影响程度小的因素间的影响关系，简化系统结构，其大小影响可达矩阵的构成和系统结构的划分。阈值 λ 越大，系统层次结构越简单，但影响因素之间的关系难以描述清楚；阈值 λ 越小，系统层次结构越复杂，但影响因素之间的关系缺乏完整性。因此，需要对阈值 λ 进行多次取值和验证，才能获得理想的系统结构模型[237]。

可达矩阵 K 的计算公式如下：

$$k_{ij}=\begin{cases}1, h_{ij}\geqslant\lambda & i,j=1,2,\cdots,23\\0, h_{ij}<\lambda & i,j=1,2,\cdots,23\end{cases} \tag{4-8}$$

其中，k_{ij} 是可达矩阵 K 的元素。

4.2.4 构建多级递阶结构模型

根据可达矩阵 K，可以计算影响因素的可达集合 R_i 和前因集合 S_i。

$$R_i=\{U_j\,|\,U_j\in U, k_{ij}=1\}\quad i=1,2,\cdots,23 \tag{4-9}$$

$$S_i=\{U_j\,|\,U_j\in U, k_{ji}=1\}\quad i=1,2,\cdots,23 \tag{4-10}$$

在可达性矩阵 K 中，不能到达除自身以外的其他因素的影响因素称为最高层级因素。根据 $R_i=R_i\cap S_i(i=1,2,\cdots,23)$ 的条件，可以得到系统的最高层级因素，它被认为是表层因素的集合。然后，从可达性矩阵 K 中删除对应于最高层级因素的行和列。重复上述步骤，继续在矩阵的其余部分中找到一组新的最高层级因素。就这样逐步提取最高层级因素，直到将因素分成不同的级别，得到城市产教融合影响因素的多级递阶结构模型。

4.3 关键影响因素分析

采用 DEMATEL 法可以分析城市产教融合影响因素之间的关系，并确定其中的关键影响因素。如前文分析步骤所述，主要是通过构建直接影响矩阵和综合影响矩阵，计算每个因素对其他因素的影响度和每个因素被其他因素影响的程度（被影响度），以及每个因素的中心度和原因度，以此来判断该影响因素的重要性程度。

4.3.1 DEMATEL 法计算过程

采取专家调查法，邀请 12 位来自普通高等院校、职业院校、企业和政府部门的专家，按照表 4-12 所示的赋值规则，分别对因素 U_i 和因素 U_j 之间的影响关系进行赋值，采取平均法对专家数据进行处理，得到城市产教融合影响因素之间的直接影响矩阵，如表 4-13 所示。

表 4-13 直接影响矩阵

	U_1	U_2	U_3	U_4	U_5	U_6	U_7	U_8	U_9	U_{10}	U_{11}
U_1	0	0	1.88	2.31	0	0	0	0	0	0	0
U_2	2.19	0	3.31	3.44	0	0	0	0	0	1.13	0
U_3	0	0.81	0	1.06	0	0	0	0	0	1.25	1.56
U_4	0.56	0	3.5	0	0	0	1.5	0	0	2.25	0
U_5	0	0	0	0	0	2.19	2.69	0	2.81	1.13	0
U_6	0	0	0	0	1.13	0	2.94	0	0	0.75	2.5
U_7	2.25	1.94	2.5	1.63	0	0.25	0	0	0	2.75	0.94
U_8	1.13	0.81	2.44	3.13	1.75	1	3.06	0	2.88	3.56	1.94
U_9	1.25	0	0	0	2.19	1.06	2.06	2.44	0	0.69	0
U_{10}	0.88	2.5	2.5	2.13	1.5	0.13	1.81	3.06	2.25	0	2.13
U_{11}	2.75	1.44	0.31	2.63	0	1.5	2.44	2.19	0	2.31	0
U_{12}	2.88	0.56	1.19	1.69	0	1.19	1.75	2	0	1.75	3.25
U_{13}	2.81	2.19	2.44	1.94	0.44	2.38	2.81	2.75	3.06	2.56	2.5
U_{14}	1.44	1.75	2.25	0.94	1.69	0.94	2.44	2.25	2.69	1.25	0.88
U_{15}	3.31	1.31	2.25	2.88	1.19	1.88	2.38	3.19	2.94	2.63	1.88
U_{16}	2.38	1.75	2.5	2.19	0.94	2.06	2.63	3.31	2.5	3.13	1.88
U_{17}	1.38	1.75	2.5	2.63	1.5	1.69	2.81	1.63	0.63	2.75	0.38
U_{18}	0.75	0	0.94	1.06	0	0	1.19	2.31	0	2.25	0
U_{19}	0.63	0	0.5	0.81	0	0	0.88	1.13	0	1.81	0
U_{20}	0.88	0	0	1.25	0	0	1.06	1.44	0	2.38	0
U_{21}	0.5	0	0	1.69	0	0	2.38	2	1.06	2.69	0
U_{22}	1.25	0.88	2.19	0.5	0	1	0.63	2.38	1.25	3.06	1.25
U_{23}	1	1.13	2.5	1.69	0.88	0.5	1.06	1.88	0.38	1.06	0

表 4-13(续)

	U_{12}	U_{13}	U_{14}	U_{15}	U_{16}	U_{17}	U_{18}	U_{19}	U_{20}	U_{21}	U_{22}	U_{23}
U_1	0	0	2.19	0	1.75	2.38	1.25	0	1.25	0.81	1.81	1.94
U_2	0	0	0	0	2.25	2.88	0.88	0	0	1.5	1.31	1.38
U_3	2.19	2.31	3.19	1.13	2.81	0.88	0	0	0	0	0.19	1.19
U_4	0	0	0	1.94	2.63	3.38	0.69	0	2.44	3.13	0.81	0.81
U_5	0	2.38	2.13	0	0.56	2.5	0.44	0	0	0	1.25	0.25
U_6	1.13	2.19	3.06	0.94	2.63	3.75	1.06	0	2.38	2.31	1.75	1.63
U_7	1.5	0.81	2.63	1.56	2.38	3.88	0.75	0	2.5	3	1.38	1.56
U_8	2.63	0.94	2.38	2.25	3.38	2.44	3.25	2.94	2.88	3.38	3.06	2.13
U_9	1.25	3.13	2.81	2.81	2.94	1.13	0.94	1.06	0.88	0.75	1.19	2.38
U_{10}	2.5	1.69	2.5	2.13	2.94	3.69	3.56	2.94	1.63	1.75	3.19	2.19
U_{11}	3.06	2.63	3	0.38	1.25	2.75	2.38	1.94	2.44	1.81	2.56	3.06
U_{12}	0	2.31	2.88	1.31	2.31	2.06	2.44	2.31	1.56	1.69	2.06	2.44
U_{13}	2.75	0	1.31	2.38	2.75	0.56	0.75	1	0.25	0.31	1.19	1.56
U_{14}	2.06	3.31	0	2.44	3	1.25	0.19	1.25	1.38	0.44	1.56	1.13
U_{15}	2.19	2.06	2.75	0	3.38	2.25	2.38	1.88	2.75	2.94	2.69	2.31
U_{16}	2.38	1.13	2.56	2.25	0	3.06	2.88	1.38	3.06	2.88	2.56	3.13
U_{17}	1.5	0.94	2.25	1.19	1.38	0	2	1.63	1.13	1.44	2.19	1.88
U_{18}	0.94	1.75	2	0.88	0.88	2.69	0	2.88	2.19	2.19	2.88	2.5
U_{19}	1.06	0.75	1.25	0.63	1.06	2.25	2.88	0	1.88	1.5	2.19	1.25
U_{20}	0.94	1.13	2.31	2.25	2.88	2.5	1.94	1.44	0	2.5	2.94	3.25
U_{21}	1.5	1.25	1.75	2.63	2.75	2.44	0.88	1.63	3.13	0	1.44	2.25
U_{22}	1.88	2.88	2.31	2.63	2.94	1.88	3.19	3.31	2.25	1.88	0	3
U_{23}	0.63	0.5	2.25	1.38	3.13	1.25	2.19	1.5	2.44	2.63	3.13	0

利用公式(4-1)计算得到规范化后的直接影响矩阵,如表 4-14 所示。

表 4-14 规范化后的直接影响矩阵

	U_1	U_2	U_3	U_4	U_5	U_6	U_7	U_8	U_9	U_{10}	U_{11}
U_1	0	0	0.035	0.043	0	0	0	0	0	0	0
U_2	0.041	0	0.062	0.064	0	0	0	0	0	0.021	0
U_3	0	0.015	0	0.02	0	0	0	0	0	0.023	0.029
U_4	0.01	0	0.066	0	0	0	0.028	0	0	0.042	0
U_5	0	0	0	0	0	0.041	0.05	0	0.053	0.021	0
U_6	0	0	0	0	0.021	0	0.055	0	0	0.014	0.047
U_7	0.042	0.036	0.047	0.031	0	0.005	0	0	0	0.051	0.018
U_8	0.021	0.015	0.046	0.059	0.033	0.019	0.057	0	0.054	0.067	0.036
U_9	0.023	0	0	0	0.041	0.02	0.039	0.046	0	0.013	0
U_{10}	0.016	0.047	0.047	0.04	0.028	0.002	0.034	0.057	0.042	0	0.04
U_{11}	0.051	0.027	0.006	0.049	0	0.028	0.046	0.041	0	0.043	0
U_{12}	0.054	0.01	0.022	0.032	0	0.022	0.033	0.037	0	0.033	0.061
U_{13}	0.053	0.041	0.046	0.036	0.008	0.045	0.053	0.051	0.057	0.048	0.047
U_{14}	0.027	0.033	0.042	0.018	0.032	0.018	0.046	0.042	0.05	0.023	0.016
U_{15}	0.062	0.025	0.042	0.054	0.022	0.035	0.045	0.06	0.055	0.049	0.035
U_{16}	0.045	0.033	0.047	0.041	0.018	0.039	0.049	0.062	0.047	0.059	0.035
U_{17}	0.026	0.033	0.047	0.049	0.028	0.032	0.053	0.031	0.012	0.051	0.007
U_{18}	0.014	0	0.018	0.02	0	0	0.022	0.043	0	0.042	0
U_{19}	0.012	0	0.009	0.015	0	0	0.016	0.021	0	0.034	0
U_{20}	0.016	0	0	0.023	0	0	0.02	0.027	0	0.045	0
U_{21}	0.009	0	0	0.032	0	0	0.045	0.037	0.02	0.05	0
U_{22}	0.023	0.016	0.041	0.009	0	0.019	0.012	0.045	0.023	0.057	0.023
U_{23}	0.019	0.021	0.047	0.032	0.016	0.009	0.02	0.035	0.007	0.02	0

表 4-14(续)

	U_{12}	U_{13}	U_{14}	U_{15}	U_{16}	U_{17}	U_{18}	U_{19}	U_{20}	U_{21}	U_{22}	U_{23}
U_1	0	0	0.041	0	0.033	0.045	0.023	0	0.023	0.015	0.034	0.036
U_2	0	0	0	0	0.042	0.054	0.016	0	0	0.028	0.025	0.026
U_3	0.041	0.043	0.06	0.021	0.053	0.016	0	0	0	0	0.004	0.022
U_4	0	0	0	0.036	0.049	0.063	0.013	0	0.046	0.059	0.015	0.015
U_5	0	0.045	0.04	0	0.01	0.047	0.008	0	0	0	0.023	0.005
U_6	0.021	0.041	0.057	0.018	0.049	0.07	0.02	0	0.045	0.043	0.033	0.031
U_7	0.028	0.015	0.049	0.029	0.045	0.073	0.014	0	0.047	0.056	0.026	0.029
U_8	0.049	0.018	0.045	0.042	0.063	0.046	0.061	0.055	0.054	0.063	0.057	0.04
U_9	0.023	0.059	0.053	0.053	0.055	0.021	0.018	0.02	0.016	0.014	0.022	0.045
U_{10}	0.047	0.032	0.047	0.04	0.055	0.069	0.067	0.055	0.031	0.033	0.06	0.041
U_{11}	0.057	0.049	0.056	0.007	0.023	0.051	0.045	0.036	0.046	0.034	0.048	0.057
U_{12}	0	0.043	0.054	0.025	0.043	0.039	0.046	0.043	0.029	0.032	0.039	0.046
U_{13}	0.051	0	0.025	0.045	0.051	0.01	0.014	0.019	0.005	0.006	0.022	0.029
U_{14}	0.039	0.062	0	0.046	0.056	0.023	0.004	0.023	0.026	0.008	0.029	0.021
U_{15}	0.041	0.039	0.051	0	0.063	0.042	0.045	0.035	0.051	0.055	0.05	0.043
U_{16}	0.045	0.021	0.048	0.042	0	0.057	0.054	0.026	0.057	0.054	0.048	0.059
U_{17}	0.028	0.018	0.042	0.022	0.026	0	0.037	0.031	0.021	0.027	0.041	0.035
U_{18}	0.018	0.033	0.037	0.016	0.016	0.05	0	0.054	0.041	0.041	0.054	0.047
U_{19}	0.02	0.014	0.023	0.012	0.02	0.042	0.054	0	0.035	0.028	0.041	0.023
U_{20}	0.018	0.021	0.043	0.042	0.054	0.047	0.036	0.027	0	0.047	0.055	0.061
U_{21}	0.028	0.023	0.033	0.049	0.051	0.046	0.016	0.031	0.059	0	0.027	0.042
U_{22}	0.035	0.054	0.043	0.049	0.055	0.035	0.06	0.062	0.042	0.035	0	0.056
U_{23}	0.012	0.009	0.042	0.026	0.059	0.023	0.041	0.028	0.046	0.049	0.059	0

利用公式(4-2)计算得到综合影响矩阵，如表 4-15 所示，以确定各影响因素相对于城市产教融合影响系统中最高水平因素的影响程度。

表 4-15 综合影响矩阵

	U_1	U_2	U_3	U_4	U_5	U_6	U_7	U_8	U_9	U_{10}	U_{11}
U_1	0.022	0.017	0.067	0.070	0.011	0.014	0.030	0.029	0.018	0.037	0.015
U_2	0.064	0.018	0.097	0.095	0.011	0.014	0.031	0.030	0.018	0.060	0.017
U_3	0.033	0.038	0.039	0.056	0.014	0.020	0.038	0.038	0.026	0.065	0.052
U_4	0.043	0.025	0.107	0.043	0.016	0.019	0.07	0.043	0.027	0.094	0.024
U_5	0.028	0.021	0.034	0.030	0.015	0.058	0.085	0.033	0.074	0.059	0.021
U_6	0.048	0.035	0.057	0.055	0.041	0.029	0.113	0.057	0.037	0.083	0.078
U_7	0.089	0.07	0.109	0.091	0.022	0.032	0.059	0.059	0.037	0.120	0.051
U_8	0.095	0.066	0.137	0.145	0.066	0.061	0.149	0.092	0.110	0.176	0.087
U_9	0.072	0.034	0.060	0.056	0.064	0.051	0.100	0.103	0.042	0.082	0.036
U_{10}	0.087	0.094	0.134	0.124	0.059	0.044	0.120	0.140	0.095	0.105	0.088
U_{11}	0.110	0.068	0.084	0.121	0.026	0.061	0.119	0.111	0.045	0.130	0.043
U_{12}	0.110	0.050	0.094	0.101	0.025	0.054	0.103	0.105	0.044	0.116	0.099
U_{13}	0.112	0.080	0.119	0.106	0.035	0.078	0.124	0.118	0.099	0.130	0.090
U_{14}	0.082	0.070	0.108	0.081	0.056	0.051	0.111	0.104	0.092	0.100	0.056
U_{15}	0.134	0.075	0.134	0.141	0.056	0.077	0.137	0.147	0.111	0.157	0.087
U_{16}	0.117	0.082	0.138	0.129	0.052	0.079	0.140	0.148	0.101	0.165	0.086
U_{17}	0.075	0.068	0.112	0.108	0.050	0.059	0.114	0.089	0.051	0.124	0.044
U_{18}	0.057	0.032	0.074	0.073	0.020	0.025	0.077	0.097	0.036	0.108	0.031
U_{19}	0.044	0.023	0.051	0.055	0.015	0.018	0.057	0.063	0.026	0.084	0.023
U_{20}	0.064	0.034	0.062	0.080	0.023	0.028	0.080	0.088	0.040	0.116	0.034
U_{21}	0.059	0.035	0.064	0.091	0.024	0.029	0.106	0.098	0.059	0.122	0.035
U_{22}	0.085	0.059	0.117	0.084	0.029	0.055	0.090	0.122	0.072	0.147	0.068
U_{23}	0.064	0.052	0.105	0.087	0.036	0.035	0.077	0.091	0.045	0.091	0.033

表 4-15(续)

	U_{12}	U_{13}	U_{14}	U_{15}	U_{16}	U_{17}	U_{18}	U_{19}	U_{20}	U_{21}	U_{22}	U_{23}
U_1	0.026	0.027	0.076	0.030	0.074	0.082	0.052	0.025	0.055	0.047	0.067	0.070
U_2	0.028	0.027	0.040	0.031	0.086	0.096	0.048	0.026	0.035	0.062	0.061	0.063
U_3	0.074	0.075	0.102	0.055	0.101	0.062	0.037	0.030	0.038	0.037	0.046	0.063
U_4	0.040	0.037	0.055	0.077	0.107	0.118	0.057	0.036	0.091	0.103	0.065	0.066
U_5	0.031	0.076	0.081	0.033	0.056	0.089	0.039	0.026	0.033	0.033	0.059	0.043
U_6	0.073	0.091	0.126	0.072	0.124	0.141	0.076	0.048	0.104	0.101	0.098	0.097
U_7	0.081	0.066	0.121	0.085	0.127	0.149	0.074	0.050	0.108	0.116	0.095	0.098
U_8	0.131	0.101	0.160	0.130	0.189	0.170	0.155	0.133	0.152	0.160	0.164	0.148
U_9	0.075	0.109	0.124	0.107	0.133	0.096	0.077	0.068	0.077	0.075	0.090	0.110
U_{10}	0.123	0.108	0.153	0.120	0.172	0.180	0.154	0.128	0.122	0.124	0.159	0.141
U_{11}	0.120	0.110	0.145	0.078	0.126	0.149	0.120	0.099	0.124	0.113	0.135	0.142
U_{12}	0.064	0.103	0.139	0.090	0.138	0.131	0.118	0.102	0.105	0.106	0.122	0.127
U_{13}	0.114	0.064	0.116	0.110	0.150	0.108	0.087	0.077	0.082	0.083	0.105	0.112
U_{14}	0.097	0.118	0.082	0.106	0.145	0.108	0.070	0.075	0.092	0.076	0.103	0.096
U_{15}	0.122	0.119	0.165	0.089	0.189	0.164	0.138	0.112	0.148	0.152	0.156	0.150
U_{16}	0.125	0.102	0.161	0.127	0.128	0.177	0.146	0.103	0.153	0.150	0.154	0.164
U_{17}	0.083	0.073	0.119	0.081	0.114	0.086	0.100	0.082	0.088	0.094	0.113	0.106
U_{18}	0.068	0.079	0.103	0.070	0.093	0.120	0.059	0.102	0.099	0.099	0.118	0.110
U_{19}	0.057	0.050	0.073	0.052	0.076	0.095	0.096	0.038	0.079	0.072	0.090	0.718
U_{20}	0.071	0.071	0.114	0.098	0.134	0.123	0.098	0.080	0.066	0.110	0.124	0.128
U_{21}	0.082	0.074	0.107	0.107	0.134	0.125	0.081	0.083	0.123	0.067	0.099	0.112
U_{22}	0.105	0.120	0.137	0.120	0.159	0.134	0.139	0.127	0.123	0.115	0.092	0.144
U_{23}	0.064	0.061	0.113	0.082	0.138	0.100	0.100	0.078	0.108	0.110	0.125	0.069

利用公式(4-3)～(4-6)计算各影响因素的影响度 f_i 和被影响度 e_i、中心度 M_i 和原因度 N_i，如表 4-16 所示。

表 4-16　各影响因素的影响度和被影响度、中心度和原因度

代码	影响因素	影响度	被影响度	中心度	原因度
U_1	学校产教融合意识	0.961	1.694	2.655	−0.733
U_2	学校基础条件	1.058	1.146	2.204	−0.088
U_3	学校办学水平	1.139	2.103	3.242	−0.964
U_4	学校资源投入	1.363	2.022	3.385	−0.659
U_5	企业基础条件	1.057	0.766	1.823	0.291
U_6	企业文化特征	1.784	0.991	2.775	0.793
U_7	企业资源投入	1.909	2.130	4.039	−0.221
U_8	政府功能发挥	2.977	2.005	4.982	0.972
U_9	城市产业结构	1.841	1.305	3.146	0.536
U_{10}	城市平台载体	2.774	2.471	5.245	0.303
U_{11}	社会认同	2.379	1.198	3.577	1.181
U_{12}	文化氛围	2.246	1.854	4.100	0.392
U_{13}	技术人才需求	2.299	1.861	4.160	0.438
U_{14}	技术成果应用	2.079	2.612	4.691	−0.533
U_{15}	宏观政策法规	2.960	1.950	4.910	1.010
U_{16}	微观主体制度	2.927	2.893	5.820	0.034
U_{17}	资源共享共用	2.033	2.803	4.836	−0.770
U_{18}	信息沟通渠道	1.750	2.121	3.871	−0.371
U_{19}	社会组织协调	1.955	1.728	3.683	0.227
U_{20}	利益分配	1.866	2.205	4.071	−0.339
U_{21}	成本分担与补偿	1.916	2.205	4.121	−0.289
U_{22}	区域组织运行	2.443	2.440	4.883	0.003
U_{23}	微观组织运行	1.864	3.077	4.941	−1.213

以中心度为横轴,以原因度为纵轴,绘制城市产教融合影响因素之间的因果关系图,如图 4-2 所示。

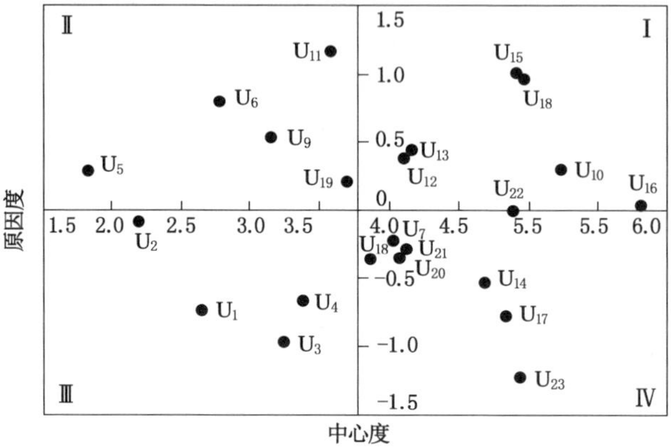

图 4-2 城市产教融合影响因素之间的因果关系图

4.3.2 影响程度分析

根据影响度的计算结果可知,影响度较高的因素包括政府功能发挥(U_8)、宏观政策法规(U_{15})、微观主体制度(U_{16})、城市平台载体(U_{10})、区域组织运行(U_{22})等,这些因素对其他因素的影响程度相对较高。其中,政府功能发挥(U_8)影响程度最高,这与"发挥好政府保基本、促公平作用,着力营造制度环境,制定发展规划、改善基本办学条件、加强规范管理和监督指导"[38]是一致的。无论是宏观政策法规(U_{15})还是微观主体制度(U_{16}),制度环境对于产教融合主体行为都具有重要的规范和激励作用,对于产教融合运行具有重要的引导和保障作用。而城市平台载体(U_{10})和区域组织运行(U_{22})对其他因素的影响,印证了之前的相关研究[4,10,192,199]。

根据被影响度的计算结果可知,被影响度较高的因素包括微观组织运行(U_{23})、微观主体制度(U_{16})、资源共享共用(U_{17})、技术成果应用(U_{14})、城市平台载体(U_{10})等。这些因素受其他因素的影响程度较高,而其本身对城市产教融合的作用更直接。其中,微观组织运行(U_{23})受其他因素影响的程度最高,以产业学院为主要形态的学校层面产教融合组织和以产教融合型企业为主要形态的企业层面产教融合组织[44],正是公共政策、社会责任、市场需求等多方面因素作用的结果。微观主体制度(U_{16})和城市平台载体(U_{10})既会较深地影响其他因素,同时也较多地受到其他因素的影响,这说明产教融合制度环境和平台载体建设的重要性。

4.3.3 中心度分析

影响因素的中心度是影响度和被影响度之和,其大小与该因素的重要性成正相关关系。由表4-16和图4-2可知,比较重要的影响因素有微观主体制度(U_{16})、城市平台载体(U_{10})、政府功能发挥(U_8)、微观组织运行(U_{23})、宏观政策法规(U_{15})、区域组织运行(U_{22})、资源共享共用(U_{17})、技术成果应用(U_{14})、技术人才需求(U_{13})、成本分担与补偿(U_{21})等。其中,微观主体制度(U_{16})的中心度最大,是城市产教融合最为关键的影响因素。微观主体制度主要是指城市政府部门、学校和企业有关产教融合、校企合作的制度,如政府人社部门建立高技能人才职称评审制度,教育部门建立产业教授聘任制度,科技部门建立科技成果转化奖励制度,金融部门建立产教融合项目融资制度;学校建立以产业应用研究与传统学术研究为双导向的学术成果评价制度,以学科逻辑与产业技术逻辑为双导向的专业建设机制[4];企业建立新型学徒制度、学生实习保障制度、职工技能培训制度等。

从主体—环境—机制的影响因素分析框架来看,环境层面和机制层面的影响因素相对重要,在中心度排名前10的影响因素中,环境层面的影响因素有5个,分别是微观主体制度(U_{16})、城市平台载体(U_{10})、宏观政策法规(U_{15})、技术成果应用(U_{14})、技术人才需求(U_{13});机制层面的影响因素有4个,分别是微观组织运行(U_{23})、区域组织运行(U_{22})、资源共享共用(U_{17})、成本分担与补偿(U_{21});主体层面的影响因素有1个,即政府功能发挥(U_8)。由此可见,推动城市产教融合发展,关键在于加强制度环境、经济环境和技术环境建设,构建良好的资源共享机制、利益平衡机制和组织保障机制。

4.3.4 原因度分析

影响因素的原因度是影响度和被影响度之差,其值有正负之分,原因度为正的影响因素称为原因型因素,原因度为负的影响因素称为结果型因素。

由表4-16和图4-2可知，有12个因素是原因型因素，有11个因素是结果型因素。如果综合考虑各影响因素的中心度，这些因素可分为四类：第一类是强原因型因素（图4-2中第Ⅰ区），包括宏观政策法规（U_{15}）、政府功能发挥（U_8）、技术人才需求（U_{13}）、文化氛围（U_{12}）、城市平台载体（U_{10}）、微观主体制度（U_{16}）、区域组织运行（U_{22}），这类因素对城市产教融合有显著的影响，且对其他结果型因素也有较大的影响。第二类是弱原因型因素（图4-2中第Ⅱ区），包括社会认同（U_{11}）、企业文化特征（U_6）、城市产业结构（U_9）、企业基础条件（U_5）、社会组织协调（U_{19}），这些因素对城市产教融合有一定的影响，对其他结果型因素有较大的影响。第三类是弱结果型因素（图4-2中第Ⅲ区），包括学校基础条件（U_2）、学校资源投入（U_4）、学校产教融合意识（U_1）、学校办学水平（U_3），这些因素是其他原因型因素综合作用的结果，对城市产教融合有一定的影响。第四类是强结果型因素（图4-2中第Ⅳ区），包括企业资源投入（U_7）、成本分担与补偿（U_{21}）、利益分配（U_{20}）、信息沟通渠道（U_{18}）、技术成果应用（U_{14}）、资源共享共用（U_{17}）、微观组织运行（U_{23}），这些因素也是其他原因型因素综合作用的结果，但是对城市产教融合有重要的影响。

4.4 影响因素结构分析

ISM法是一种结构模型化技术，它可以将城市产教融合影响因素归结为具有良好结构关系的模型。如前文所述，主要是通过确定可达矩阵，根据前因集和可达集之间的关系，逐层得到影响因素系统的最高层级因素，并将因素分成不同的层级，得到城市产教融合影响因素的多级递阶结构模型。

4.4.1 ISM法计算过程

在前述DEMATEL法计算结果的基础上，利用公式(4-7)计算得到整体影响矩阵，如表4-17所示。

表 4-17 整体影响矩阵

	U_1	U_2	U_3	U_4	U_5	U_6	U_7	U_8	U_9	U_{10}	U_{11}
U_1	1.022	0.017	0.067	0.070	0.011	0.014	0.030	0.029	0.018	0.037	0.015
U_2	0.064	1.018	0.097	0.095	0.011	0.014	0.031	0.030	0.018	0.060	0.017
U_3	0.033	0.038	1.039	0.056	0.014	0.020	0.038	0.038	0.026	0.065	0.052
U_4	0.043	0.025	0.107	1.043	0.016	0.019	0.07	0.043	0.027	0.094	0.024
U_5	0.028	0.021	0.034	0.030	1.015	0.058	0.085	0.033	0.074	0.059	0.021
U_6	0.048	0.035	0.057	0.055	0.041	1.029	0.113	0.057	0.037	0.083	0.078
U_7	0.089	0.07	0.109	0.091	0.022	0.032	1.059	0.059	0.037	0.120	0.051
U_8	0.095	0.066	0.137	0.145	0.066	0.061	0.149	1.092	0.110	0.176	0.087
U_9	0.072	0.034	0.060	0.056	0.064	0.051	0.100	0.103	1.042	0.082	0.036
U_{10}	0.087	0.094	0.134	0.124	0.059	0.044	0.120	0.140	0.095	1.105	0.088
U_{11}	0.110	0.068	0.084	0.121	0.026	0.061	0.119	0.111	0.045	0.130	1.043
U_{12}	0.110	0.050	0.094	0.101	0.025	0.054	0.103	0.105	0.044	0.116	0.099
U_{13}	0.112	0.080	0.119	0.106	0.035	0.078	0.124	0.118	0.099	0.130	0.090
U_{14}	0.082	0.070	0.108	0.081	0.056	0.051	0.111	0.104	0.092	0.100	0.056
U_{15}	0.134	0.075	0.134	0.141	0.056	0.077	0.137	0.147	0.111	0.157	0.087
U_{16}	0.117	0.082	0.138	0.129	0.052	0.079	0.140	0.148	0.101	0.165	0.086
U_{17}	0.075	0.068	0.112	0.108	0.050	0.059	0.114	0.089	0.051	0.124	0.044
U_{18}	0.057	0.032	0.074	0.073	0.020	0.025	0.077	0.097	0.036	0.108	0.031
U_{19}	0.044	0.023	0.051	0.055	0.015	0.018	0.057	0.063	0.026	0.084	0.023
U_{20}	0.064	0.034	0.062	0.080	0.023	0.028	0.080	0.088	0.040	0.116	0.034
U_{21}	0.059	0.035	0.064	0.091	0.024	0.029	0.106	0.098	0.059	0.122	0.035
U_{22}	0.085	0.059	0.117	0.084	0.029	0.055	0.090	0.122	0.072	0.147	0.068
U_{23}	0.064	0.052	0.105	0.087	0.036	0.035	0.077	0.091	0.045	0.091	0.033

表 4-17(续)

	U_{12}	U_{13}	U_{14}	U_{15}	U_{16}	U_{17}	U_{18}	U_{19}	U_{20}	U_{21}	U_{22}	U_{23}
U_1	0.026	0.027	0.076	0.030	0.074	0.082	0.052	0.025	0.055	0.047	0.067	0.070
U_2	0.028	0.027	0.040	0.031	0.086	0.096	0.048	0.026	0.035	0.062	0.061	0.063
U_3	0.074	0.075	0.102	0.055	0.101	0.062	0.037	0.030	0.038	0.037	0.046	0.063
U_4	0.040	0.037	0.055	0.077	0.107	0.118	0.057	0.036	0.091	0.103	0.065	0.066
U_5	0.031	0.076	0.081	0.033	0.056	0.089	0.039	0.026	0.033	0.033	0.059	0.043
U_6	0.073	0.091	0.126	0.072	0.124	0.141	0.076	0.048	0.104	0.101	0.098	0.097
U_7	0.081	0.066	0.121	0.085	0.127	0.149	0.074	0.050	0.108	0.116	0.095	0.098
U_8	0.131	0.101	0.160	0.130	0.189	0.170	0.155	0.133	0.152	0.160	0.164	0.148
U_9	0.075	0.109	0.124	0.107	0.133	0.096	0.077	0.068	0.077	0.075	0.090	0.110
U_{10}	0.123	0.108	0.153	0.120	0.172	0.180	0.154	0.128	0.122	0.124	0.159	0.141
U_{11}	0.120	0.110	0.145	0.078	0.126	0.149	0.120	0.099	0.124	0.113	0.135	0.142
U_{12}	1.064	0.103	0.139	0.090	0.138	0.131	0.118	0.102	0.105	0.106	0.122	0.127
U_{13}	0.114	1.064	0.116	0.110	0.150	0.108	0.087	0.077	0.082	0.083	0.105	0.112
U_{14}	0.097	0.118	1.082	0.106	0.145	0.108	0.070	0.075	0.092	0.076	0.103	0.096
U_{15}	0.122	0.119	0.165	1.089	0.189	0.164	0.138	0.112	0.148	0.152	0.156	0.150
U_{16}	0.125	0.102	0.161	0.127	1.128	0.177	0.146	0.103	0.153	0.150	0.154	0.164
U_{17}	0.083	0.073	0.119	0.081	0.114	1.086	0.100	0.082	0.088	0.094	0.113	0.106
U_{18}	0.068	0.079	0.103	0.070	0.093	0.120	1.059	0.102	0.099	0.099	0.118	0.110
U_{19}	0.057	0.050	0.073	0.052	0.076	0.095	0.096	1.038	0.079	0.072	0.090	0.718
U_{20}	0.071	0.071	0.114	0.098	0.134	0.123	0.098	0.080	1.066	0.110	0.124	0.128
U_{21}	0.082	0.074	0.107	0.107	0.134	0.125	0.081	0.083	0.123	1.067	0.099	0.112
U_{22}	0.105	0.120	0.137	0.120	0.159	0.134	0.139	0.127	0.123	0.115	1.092	0.144
U_{23}	0.064	0.061	0.113	0.082	0.138	0.100	0.100	0.078	0.108	0.110	0.125	1.069

对于确定可达矩阵的阈值 λ，一般有三种方法。第一种方法是通过专家判断确定，但是由于专家判断的主观性，这种方法确定的阈值会存在一定的误差。第二种方法是利用综合影响矩阵元素的平均值来确定阈值 λ。第三种方法是第二种方法的拓展，即利用综合影响矩阵元素的平均值和标准差

来确定阈值 λ。本研究采用第三种方法确定阈值 λ，计算公式如下：

$$\lambda=\mu+0.5\sigma$$

其中，μ 和 σ 分别代表综合影响矩阵元素的平均值和标准差。由表 4-15 综合影响矩阵计算得到 $\mu=0.086$，$\sigma=0.048$，于是 $\lambda=0.110$。

利用公式(4-8)可以确定可达矩阵，如表 4-18 所示。

表 4-18 可达矩阵

	U_1	U_2	U_3	U_4	U_5	U_6	U_7	U_8	U_9	U_{10}	U_{11}
U_1	1	0	0	0	0	0	0	0	0	0	0
U_2	0	1	0	0	0	0	0	0	0	0	0
U_3	0	0	1	0	0	0	0	0	0	0	0
U_4	0	0	0	1	0	0	0	0	0	0	0
U_5	0	0	0	0	1	0	0	0	0	0	0
U_6	0	0	0	0	0	1	1	0	0	0	0
U_7	0	0	0	0	0	0	1	0	0	1	0
U_8	0	0	1	1	0	0	1	1	1	1	0
U_9	0	0	0	0	0	0	0	0	1	0	0
U_{10}	0	0	1	1	0	0	1	1	0	1	0
U_{11}	1	0	0	1	0	0	1	1	0	1	1
U_{12}	1	0	0	0	0	0	0	0	0	1	0
U_{13}	1	0	1	0	0	0	1	1	0	1	0
U_{14}	0	0	0	0	0	0	1	0	0	0	0
U_{15}	1	0	1	1	0	0	1	1	1	1	0
U_{16}	1	0	1	1	0	0	1	1	0	1	0
U_{17}	0	0	1	0	0	0	1	0	0	1	0
U_{18}	0	0	0	0	0	0	0	0	0	0	0
U_{19}	0	0	0	0	0	0	0	0	0	0	0
U_{20}	0	0	0	0	0	0	0	0	0	1	0
U_{21}	0	0	0	0	0	0	0	0	0	1	0
U_{22}	0	0	1	0	0	0	0	1	0	1	0
U_{23}	0	0	0	0	0	0	0	0	0	0	0

表 4-18(续)

	U_{12}	U_{13}	U_{14}	U_{15}	U_{16}	U_{17}	U_{18}	U_{19}	U_{20}	U_{21}	U_{22}	U_{23}
U_1	0	0	0	0	0	0	0	0	0	0	0	0
U_2	0	0	0	0	0	0	0	0	0	0	0	0
U_3	0	0	0	0	0	0	0	0	0	0	0	0
U_4	0	0	0	0	0	1	0	0	0	0	0	0
U_5	0	0	0	0	0	0	0	0	0	0	0	0
U_6	0	0	1	0	1	1	0	0	0	0	0	0
U_7	0	0	1	0	1	1	0	0	0	1	0	0
U_8	1	0	1	1	1	1	1	1	1	1	1	1
U_9	0	0	1	0	1	0	0	0	0	0	0	1
U_{10}	1	0	1	1	1	1	1	1	1	1	1	1
U_{11}	1	1	1	0	1	1	1	0	1	1	1	1
U_{12}	1	0	1	0	1	1	1	0	0	0	1	1
U_{13}	1	1	1	1	1	0	0	0	0	0	0	1
U_{14}	0	1	1	0	1	0	0	0	0	0	0	0
U_{15}	1	1	1	1	1	1	1	1	1	1	1	1
U_{16}	1	0	1	1	1	1	1	0	1	1	1	1
U_{17}	0	0	1	0	1	1	0	0	0	0	1	0
U_{18}	0	0	0	0	0	1	1	0	0	0	1	1
U_{19}	0	0	0	0	0	0	0	1	0	0	0	1
U_{20}	0	0	1	0	1	1	0	0	1	1	1	1
U_{21}	0	0	0	0	1	1	0	0	1	1	0	1
U_{22}	0	1	1	1	1	1	1	1	1	1	1	1
U_{23}	0	0	1	0	1	0	0	0	0	1	1	1

利用公式(4-9)和(4-10)分别得到影响因素的可达集合 R_i 和前项集合 S_i，基于 $R_i = R_i \cap S_i (i=1,2,\cdots,23)$ 的条件将可达矩阵中的元素进行分级，得到城市产教融合影响因素的 5 个层级：$L_1 = \{U_1, U_2, U_3, U_5, U_{14}\}$，$L_2 = \{U_{17}, U_{23}\}$，$L_3 = \{U_4, U_9, U_{18}, U_{19}, U_{20}, U_{21}\}$，$L_4 = \{U_7, U_{10}, U_{16}\}$，$L_5 =$

$\{U_6, U_8, U_{11}, U_{12}, U_{13}, U_{15}, U_{22}\}$等。

4.4.2 多级递阶结构分析

根据上述计算结果，可以得到城市产教融合影响因素的递阶层次结构，如图 4-3 所示。通过分析递阶层次结构，可以将城市产教融合影响因素分为表层影响因素、中间层影响因素和深层影响因素，进一步明确各影响因素之间的因果关系和作用机理，为研究城市产教融合形成机制提供理论支撑。

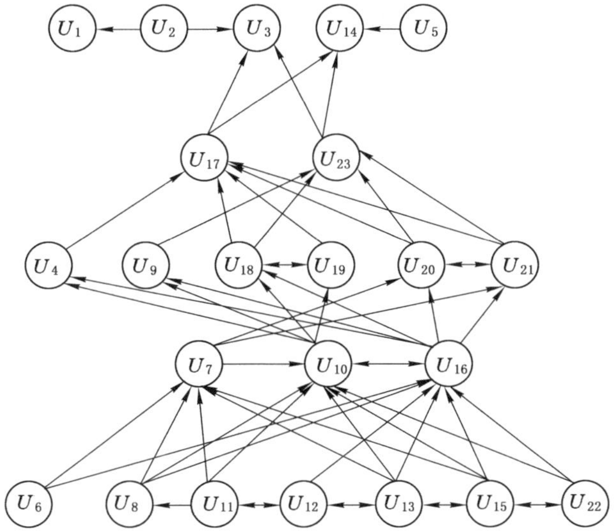

图 4-3 影响因素的递阶层次结构

(1) 表层影响因素

图 4-3 中的第一层(L_1)是表层影响因素，包括学校产教融合意识(U_1)、学校基础条件(U_2)、学校办学水平(U_3)、企业基础条件(U_5)和技术成果应用(U_{14})等 5 个因素，这些因素对于城市产教融合具有直接影响。在表层影响因素中，除技术成果应用(U_{14})外，其他 4 个都是关于学校和企业等主体的影响因素。由此可以认为，表层影响因素主要是集中于主体层面的影响因素。城市区域内学校和企业的规模、数量、实力等是产教融合发展的基础条件和必要条件，也就是说城市产教融合必须具备一定的教育资源和产业基础，这些因素直接影响城市产教融合的形成。同样，新型技术成果的出现

和应用将催生新的产业人才需求，促进学校和企业等主体的资金、人才、信息等要素的聚集和整合，也为产教融合模式创新提供技术支撑，这是城市产教融合形成的外部动力。

(2) 中间层影响因素

图 4-3 中的第二层(L_2)、第三层(L_3)是中间层影响因素，包括资源共享共用(U_{17})、微观组织运行(U_{23})、学校资源投入(U_4)、城市产业结构(U_9)、信息沟通渠道(U_{18})、社会组织协调(U_{19})、利益分配(U_{20})、成本分担与补偿(U_{21})等 8 个因素，这些因素对于城市产教融合具有间接影响。在中间层影响因素中，除学校资源投入(U_4)、城市产业结构(U_9)外，其他 6 个都是产教融合运行机制方面的影响因素。由此可以认为，中间层影响因素主要是集中于机制层面的影响因素。城市产教融合的资源共享机制、沟通协调机制、利益平衡机制、组织保障机制受到制度环境、社会环境的影响，同时也会影响学校、企业等主体的产教融合行为，因此它们是城市产教融合的间接影响因素。学校资源投入受到自身基础条件、宏观政策法规、社会文化认同等因素的影响，同时也会影响学校办学水平、资源共享共用、成本分担与补偿，因此它也是城市产教融合的间接影响因素。城市产业结构受到技术成果应用和宏观政策法规的影响，同时也会影响技术人才需求和微观主体制度，它也在中间层发挥间接影响的作用。

(3) 深层影响因素

图 4-3 中的第四层(L_4)、第五层(L_5)是深层影响因素(也称根源影响因素)，包括企业资源投入(U_7)、城市平台载体(U_{10})、微观主体制度(U_{16})、企业文化特征(U_6)、政府功能发挥(U_8)、社会认同(U_{11})、文化氛围(U_{12})、技术人才需求(U_{13})、宏观政策法规(U_{15})、区域组织运行(U_{22})等 10 个因素，这些因素对于城市产教融合具有深层次、根源性影响。在深层影响因素中，除企业文化特征(U_6)、企业资源投入(U_7)、政府功能发挥(U_8)、区域组织运行(U_{22})外，其他 6 个都是产教融合生态环境方面的影响因素。由此可以认为，深层影响因素主要是集中于环境层面的影响因素。城市产教融合的经济环境、社会环境、技术环境和制度环境，不仅影响产教融合的运行机制，而且影响学校、企业等主体的产教融合行为，因此它们是城市产教融合的深层根源因素。企业文化特征、政府功能发挥、企业资源投入等主体层面影响因素，

既可以通过产教融合环境也可以通过产教融合机制来影响城市产教融合，因此它们也是城市产教融合的深层根源因素。区域组织运行机制既可以通过产教融合环境也可以通过产教融合主体来影响城市产教融合，因此它也会发挥深层影响作用。

4.5 本章小结

本章以生态系统为分析视角，从产教融合主体、环境和机制三个层面筛选城市产教融合影响因素，综合运用 DEMATEL-ISM 法确定城市产教融合影响因素的影响程度及层次结构。产教融合主体层面的影响因素包括学校产教融合意识、学校基础条件、学校办学水平、学校资源投入，企业性质和规模、企业文化特征、企业资源投入，以及政府功能发挥。产教融合环境层面的影响因素包括城市产业结构、城市平台载体，社会认同、文化氛围，技术人才需求、技术成果应用，宏观政策法规、微观主体制度。产教融合机制层面的影响因素包括资源共享共用，信息沟通渠道、社会组织协调，利益分配、成本分担与补偿，区域组织运行、微观组织运行。DEMATEL 法运用图论与矩阵工具分析复杂系统内部因素之间的关系，确定系统因素的重要性程度。DEMATEL 模型研究结果表明，宏观政策法规、政府功能发挥、技术人才需求、社会文化氛围、城市平台载体、微观主体制度、区域组织运行等因素对城市产教融合有显著的影响，且对其他结果型影响因素也有较大的影响。ISM 方法通过有向图、邻接矩阵和可达矩阵的运算，把复杂系统的因素划分为多层递阶结构形式。ISM 模型研究结果表明，城市产教融合表层影响因素主要集中于主体层面，中间层影响因素主要集中于机制层面，深层影响因素主要集中于环境层面。由此推断，机制层面影响因素正向作用于主体层面影响因素；环境层面影响因素不仅正向作用于机制层面影响因素，而且正向作用于主体层面影响因素。

5

城市产教融合影响因素作用关系

5.1 影响因素作用关系理论假设

根据第 4 章城市产教融合影响因素结构分析结果，城市产教融合环境作为根源性影响因素，对产教融合机制（中间层影响因素）和产教融合主体（表层影响因素）存在作用关系，而城市产教融合机制对产教融合主体也存在作用关系，同时产教融合机制在产教融合环境和产教融合主体的作用关系中还存在中介效应。据此，本研究提出城市产教融合影响因素作用关系的理论模型（图 5-1），通过问卷调查和结构方程模型分析，验证城市产教融合影响因素之间的作用关系，为城市产教融合优化路径设计提供理论依据。

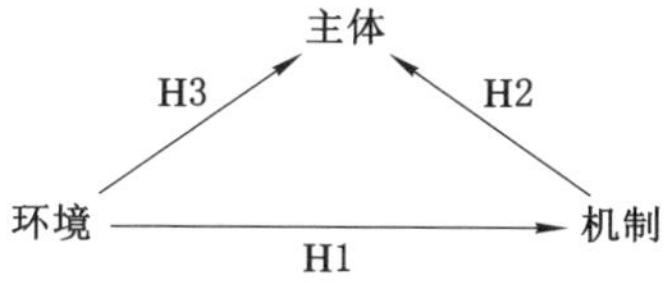

图 5-1 城市产教融合影响因素作用关系理论模型

城市产教融合影响因素之间作用关系的理论假设如下：

H1：城市产教融合环境对产教融合机制具有积极作用；

H2：城市产教融合机制对产教融合主体具有积极作用；

H3：城市产教融合环境对产教融合主体具有积极作用。

5.2 调查研究设计

调查研究是教育学、管理学领域应用最为广泛的一种研究方法。它既可以用来探讨在自然情景下所发生的社会心理变量之间的关系，也可以用来研究现状与某些现象的关系[238]。其中，问卷调查是一种常见的调查研究方法。所谓问卷调查，是指研究者设计规范的书面问卷（调查表/量表），让调查对象严格按照问卷所列题项进行作答，以此来搜集数据资料的一种研究方法。在这种方法中，研究者将所要研究的问题编制成若干观测题项，采用电子邮件、在线平台、当面作答或追踪访问等方式请调查对象填答，从而了解调查对象对某一现象或问题的意见和看法[239]。问卷调查一般采用匿名方式，调查对象可以真实表达自己的想法，从而保证研究结果的科学性和客观性。问卷调查方法的实施过程如图 5-2 所示。

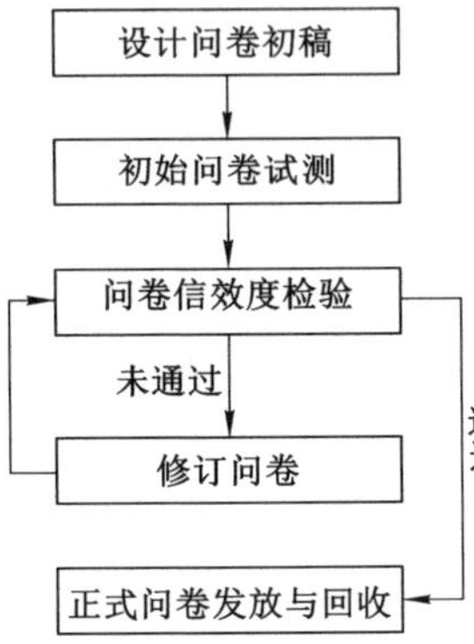

图 5-2　问卷调查法实施过程

5.2.1　调查问卷设计及试测

根据城市产教融合影响因素的分析框架，可以从产教融合主体、产教融合环境、产教融合机制三个维度设计城市产教融合影响因素调查问卷。我们首先以各维度下的影响因素为依据，按照文字表述清晰、客观、规范的原则，设计初始的问卷题项。为了提高问卷题项的适切性和规范性，研究中邀请 3 位产教融合研究领域的专家、3 位产教融合实践领域的专家对该问卷的内容进行审核。6 位专家对问卷中的指导语、各维度的题项数量、题项表述的准确性等方面，提出了专业的指导意见。之后又将初始调查问卷的草稿定向发给 4 位调查对象（2 位高职院校教师，2 位应用型本科院校教师），请他们逐条阅读题项，并将他们认为问卷中存在的文字表述问题标注出来。经过这两轮的内容审核和文字修改后，形成了可供试测的城市产教融合影响因素调查问卷初稿。

问卷采用李克特（Likert）五点计分法，“非常同意”用 5 表示，“大部分同意”用 4 表示，“一半同意”用 3 表示，“少部分同意”用 2 表示，“非常不同意”用 1 表示[240]。问卷未设置反向题，主要因为大部分人对于反向题持有极端看法时，会调整自己的选择[241]。问卷各维度下的题项有 7～8 项，具体内容如表 5-1 所示。

表 5-1　城市产教融合影响因素初始问卷各维度题项

维度	题项	题号
产教融合主体	学校在办学过程中具有产教融合意识	Q1
	学校具备产教融合的办学条件	Q2
	学校具备产教融合的办学能力	Q3
	学校积极对产教融合给予投入	Q4
	企业具备开展产教融合的基础条件	Q5
	企业具有开展产教融合的企业文化	Q6
	企业积极对产教融合给予投入	Q7
	地方政府在产教融合中发挥重要作用	Q8
产教融合环境	城市产业结构与学校专业结构匹配联动	Q9
	城市重视建设产教融合平台载体	Q10
	社会公众积极认可职业教育、技能人才	Q11
	社会媒体常会宣传报道产教融合、校企合作	Q12
	新技术发展对人才需求产生影响	Q13
	新技术成果在学校和企业中得到应用	Q14
	国家和省级层面有关产教融合的制度得到贯彻落实	Q15
	地方政府、学校和企业积极制定有关产教融合的制度	Q16
产教融合机制	学校和企业在产教融合中资源共享	Q17
	学校和企业在产教融合中积极沟通	Q18
	社会组织在产教融合中积极协调	Q19
	学校和企业在产教融合中能进行合理的收益分配	Q20
	学校和企业在产教融合中能获得成本分担与补偿	Q21
	城市区域层面产教融合组织积极有效运行（如产教联盟、教学联合体）	Q22
	学校和企业主体层面产教融合组织积极有效运行（如产业学院）	Q23

为了检验初始问卷的有效性和可靠性，本研究以普通高等院校和职业院校的教师为试测对象，采取整群随机抽样方法，分别在东部地区、中部地区、西部地区和东北地区选取调查对象进行试测。根据 Gorsuch 对调查样本数的观点，试测样本数与问卷题项数之比为 5∶1～10∶1，分析结果是可靠的[240]。由于初始问卷共 23 个题项，因此在问卷试测环节发放问卷 180 份（问卷星平台定向推送 150 份，电子邮件定向发送 30 份），回收问卷 158 份（问卷星平台问卷回收率 98.67%，电子邮件问卷回收率 33.33%），剔除 2 份所有题项回答一样的问卷（无漏答题项的问卷），回收有效问卷 156 份，有效回收率 86.67%。

5.2.2 调查问卷检验及修订

试测问卷回收后，要对问卷进行项目分析、效度检验和信度检验，以作为修订问卷的依据。试测问卷的主要分析流程如图 5-3 所示。

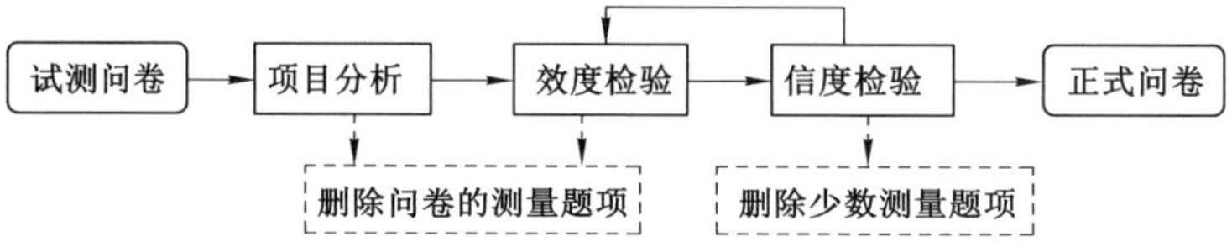

图 5-3 试测问卷的分析流程[242]

（1）项目分析

项目分析主要是探究高低分的调查对象在每个题项的差异或进行题项间同质性检验，其结果可以作为个别题项筛选或修改的依据。在项目分析中，临界比值、题项与问卷总分相关系数是常用的判别指标。

① 临界比判别。临界比又称决断值（CR 值），它是根据试测对象总分区分出高分组和低分组，再利用独立样本 t 检验方法，求出高、低两组在每个题项平均分差异的显著性，达到显著性水平的题项予以保留，未达显著性水平的题项可以考虑删除。本研究使用 SPSS 软件计算试测问卷的临界比，相关统计量如表 5-2 所示。

表 5-2 高、低分组独立样本 t 检验的统计量

		方差方程的 Levene 检验		均值方程的 t 检验						
		F	Sig.	t	df	Sig.（双侧）	均值差值	标准误差值	差分的 95%置信区间 下限	差分的 95%置信区间 上限
Q1	假设方差相等	14.344	0.000	7.607	87	0.000	1.242 42	0.163 34	0.917 78	1.567 07
	假设方差不相等			7.647	72.754	0.000	1.242 42	0.162 48	0.918 59	1.566 26
Q2	假设方差相等	26.749	0.000	7.967	87	0.000	1.288 38	0.161 72	0.966 94	1.609 83
	假设方差不相等			8.017	67.403	0.000	1.288 38	0.160 70	0.967 66	1.609 11
Q3	假设方差相等	23.898	0.000	9.256	87	0.000	1.266 16	0.136 80	0.994 26	1.538 07
	假设方差不相等			9.320	64.594	0.000	1.266 16	0.135 86	0.994 80	1.537 52
Q4	假设方差相等	13.336	0.000	10.035	87	0.000	1.352 02	0.134 72	1.084 24	1.619 80
	假设方差不相等			10.071	80.194	0.000	1.352 02	0.134 25	1.084 87	1.619 17
Q5	假设方差相等	19.823	0.000	11.621	87	0.000	1.464 65	0.126 04	1.214 13	1.715 16
	假设方差不相等			11.669	77.890	0.000	1.464 65	0.125 52	1.214 75	1.714 54
Q6	假设方差相等	4.381	0.039	10.552	87	0.000	1.462 12	0.138 56	1.186 72	1.737 52
	假设方差不相等			10.573	85.071	0.000	1.462 12	0.138 29	1.187 17	1.737 07

表 5-2（续）

		方差方程的 Levene 检验		均值方程的 t 检验						
		F	Sig.	t	df	Sig.（双侧）	均值差值	标准误差值	差分的 95%置信区间 下限	差分的 95%置信区间 上限
Q7	假设方差相等	1.037	0.311	11.438	87	0.000	1.481 31	0.129 51	1.223 90	1.738 73
	假设方差不相等			11.471	82.446	0.000	1.481 31	0.129 13	1.224 45	1.738 18
Q8	假设方差相等	1.802	0.183	8.111	87	0.000	1.171 21	0.144 40	0.884 20	1.458 23
	假设方差不相等			8.124	85.847	0.000	1.171 21	0.144 18	0.884 59	1.457 83
Q9	假设方差相等	16.164	0.000	7.650	87	0.000	1.149 49	0.150 27	0.850 82	1.448 17
	假设方差不相等			7.693	70.675	0.000	1.149 49	0.149 42	0.851 54	1.447 45
Q10	假设方差相等	3.014	0.086	8.281	87	0.000	1.257 58	0.151 86	0.955 73	1.559 42
	假设方差不相等			8.304	82.923	0.000	1.257 58	0.151 44	0.956 36	1.558 79
Q11	假设方差相等	3.525	0.064	9.382	87	0.000	1.393 94	0.148 58	1.098 62	1.689 25
	假设方差不相等			9.404	84.158	0.000	1.393 94	0.148 23	1.099 17	1.688 70
Q12	假设方差相等	5.319	0.023	11.246	87	0.000	1.529 29	0.135 98	1.259 01	1.799 57
	假设方差不相等			11.283	81.226	0.000	1.529 29	0.135 54	1.259 63	1.798 96

表 5-2(续)

		方差方程的 Levene 检验		均值方程的 t 检验						
		F	Sig.	t	df	Sig.（双侧）	均值差值	标准误差值	差分的 95%置信区间 下限	差分的 95%置信区间 上限
Q13	假设方差相等	4.445	0.038	5.688	87	0.000	1.023 74	0.179 99	0.665 98	1.381 50
	假设方差不相等			5.713	76.534	0.000	1.023 74	0.179 20	0.666 88	1.380 60
Q14	假设方差相等	0.890	0.348	8.000	87	0.000	1.169 70	0.146 22	0.879 07	1.460 33
	假设方差不相等			8.010	86.342	0.000	1.169 70	0.146 04	0.879 40	1.459 99
Q15	假设方差相等	26.344	0.000	10.579	87	0.000	1.466 67	0.138 64	1.191 11	1.742 22
	假设方差不相等			10.634	73.272	0.000	1.466 67	0.137 92	1.191 80	1.741 53
Q16	假设方差相等	2.897	0.092	10.483	87	0.000	1.484 34	0.141 59	1.202 91	1.765 77
	假设方差不相等			10.496	86.424	0.000	1.484 34	0.141 42	1.203 22	1.765 47
Q17	假设方差相等	0.007	0.934	11.386	87	0.000	1.572 73	0.138 13	1.298 19	1.847 27
	假设方差不相等			11.390	86.997	0.000	1.572 73	0.138 08	1.298 27	1.847 18
Q18	假设方差相等	7.994	0.006	9.857	87	0.000	1.375 25	0.139 52	1.097 94	1.652 56
	假设方差不相等			9.882	83.627	0.000	1.375 25	0.139 17	1.098 49	1.652 02

表 5-2(续)

		方差方程的 Levene 检验		均值方程的 t 检验						
									差分的 95%置信区间	
		F	Sig.	t	df	Sig.（双侧）	均值差值	标准误差值	下限	上限
Q19	假设方差相等	0.949	0.333	10.254	87	0.000	1.347 47	0.131 42	1.086 27	1.608 68
	假设方差不相等			10.270	85.811	0.000	1.347 47	0.131 21	1.086 64	1.608 31
Q20	假设方差相等	0.069	0.793	7.611	87	0.000	1.168 18	0.153 48	0.863 12	1.473 25
	假设方差不相等			7.610	86.899	0.000	1.168 18	0.153 50	0.863 07	1.473 29
Q21	假设方差相等	0.126	0.723	8.679	87	0.000	1.257 58	0.144 90	0.969 58	1.545 57
	假设方差不相等			8.676	86.784	0.000	1.257 58	0.144 94	0.969 48	1.545 67
Q22	假设方差相等	0.169	0.682	10.702	87	0.000	1.392 93	0.130 16	1.134 23	1.651 63
	假设方差不相等			10.707	86.973	0.000	1.392 93	0.130 10	1.134 34	1.651 52
Q23	假设方差相等	1.564	0.214	10.404	87	0.000	1.505 05	0.144 66	1.217 52	1.792 58
	假设方差不相等			10.423	85.317	0.000	1.505 05	0.144 40	1.217 97	1.792 13

注：Sig. 表示显著性；df 表示自由度；Sig.（双侧）表示显著性（双侧）。

在表 5-2 中，首先根据“方差方程的 Levene 检验”栏判断高分组和低分组方差是否相等。若题项 Levene 检验的 F 值显著性水平小于 0.05，则说明两组方差不相等；反之，两组方差相等。对于两组方差相等的情形，题项的临界比主要看“假设方差相等”行的 t 值数据，包括 t 值统计量、自由度、显著性(双侧)等。相对的，对于两组方差不相等的情形，题项的临界比主要看“假设方差不相等”行的 t 值数据。使用临界比判别题项的标准有两条：如果 t 值显著性水平小于 0.05，表明该题项的临界比达到显著性水平，予以保留，反之可以考虑删除该题项；如果 t 值虽达到显著性水平，但 t 值统计量过低(小于3.00)，也要考虑删除。根据上述两条标准，试测问卷 23 个题项予以保留。

② 题项与问卷总分相关判别。题项与问卷总分相关，是用以检验题项与整体问卷同质性的指标。某题项与问卷总分的相关性越高，表示该题项与问卷的同质性越高，其与所要测量的行为越接近。如果某题项与问卷总分的相关系数未达显著，或某题项与问卷总分的相关系数虽达到显著性水平但低度相关(相关系数小于 0.4)，则可以认为该题项与整体问卷的同质性不高，最好删除。利用 SPSS 软件计算试测问卷各题项与总分的相关系数，如表 5-3 所示。23 个题项与总分的相关系数均达到显著性水平，并且都处于中高度相关水平，因此都可以保留。

表 5-3 题项与问卷总分的相关系数

题项	题项与总分的 Pearson 相关系数	题项	题项与总分的 Pearson 相关系数	题项	题项与总分的 Pearson 相关系数
Q1	0.696**	Q9	0.744**	Q17	0.855**
Q2	0.766**	Q10	0.775**	Q18	0.836**
Q3	0.803**	Q11	0.754**	Q19	0.825**
Q4	0.790**	Q12	0.776**	Q20	0.755**
Q5	0.816**	Q13	0.595**	Q21	0.783**
Q6	0.811**	Q14	0.792**	Q22	0.822**
Q7	0.813**	Q15	0.790**	Q23	0.771**
Q8	0.819**	Q16	0.874**		

注：** 表示在 0.01 水平(双侧)上显著相关。

(2) 效度检验

效度是指测量工具(问卷)能够准确测出所需测量的事物的程度。通常来讲,效度分为三种类型,即内容效度、校标关联效度和建构效度[242]。内容效度是指问卷题项的适切性和代表性,即调查内容是否能反映所要研究的问题,是否能达到调查的目的。内容效度一般通过专家判断法进行检验,本研究在编制试测问卷时,先后进行了两轮专家咨询和论证,并按照专家的指导意见进行了修改,从而保证了问卷的内容效度。校标关联效度是指调查问卷与外在校标间关系的程度,这就需要一个具备良好信度与效度的测量工具作为外在校标,而与城市产教融合影响因素测量相关的外在校标很难寻找,且可靠性也无法保证,因此校标关联效度检验受到限制。建构效度是指调查问卷能够测量到理论上的构想或概念的程度,即实际的调查分数能解释多少某一构想或概念。下面使用探索性因子分析方法对试测问卷的建构效度进行检验。

探索性因子分析方法是一项降维技术,它能够将具有错综复杂关系的变量综合为少数几个核心因子。探索性因子分析的程序包括:计算变量间相关矩阵或共变量矩阵,估计因素载荷量,决定转轴方法,决定因子与命名。在问卷效度检验中,使用者可以多次使用因子分析程序,对相关题项进行必要的删除和增列,直至找到问卷的最佳因子结构。

在正式进行因子分析之前,要先对试测数据进行 KMO(Kaiser-Meyer-Olkin)和 Bartlett 检验。根据 Kaiser 的观点,当 KMO 值小于 0.5 时,题项变量间不适合做因子分析;KMO 值为 0.6～0.7 时,题项变量间勉强可以做因子分析;KMO 值为 0.7～0.8 时,题项变量间尚且可以做因子分析;KMO 值为 0.8～0.9 时,题项变量间适合做因子分析;KMO 值大于 0.9 时,题项变量间非常适合做因子分析。根据 Bartlett 的观点,如果检验结果达到显著性水平(P 值小于0.05),表明适合进行因子分析;反之,如果检验结果未达显著性水平,表明不适合进行因子分析[240]。

根据项目分析结果,将 23 个题项全部纳入分析过程。由表 5-4 可知,KMO 值大于 0.9,Bartlett 球形检验结果达到显著性水平,适合进行因子分析。

表 5-4 KMO 和 Bartlett 检验(1)

KMO 取样适切性量数		0.956
Bartlett 球形检验	近似卡方	3 192.775
	自由度(df)	253
	显著性(Sig.)	0.000

限定萃取 3 个公因子,每个题项的初始共同性和以主成分分析法萃取公因子后的共同性(最后共同性)如表 5-5 所列。共同性估计值是筛选题项的一项指标,如果题项的共同性低于 0.20,可以考虑删除该题项。由表 5-5 可知,23 个题项的共同性均大于 0.20。

表 5-5 共同性分析(1)

题项	初始	萃取	题项	初始	萃取
Q1	1.000	0.742	Q13	1.000	0.788
Q2	1.000	0.736	Q14	1.000	0.664
Q3	1.000	0.794	Q15	1.000	0.649
Q4	1.000	0.658	Q16	1.000	0.787
Q5	1.000	0.696	Q17	1.000	0.772
Q6	1.000	0.694	Q18	1.000	0.715
Q7	1.000	0.727	Q19	1.000	0.711
Q8	1.000	0.703	Q20	1.000	0.603
Q9	1.000	0.637	Q21	1.000	0.663
Q10	1.000	0.624	Q22	1.000	0.750
Q11	1.000	0.638	Q23	1.000	0.642
Q12	1.000	0.685			

利用主成分分析法萃取公因子的结果,如表 5-6 所示。转轴前 3 个公因子的特征值分别为 14.261、0.909 和 0.907,采用直交转轴的最大变异法后,

3 个公因子的特征值分别为 7.752、4.892 和 3.432。3 个公因子可以解释问卷题项 69.898%的变异量。

表 5-6 解释总变异量(1)

成分	初始特征值			平方和载荷量萃取			转轴平方和载荷量		
	合计	方差的%	累积%	合计	方差的%	累积%	合计	方差的%	累积%
1	14.261	62.003	62.003	14.261	62.003	62.003	7.752	33.706	33.706
2	0.909	3.954	65.957	0.909	3.954	65.957	4.892	21.271	54.978
3	0.907	3.942	69.898	0.907	3.942	69.898	3.432	14.921	69.898
4	0.800	3.477	73.375						
5	0.645	2.806	76.182						
6	0.612	2.661	78.843						
7	0.527	2.293	81.135						
8	0.487	2.116	83.252						
9	0.463	2.012	85.264						
10	0.415	1.806	87.069						
11	0.373	1.620	88.689						
12	0.345	1.500	90.190						
13	0.328	1.425	91.615						
14	0.286	1.243	92.859						
15	0.267	1.162	94.020						
16	0.255	1.108	95.128						
17	0.216	0.937	96.065						
18	0.199	0.865	96.930						
19	0.174	0.757	97.687						
20	0.149	0.650	98.336						
21	0.142	0.619	98.955						

表 5-6(续)

成分	初始特征值			平方和载荷量萃取			转轴平方和载荷量		
	合计	方差的%	累积%	合计	方差的%	累积%	合计	方差的%	累积%
22	0.128	0.559	99.514						
23	0.112	0.486	100.000						

表 5-7 为转轴后的成分矩阵，采用最大变异法进行直交转轴，转轴时采用 Kaiser 正态化方式处理，经过 6 次迭代后收敛。其中，第三个公因子只包含 1 个题项（Q13），由于构面所包含的题项数太少无法显示公因子所代表的意义，因此须删除该题项（Q13）。

表 5-7 转轴后的成分矩阵(1)

题项	成分		
	1	2	3
Q22	0.766	0.354	0.195
Q7	0.757	0.289	0.265
Q12	0.742	0.339	0.138
Q17	0.707	0.481	0.202
Q16	0.697	0.364	0.412
Q23	0.693	0.250	0.315
Q21	0.691	0.264	0.340
Q19	0.685	0.316	0.377
Q18	0.647	0.377	0.392
Q11	0.636	0.476	0.083
Q6	0.634	0.504	0.195
Q20	0.606	0.270	0.404
Q8	0.578	0.353	0.495

表 5-7(续)

题项	成分		
	1	2	3
Q14	0.542	0.335	0.508
Q15	0.530	0.364	0.485
Q1	0.329	0.794	0.051
Q3	0.352	0.757	0.312
Q2	0.286	0.708	0.390
Q5	0.516	0.588	0.290
Q4	0.446	0.566	0.372
Q9	0.329	0.544	0.482
Q10	0.456	0.469	0.443
Q13	0.182	0.146	0.857

重复上述因子分析的步骤,按照各题项在公因子上的载荷量情况,先后删除 Q13、Q19、Q6、Q7、Q17、Q8、Q16、Q18、Q4 和 Q22 等题项,得到最简约、最适宜的因子结构。

表 5-8 是删除上述题项后的 KMO 和 Bartlett 检验结果,KMO 值为 0.923,Bartlett 球形检验结果达到显著性水平,表明适合进行因子分析。

表 5-8　KMO 和 Bartlett 检验(2)

KMO 取样适切性量数		0.923
Bartlett 球形检验	近似卡方	1 460.354
	自由度(df)	78
	显著性(Sig.)	0.000

表 5-9 是每个题项的初始共同性和以主成分分析法萃取公因子后的共同性(最后共同性)。13 个题项的共同性均大于 0.20,都可以保留。

表 5-9 共同性分析(2)

题项	初始	萃取	题项	初始	萃取
Q1	1.000	0.753	Q12	1.000	0.634
Q2	1.000	0.754	Q14	1.000	0.696
Q3	1.000	0.833	Q15	1.000	0.725
Q5	1.000	0.700	Q20	1.000	0.799
Q9	1.000	0.702	Q21	1.000	0.852
Q10	1.000	0.771	Q23	1.000	0.615
Q11	1.000	0.618			

表 5-10 是利用主成分分析法萃取公因子的结果。转轴后 3 个公因子的特征值分别为 3.616、2.970 和 2.865，3 个公因子可以解释问卷题项 72.7%的变异量，具有良好的建构效度。

表 5-10 解释总变异量(2)

成分	初始特征值			平方和载荷量萃取			转轴平方和载荷量		
	合计	方差的%	累积%	合计	方差的%	累积%	合计	方差的%	累积%
1	7.916	60.894	60.894	7.916	60.894	60.894	3.616	27.815	27.815
2	0.786	6.046	66.940	0.786	6.046	66.940	2.970	22.846	50.661
3	0.749	5.760	72.700	0.749	5.760	72.700	2.865	22.039	72.700
4	0.647	4.974	77.674						
5	0.511	3.933	81.607						
6	0.458	3.523	85.130						
7	0.383	2.945	88.075						
8	0.356	2.735	90.810						
9	0.353	2.713	93.523						
10	0.271	2.083	95.606						
11	0.239	1.841	97.447						
12	0.196	1.505	98.952						
13	0.136	1.048	100.000						

表5-11为采用最大变异法转轴后的成分矩阵,转轴时采用Kaiser正态化方式处理,经过7次迭代后收敛。所有题项在公因子上的载荷均大于0.45,且未出现同一个题项在多个公因子的载荷大于0.45的情况。公因子1包括6个题项,分别是Q10、Q15、Q9、Q14、Q11、Q12,可以命名为“产教融合环境”因子。公因子2包括4个题项,分别是Q1、Q3、Q2、Q5,可以命名为“产教融合主体”因子。公因子3包括3个题项,分别是Q21、Q20、Q23,可以命名为“产教融合机制”因子。由此可以认为,经过探索性因子分析,删除题项后的问卷具有良好的建构效度。

表5-11 转轴后的成分矩阵(2)

题项	成分		
	1	2	3
Q10	0.795	0.278	0.247
Q15	0.730	0.234	0.370
Q9	0.729	0.381	0.161
Q14	0.610	0.275	0.498
Q11	0.599	0.426	0.227
Q12	0.591	0.276	0.457
Q1	0.312	0.792	0.166
Q3	0.328	0.782	0.339
Q2	0.275	0.730	0.381
Q5	0.442	0.560	0.337
Q21	0.255	0.300	0.835
Q20	0.276	0.266	0.808
Q23	0.433	0.296	0.552

(3) 信度检验

信度是指测量工具(调查问卷)所得到结果的一致性或稳定性,一般多以内部一致性来表示该问卷信度的高低。Cronbach's α 系数是一种检验内部一致性的方法，它常用于李克特(Likert)计分问卷，α 系数越高，代表问卷的内部一致性越高。根据吴明隆的观点，整体问卷的 α 系数最好在 0.8 以上，如果在 0.7～0.8 之间也是可以接受的范围；问卷构面的 α 系数最好在 0.7 以上，如果在 0.6～0.7 之间也可以使用[242]。

使用 SPSS 软件，计算得到删除题项后的整体问卷 α 系数为 0.946，表明问卷修订后的信度将达到理想状态。问卷各构面的信度检验结果如表 5-12 所示，3 个构面的 α 系数分别为 0.884、0.901、0.840，均达到比较理想的状态。同时，各构面中题项删除后的 α 系数均小于构面的 α 系数，校正的题项和总分相关(CITC)系数均小于 0.5，表明经过删除题项后的问卷具有理想的信度。

表 5-12　问卷构面的信度检验

构面	题项	校正的题项和总分相关性	题项删除时的 Cronbach's α 值	构面的 Cronbach's α 值
产教融合主体	Q1	0.696	0.872	0.884
	Q2	0.754	0.850	
	Q3	0.838	0.819	
	Q5	0.715	0.864	
产教融合环境	Q9	0.703	0.887	0.901
	Q10	0.766	0.877	
	Q11	0.692	0.889	
	Q12	0.714	0.885	
	Q14	0.747	0.881	
	Q15	0.760	0.878	
产教融合机制	Q20	0.708	0.774	0.840
	Q21	0.783	0.702	
	Q23	0.629	0.825	

(4) 问卷修正

经过对试测问卷的项目分析、效度检验和信度检验,我们得到用于验证城市产教融合影响因素作用关系的正式题项,如表 5-13 所示。

表 5-13 城市产教融合影响因素调查问卷题项

题号	题项	构面
X_1	学校在办学过程中具有产教融合意识	产教融合主体
X_2	学校具备产教融合的办学条件	
X_3	学校具备产教融合的办学能力	
X_4	企业具备开展产教融合的基础条件	
X_5	城市产业结构与学校专业结构匹配联动	产教融合环境
X_6	城市重视建设产教融合平台载体	
X_7	社会公众积极认可职业教育、技能人才	
X_8	社会媒体常会宣传报道产教融合、校企合作	
X_9	新技术成果在学校和企业中得到应用	
X_{10}	国家和省级层面有关产教融合的制度得到贯彻落实	
X_{11}	学校和企业在产教融合中能进行合理的收益分配	产教融合机制
X_{12}	学校和企业在产教融合中能获得成本分担与补偿	
X_{13}	学校和企业主体层面产教融合组织积极有效运行(如产业学院、产教融合型企业)	

5.2.3 正式问卷发放与数据搜集

按照调查问卷的常规结构,正式问卷包括三个部分,即指导语、调查对象个人信息和正式题项。指导语主要用于说明问卷的调查目的、作答方法以及保密承诺,以便得到调查对象的支持,获得高质量的回答效果。调查对象的个人信息可以根据研究需要而定,这里主要包括工作单位类型、工作岗位类型、职称职务以及所处区域等。正式题项依据初始问卷的信效度检验结果而定，这里包括 13 个题项（表 5-13），计分方法同初始问卷，即采用李克特（Likert）五点计分法，“非常同意”用 5 表示，“大部分同意”用 4 表示，“一半同意”用 3 表示，“少部分同意”用 2 表示，“非常不同意”用 1 表示。

正式问卷的发放通过三种渠道：一是通过问卷星平台定向推送，二是在有关产教融合的会议期间向现场人员发放，三是现场调研有关学校和企业时发放。问卷发放及回收历时 1 个半月，总计发放问卷 310 份，回收问卷 284 份，有效问卷 262 份，有效问卷回收率 84.52%。有效样本数超过 200，满足结构方程模型的分析要求，可以获得稳定的分析结果[242]。

如表 5-14 所示，在调查对象所处区域方面，东部地区有效样本数最多，占比 56.49%，其后依次为中部地区、西部地区和东北地区，样本结构基本符合各区域教育与产业发展情况。在调查对象工作单位方面，来自本科院校的样本和来自职业院校的样本数大致相当，来自企业的样本偏少，可能是与当前企业参与产教融合的情况有关。在调查对象工作岗位方面，教师居多，学校和企业的管理人员也有一部分，不同群体的调查对象能全面反映对产教融合影响因素的认识。在调查对象技术职称方面，具有高级职称的样本数量超过一半，充分保证应答内容的质量。

表 5-14　有效样本个人信息的描述性统计

类型	细分类型	样本数	比例
区域	东部地区	148	56.49%
	中部地区	57	21.76%
	西部地区	35	13.36%
	东北地区	22	8.40%
单位	本科院校	109	41.60%
	职业院校	117	44.66%
	企业	36	13.74%

表 5-14(续)

类型	细分类型	样本数	比例
岗位	学校教师	175	66.79%
	学校管理人员	51	19.47%
	企业管理人员	36	13.74%
职称	高级	133	50.76%
	中级	95	36.26%
	初级	34	12.98%

注:区域划分参考国家统计局《东西中部和东北地区划分方法》。

5.3 结构方程模型检验

5.3.1 结构方程模型

结构方程模型(Structural Equation Modeling,简称 SEM)是社会科学领域研究中的一种常用统计方法,它融合了传统多元统计分析中的因子分析与线性回归分析技术,主要用来验证分析各种因果关系[242]。结构方程模型中有两个基本模型,即测量模型和结构模型。测量模型由潜变量和显变量组成,从数学意义上讲,测量模型是一组显变量的线性函数。显变量可以通过问卷或量表等测量工具获取,而潜变量是无法直接测量到的变量(如比较抽象的概念等),其往往对应着多个显变量,可以看作其对应显变量的抽象和概括。结构模型是潜变量间因果关系的说明,作为原因的潜变量称为外因潜变量,作为结果的潜变量称为内因潜变量。外因潜变量对内因潜变量的解释变异会受到其他变量的干扰,这个干扰变量在结构方程模型中称为残差。结构模型中外因潜变量和内因潜变量的简易关系如图 5-4 所示。

结构方程模型可以同时处理多组回归方程式的估计,同时还能利用残差项解释潜变量之间关系的变异,因此在处理变量间关系时具有较大的

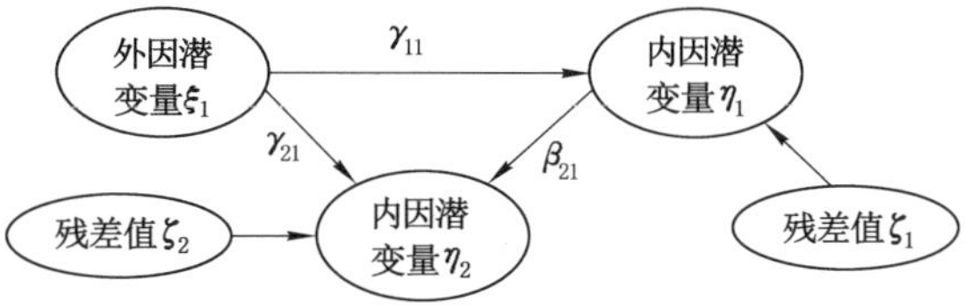

图 5-4 外因潜变量和内因潜变量的关系[242]

优势。在研究影响因素作用机理或作用关系的过程中,结构方程模型被广泛采用。刘胜男在研究教师专业学习影响因素作用机理的过程中,通过构建结构方程模型,验证了教师信任、教师能动性和学习导向型领导等影响因素对教师专业学习的作用机理[243]。李丽通过理论推导得到了航空公司关键岗位人员安全诚信影响因素的作用机制,建立结构方程模型研究了安全诚信影响因素间的作用路径和中介效应[244]。鉴于结构方程模型的优势,本研究采用结构方程模型验证城市产教融合影响因素间的作用关系。

5.3.2 作用关系假设检验

根据第 4 章城市产教融合影响因素分析的有关推论,5.1 节给出了城市产教融合影响因素作用关系的理论模型(图 5-1),下面利用 AMOS 软件构建结构方程模型对理论模型进行检验。SEM 的假设模型图如图 5-5 所示,其中,“主体”(产教融合主体简称)和“机制”(产教融合机制简称)是内因潜变量,U_1 和 U_2 分别是它们的残差项;“环境”(产教融合环境简称)是外因潜变量。

在 AMOS 软件中,将问卷调查的 262 组数据导入结构方程模型,得到非标准化参数估计值模型如图 5-6 所示,标准化参数估计值模型如图 5-7 所示。

表 5-15 列出了以极大似然法估计的各回归系数估计值,除 3 个参照指标值设为 1 不予估计外,其他回归系数估计值均达到显著性水平,表明模型的内在质量较好。

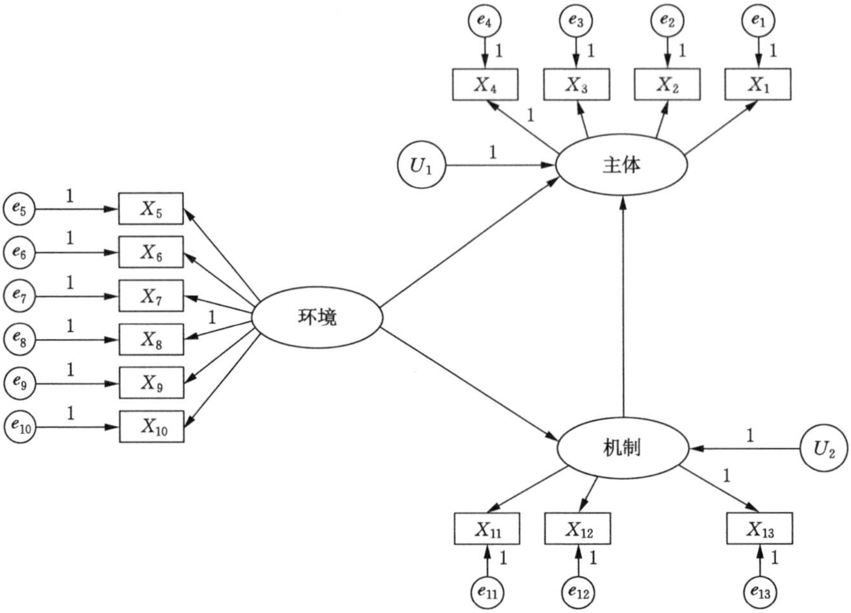

图 5-5　结构方程模型的假设模型

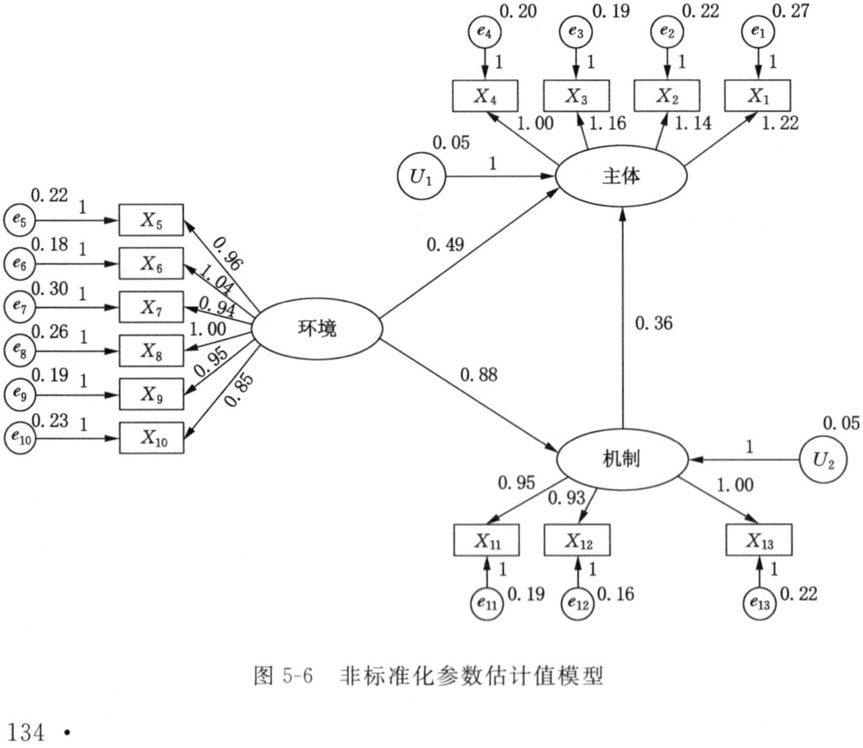

图 5-6　非标准化参数估计值模型

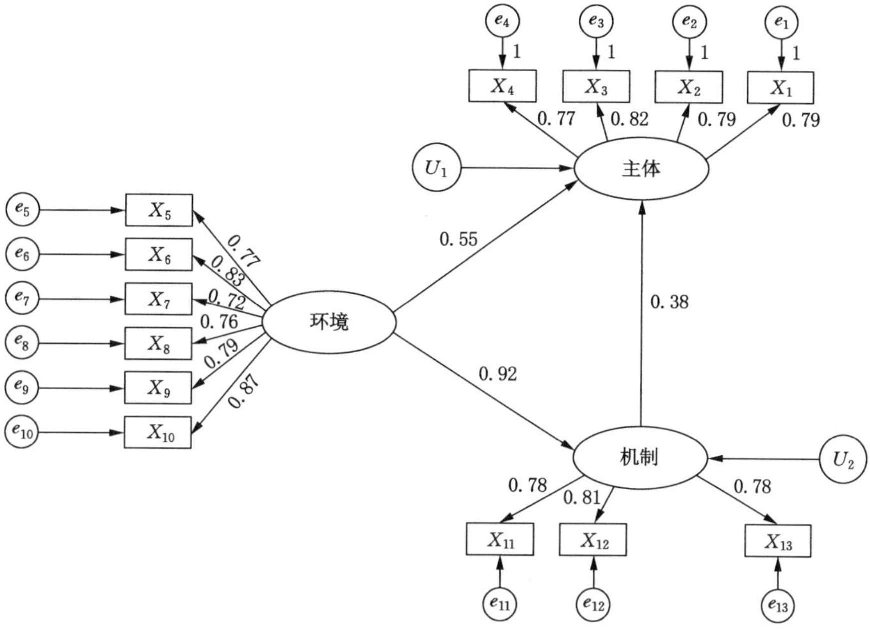

图 5-7　标准化参数估计值模型

表 5-15　回归系数值

变量关系	估计值	标准误(S. E.)	临界比(C. R.)	显著性(*P* 值)
机制←环境	0.884	0.073	12.036	***
主体←环境	0.493	0.151	3.271	0.001
主体←机制	0.361	0.157	2.295	0.022
X_4←主体	1.000			
X_3←主体	1.158	0.082	14.069	***
X_2←主体	1.136	0.084	13.496	***
X_1←主体	1.222	0.092	13.344	***
X_8←环境	1.000			
X_7←环境	0.937	0.078	12.032	***
X_6←环境	1.039	0.073	14.257	***

表 5-15(续)

变量关系	估计值	标准误(S. E.)	临界比(C. R.)	显著性(*P* 值)
X_5←环境	0.961	0.073	13.139	***
X_9←环境	0.949	0.070	13.512	***
X_{10}←环境	0.947	0.073	13.006	***
X_{13}←机制	1.000			
X_{12}←机制	0.935	0.068	13.653	***
X''_{11}←机制	0.949	0.072	13.208	***

注：*** 表示 $P<0.001$。

表 5-16 列出了标准化的回归系数值，其中潜变量之间的标准化回归系数即为潜变量之间的直接影响效果或路径系数；潜变量对显变量（指标变量）的标准化回归系数为因子载荷量，因子载荷量的平方为潜变量对显变量的解释变异量。由于表 5-16 中所有潜变量对显变量的标准化回归系数均大于 0.71，因此潜变量对显变量的解释变异量均大于 0.5，表明潜变量对显变量的测量模型具有良好的基本适配度。

表 5-16　标准化的回归系数值

变量关系	估计值
机制←环境	0.918
主体←环境	0.545
主体←机制	0.384
X_4←主体	0.774
X_3←主体	0.822
X_2←主体	0.794
X_1←主体	0.786
X_8←环境	0.764
X_7←环境	0.718

表 5-16(续)

变量关系	估计值
X_6←环境	0.830
X_5←环境	0.774
X_9←环境	0.793
X_{10}←环境	0.768
X_{13}←机制	0.777
X_{12}←机制	0.807
X_{11}←机制	0.784

表 5-17 列出了外因潜变量和误差变量的方差估计值，16 个变量的方差估计值均为正数且达到显著性水平，其标准误估计值均很小(数值介于 0.011～0.051 之间)，表明模型的基本适配度良好。

表 5-17 外因潜变量和误差变量的方差

变量	估计值	标准误(S.E.)	临界比(C.R.)	显著性(P 值)
环境	0.362	0.051	7.149	***
U_2	0.053	0.015	3.605	***
U_1	0.051	0.011	4.551	***
e_4	0.198	0.020	9.718	***
e_3	0.191	0.021	9.023	***
e_2	0.225	0.024	9.474	***
e_1	0.274	0.029	9.574	***
e_8	0.258	0.025	10.203	***
e_7	0.299	0.028	10.501	***
e_6	0.177	0.019	9.489	***
e_5	0.223	0.022	10.119	***

表 5-17(续)

变量	估计值	标准误(S.E.)	临界比(C.R.)	显著性(*P* 值)
e_9	0.192	0.019	9.945	***
e_{10}	0.226	0.022	10.174	***
e_{13}	0.221	0.024	9.396	***
e_{12}	0.158	0.018	8.892	***
e_{11}	0.190	0.020	9.286	***

注：*** 表示 $P<0.001$。

表 5-18 列出了产教融合影响因素作用关系结构方程模型的拟合指标，其中 χ^2/df 值为 2.383，RMR 值为 0.019，RMSEA 值为 0.073，GFI 值为 0.924，NFI 值为 0.937，TLI 值为 0.952，CFI 值为 0.962，均满足结构方程模型适配标准，表明产教融合影响因素作用关系结构方程模型具有较好的适配度。

表 5-18　结构方程模型的拟合指标

拟合指标	χ^2/df	RMR	RMSEA	GFI	NFI	TLI	CFI
适配标准	<3.00	<0.05	<0.08	>0.90	>0.90	>0.90	>0.90
拟合结果	2.383	0.019	0.073	0.924	0.937	0.952	0.962
适配判断	是	是	是	是	是	是	是

5.4　影响因素作用关系讨论

由表 5-19 可知，城市产教融合环境对产教融合机制具有显著的正向影响，作用路径系数为 0.918，由此证明假设 H1 成立。城市产教融合机制对产教融合主体具有显著的正向影响，作用路径系数为 0.384，可以证明假设 H2 成立。城市产教融合环境对产教融合主体具有显著的正向影响，其中直接影响效应(路径系数)为 0.545，间接影响效应为 0.353(0.918×0.384)，总体影响效应为 0.898，表明本研究中的假设 H3 成立。

表 5-19 影响因素之间的路径系数

作用关系	直接影响系数	间接影响系数	总体影响系数
机制←环境	0.918***	—	0.918
主体←机制	0.384*	—	0.384
主体←环境	0.545**	0.353	0.898

注：*** 表示 $P<0.001$，** 表示 $P<0.01$，* 表示 $P<0.05$。

在城市产教融合环境的各项测量指标中，X_6（城市产教融合平台载体）的路径系数最大，说明城市产教融合平台载体建设对于优化城市产教融合环境具有重要作用，它也能够正向影响产教融合机制的形成和产教融合主体的行为。以城市产教融合园为例，作为一种重要的城市产教融合载体，它能够将学校资源与企业资源集聚在一定的空间内，学生可以到园区内的企业开展顶岗实习，教师可以利用业余时间到企业开展创新实践，企业专家可以随时进入学校授课，从而推进城市产教融合资源共享机制的形成，促进产教融合资源共享共用。在产教融合园的运行中，江苏省无锡市的宜兴高等职业技术学校还探索建立了企业“产教融合保证金”模式[192]，充分保障城市产教融合主体的利益，对城市产教融合利益平衡机制产生积极影响。

在城市产教融合机制的各项测量指标中，X_{12}（成本分担与补偿）的路径系数最大，说明利益是产教融合机制运行的支点，它会影响产教融合主体的积极性。企业作为产教融合的重要主体，其最重要的动力因素就是经济收益。奚进提出建立产教融合校企合作专项基金，用于支持企业接受学生实习、支持学校购置实训设备、支持校企合作建设相关基础设施等[206]。作为一项利益平衡机制，专项基金运作依靠两个方面，一是由政府财政划拨，二是向当地未参与产教融合的企业征收。之所以向当地未参与产教融合的企业征收费用，是因为其“搭便车”也享受到了当地产教融合协同育人的成果。由此可以看出，产教融合运行机制影响了产教融合主体的参与行为。

在城市产教融合主体的各项测量指标中，X_3（学校办学水平）的路径系数最大，说明办学水平是制约学校产教融合非常重要的因素。陶红等通过区分示范院校的级别来界定高职院校的办学水平，以实证数据说明办学水平影响高职院校产教融合绩效[215]。在产教融合实践过程中，一些学校在人才培养、科技创新、成果转化方面的水平和能力不能达到企业的需求，这是很多企业产教融合参与性不高的原因之一。所以，一方产教融合主体会对其他产教融合主体产生影响，产教融合主体之间也存在作用关系。

5.5 本章小结

本章根据城市产教融合影响因素结构分析结果，提出城市产教融合影响因素作用关系的理论假设，编制城市产教融合影响因素调查问卷，建立结构方程模型(SEM)验证影响因素作用关系的理论假设。综合运用文献研究与专家咨询等方法，编制城市产教融合影响因素初始调查问卷，采取整群随机抽样方法进行试测。经过项目分析、效度检验和信度检验，对初始调查问卷进行修订，形成正式调查问卷。正式调查区域覆盖东部地区、中部地区、西部地区和东北地区，调查对象包括学校教师、企业技术和管理人员，调查样本具有一定的代表性。建立城市产教融合影响因素作用关系的结构方程模型，模型拟合结果具有较好的适配度。结构方程模型的验证分析结果表明，城市产教融合环境对产教融合机制具有显著的正向影响，作用路径系数为0.918；城市产教融合机制对产教融合主体具有显著的正向影响，作用路径系数为0.384；城市产教融合环境对产教融合主体具有显著的正向影响，其中直接影响效应为0.545，间接影响效应为0.353，总体影响效应为0.898。

6

城市产教融合评价指标体系

在城市产教融合发展评价中，选择评价指标是首要问题。对于一项综合评价而言，并非评价指标越多越好，当然也不是越少越好，关键在于指标在评价中所起作用的大小。因此，在城市产教融合影响机制研究的基础上，遵循一定的原则，可以筛选出城市产教融合发展的评价指标。

6.1 评价指标筛选思路和原则

6.1.1 指标筛选思路

(1) 通过影响因素筛选评价指标

影响因素反映了城市产教融合发展中主体与主体、主体与环境之间的作用关系，其对于诊断城市产教融合发展过程中存在的问题具有重要作用，因此可以从影响因素中筛选能够反映城市产教融合发展过程的部分指标，对城市产教融合发展水平进行科学的评价。根据前文有关城市产教融合影响因素的研究，宏观政策法规、微观主体制度、社会认同、文化氛围等环境层面因素对于城市产教融合具有深层次、根源性影响，于是可以从制度环境和社会文化环境因素中筛选部分指标，反映城市产教融合发展的外部动力。企业基础条件、企业资源投入、学校基础条件、学校资源投入等主体的基础条件和资源投入，直接影响城市产教融合成效，于是可以从中选择部分指标反映城市产教融合资源现状。产教融合主体在人才培养、合作创新和科技成果转化过程中的资源共享、信息沟通、组织协调、利益分配，是产教融合机制层面的影响因素，于是可以从中选择部分指标反映城市产教融合运行机制的有效性。

(2) 通过文献资料筛选评价指标

有关产教融合或校企合作评价的研究文献和政策文件，是筛选城市产教融合评价指标的重要参考依据。当前学术界关于产教融合评价研究处于探索阶段，不同学者研究的评价对象(高职院校、应用型本科院校或产教融合型企业)、评价内容(产教融合质量、产教融合绩效、产教融合效能或产教融合度)有所不同，因而形成的评价指标既存在交叉，也有一些差异。在城市产教融合评价指标筛选过程中，可以重点关注出现频率高或与城市产教融合生态系统功能密切相关的指标。在政策文件方面,尽管《国务院办公厅关于深化产教融合的若干意见》提出"积极支持社会第三方机构开展产教融合效能评价,健全统计评价体系",但是直接与产教融合评价相关的政策文件非常少见,因此仅可从国家或省级产教融合试点城市和产教融合型企业的遴选条件中选择部分备选指标。

(3) 通过专家调查筛选评价指标

在城市产教融合评价指标体系构建过程中,可以通过征询专家意见进一步完善评价指标的选取。根据前期产教融合影响因素理论研究及产教融合评价指标文献和政策梳理的结果,可以形成初步的指标体系框架,设计调查表格列出一系列的评价指标,分别征询专家对评价指标的意见。待专家反馈意见后,进行统计处理,并向专家反馈结果,再次征询专家意见。经过数轮专家调查和反馈,如果专家意见趋于集中,则此时专家调查的结果可作为选取城市产教融合评价指标的重要依据。

6.1.2 指标筛选原则

(1) 科学性原则

城市产教融合评价指标的选择要符合产教融合发展的规律,以促进协同育人、科技成果转化、城市高质量发展为价值旨归。科学性原则主要反映在逻辑清晰、定量与定性相结合等方面。评价指标之间尽量保持互不交叉,减少指标相关性带来的信息重叠,避免产生歪曲评价结果的问题[245]。在设计评价指标体系时,不仅要关注总体评价目标,也要关注子系统的评价目标,形成逻辑清晰的层次结构。指标体系各层次的指标之间要按照其相对重要性确定权重,保证指标体系纵向和横向的逻辑性。

在城市产教融合评价中,要将定性指标与定量指标相结合。定性评价主要通过调查、访谈等方式,对城市产教融合中的制度环境、运行机制、育人成效等进行评价。定性评价有一定的主观性,实施起来也较为困难。定量评价是单纯的事实判断,客观、精确且易于操作,可以有效分析城市产教融合的资源配置效率和成果转化效益,对量化城市产教融合的绩效具有显著的优势。但单纯的定量评价也容易导致片面追求产教融合成果数量化,忽视产教融合的育人效果,偏离评价的根本出发点。因此,在选取评价指标时,对于资源投入、成果产出多采用定量指标,对于过程机制、社会文化及制度多采用定性指标,力求科学地评价城市产教融合发展水平。

(2) 发展性原则

城市产教融合评价具有多元目的,如分析城市产业需求与教育供给的协调性,确认学校人才培养质量是否满足城市产业发展的需要。城市产教融合评价既是为了检验产教融合的成效,也是为了查找短板,促进产教融合生态系统优化完善。发展性评价理念体现了评价对城市产教融合的引导和改进,侧重于对产教融合全过程的评价,评价的目标是更好地促进城市产教融合发展。因此必须重视过程评价,在产教融合过程与产教融合结果中互相验证,才能更为全面地探查问题。一方面,应关注城市产教融合的实践过程和动态发展,重视产教融合过程中"量变"向"质变"转换的趋势;另一方面,应关注产教融合目标的分阶段实现状况和总体实现状况。

在过程评价指标筛选中,第一,既要关注各主体在产教融合生态系统运行过程中的行为及变化,又要关注过程本身所包含的运行因素、机制;第二,既要关注宏观层面产业系统和教育系统的发展变化,又要关注微观层面产教融合实施过程的发展变化。在结果评价指标筛选中,要重点关注城市产教融合目标的实现程度,注重体现政府、企业、学校等主体的预期收益达成情况,区分不同主体预期目标的实现程度,为城市产教融合发展中的优化路径和创新模式预留观察性结果评价空间。

(3) 系统性原则

城市产教融合评价指标体系构建是一项系统性工作,涉及评价指标筛选、指标权重确定、指标信息采集等一系列步骤。这些步骤环环相扣、联系紧密,因此需要坚持系统性原则。在开展城市产教融合评价时,要求明确评价的目标、内容以及标准,通过深入研究、借助多元方法初步确定系统性的评价指标体系,随后完善整个评价指标体系并运用到城市产教融合评价工作中,最后根据实际评价的情况和出现的问题对指标体系进行调整和改进。

具体到评价指标筛选,就是要明确评价的主体、客体及内容,形成系统性的指标结构。城市产教融合的多主体属性,要求指标筛选须考虑不同主体的利益诉求,以便从不同角度了解产教融合状况,解决产教融合主体之间一定程度的“分离”或“对立”问题。学校和企业是产教融合的重要主体，它们决定了产教融合是否有价值或价值有多大，因此从学校和企业的角度看待“评价”至为重要，在筛选评价指标时学校和企业的指标应该受到重点关注。这就是说，充分把握学校和企业在产教融合中的投入行为、互动关系及取得的成效，是顺利有效地开展城市产教融合评价的必要前提。在系统性的评价指标观照下，城市产教融合评价不再是学校和企业的一种负担，而成为一种有效的管理机制，此种机制突出学校和企业在评价中的主体地位，增强学校和企业对产教融合的认知，在产教融合主体之间建立平等和谐和彼此信任的关系，通过强调主体关系的协作性来提高城市产教融合发展水平。

(4) 多元化原则

对于一个复杂的产教融合评价体系而言，传统的对于校企合作培养人才的概念已经不够充分，需要从更为宽泛的视角来定义产教融合的内容。虽然产教融合遵循一定的发展规律，但对具有地域性特征的城市产教融合而言亦有所区别或侧重。城市产教融合的内容分析应更细致，评价指标、标准要具有差异化，更加全面、动态地反映城市产教融合的发展水平。城市之间、学校之间、企业之间、行业之间存在区别与差异，协同育人的路径、创新成果的取得和成果转化的形式都不同。因此，如继续推行一元僵化的评价方式，将影响多元主体的协同行为，阻碍城市产教融合发展。

根据城市产教融合的地域性特征，在设计产教融合评价指标体系时，要考虑到不同地区的资源禀赋、产业结构等。由此，不能把评价标准绝对化，需要在权变管理思想的指导下，以质量、绩效、贡献为评价导向，重点把握产教融合过程渐进性和成果阶段性的特征。对于不同地域、不同发展阶段的城市产教融合，应采取不同的评价标准和评价办法，重点体现产教融合对于城市发展的贡献，以期形成多层次差别化的评价。

6.2 评价指标体系框架

6.2.1 现有产教融合评价指标分析

从现有关于产教融合评价的研究来看，评价内容主要集中在产教融合质量、产教融合绩效和产教融合度等三个方面，这三者有一定的联系，也有明显的区别。产教融合质量着重反映产教融合满足主体需要的程度，产教融合绩效着重反映产教融合的效果、效率，产教融合度着重反映产教融合的水平和状态。

高慧等基于对高职院校利益相关者的质性研究，提出从学生层面、教师层面、学校层面、企业层面和政府层面等五个层面，构建高职院校产教融合质量评价评价指标体系[246]。吕路平等认为高职院校产教融合质量评价指标包括产教融合规划、产教融合组织实施、产教融合效果等[247]。姜泽许构建了职业教育产教融合质量评价指标体系，内容涉及组织保障、课程和教学、毕业生评价、行业协调指导、教师发展、基地建设等方面[248]。张旭刚以发展性评价为导向，从农村职业教育产教融合资源的保障度、农村职业教育与农村经济社会发展的适应度、农村职业教育产教融合质量保障的有效度、农村职业教育服务农村经济社会发展的贡献度以及学生、用人单位的满意度等方面，构建农村职业教育产教融合质量评价指标体系[204]。

陈新民等以应用型人才培育能力、科学研究综合竞争能力和市场需求直接满足能力三个维度，构建高职院校产教融合绩效评价指标体系[249]。姚润玲基于产教融合的利益相关者分析，从产教融合规划、组织、实施、效果等四个方面，构建应用型本科院校产教融合绩效评价指标体系[250]。周春光等从保障条件、组织实施和合作成效三个维度，构建了包括 3 个一级指标、12 个二级指标和 30 个三级指标在内的高职教育产教融合绩效评价指标体系[251]。

谢敏等从专业建设、师资队伍、课程建设、实践教学条件建设、合作支持等五个维度构建校企融合度评价指标体系，并利用德尔菲法确定评价指标权重[252]。涂宝军等认为应用型本科院校产教融合程度主要取决于学校专业设置与地方产业结构的适配程度及合作深度，可以从专业结构与三大产业、专业结构与主导产业、新增专业与战略性新兴产业等三个方面进行适配性分析[222]。霍丽娟基于区域协同发展背景下的产教融合内涵特征，将校企协同合作能力、服务区域建设发展能力以及社会环境支持度作为评价指标，运用熵值法对全国 31 个省、自治区和直辖市的产教融合程度进行综合性评价[253]。沈绮云等构建产教融合目标达成度评价指标体系，包括组织保障、行业企业对职业教育投入、多元化办学机制、校企协同育人、产教融合教育效果以及对区域经济发展和产业升级的贡献等6个一级指标，财物、人员投入等8个二级指标，用人单位对毕业生的满意度等27个三级指标[254]。

Kaklauskas等构建评价体系测度产教融合中的校企关系可持续性，评价指标包括微观层面（研究和创新绩效、转移和吸收能力、技术开发能力）、中观层面（制度设计、沟通网络、地方法规）和宏观层面（政策环境、经济环境、文化环境、政治环境、社会环境和技术环境）[255]。Suh等从人力资源、技术资源、合作环境、机构和制度等四个维度选取指标，基于Kano模型分析了产学合作的满意度[96]。Gibson等采用分层决策模型对产教融合创新平台（高校和企业协同研究中心）进行评价，指标体系包括生产新知识、利益相关者满意度、学生参与、学生发展、技术转移媒介和技术转移对象[94]。

表6-1　产教融合评价指标的研究文献分析

文献来源	研究描述	一级指标	二级指标
高慧等，2018[246]	高职院校产教融合质量评价	学生层面，教师层面，学校层面，企业层面，政府层面	学生行为、学生发展、学生参与、学生素质、学生权利；教师素质、教师专业发展、教学质量、教学反思；学校发展规划和理念（特色发展）、教学改革力度、学校管理质量、人才培养、社会贡献力（社会服务）；企业性质和规模、企业态度、参与积极性、获得合格员工（人力资源）；政府政策、外部环境与资源、评价体系设置、经济竞争力
吕路平等，2020[247]	高职院校产教融合质量评价	产教融合规划，产教融合组织实施，产教融合效果	资源融合、制度融合；专业群与产业链融合、教学和培训融合、师资融合、培训基地融合、文化融合；就业水平、认可度、产学研、企业价值

表 6-1(续)

文献来源	研究描述	一级指标	二级指标
姜泽许，2018[248]	职业教育产教融合质量评价	组织保障及协同发展，专业、课程和教学，毕业生评价，就业质量，行业协调指导，人才培养，教师发展，基地建设	配套措施、机构设置、协同发展；专业建设、课程建设、实践性教学；技术技能、综合素养、工匠精神；升学率、就业率；推进合作、人才需求预测、教学指导、职业技能鉴定；学生培养、职工培训、支持及保障；双师型教师、专兼职教师；创新创业基地建设、实训基地建设
张旭刚，2020[204]	农村职业教育产教融合质量评价	农村职业教育产教融合资源的保障度，与农村经济社会发展的适应度，产教融合质量保障的有效度，服务农村经济社会发展的贡献度与学生、用人单位的满意度	学校财政拨款和其他经费来源、双师素质队伍、硬件条件、教学资源；专业设置覆盖地方产业率和服务行业岗位率、专业招生情况、毕业生本地就业率；学校内部质量保障与监控体系运行情况，产教融合组织机构、平台载体运行情况；毕业率、职业资格证书与“1＋X”职业技能等级证书获取率、毕业生对母校满意度、毕业生就业专业对口率、毕业生就业稳定性、毕业半年后月收入、毕业生升迁率
陈新民等，2021[249]	高职院校产教融合绩效评价	应用型人才培育能力，科学研究综合竞争能力，市场需求直接满足能力	双师素质专任教师比例、生均企业兼职教师年课时量、毕业生工作专业相关度、毕业生留在当地就业比例、毕业生雇主满意度；师均纵向科研经费到款额、师均横向技术服务到款额、师均发明专利数量、师均横向技术服务产生的经济效益；师均非学历培训到款额、师均技术交易到款额、师均公益性培训服务人/日

表 6-1(续)

文献来源	研究描述	一级指标	二级指标
姚润玲,2018[250]	应用型本科院校产教融合绩效评价	产教融合规划,产教融合组织,产教融合实施,产教融合效果	经济投入、制度建立;专业建设、课程及教材建设、师资队伍建设;信息沟通、培训指导;就业水平、学生认可度
周春光等,2021[251]	高职教育产教融合绩效评价	保障条件,组织实施,合作成效	经济投入、人力资源、机构设置;专业建设、课程建设、教材开放、师资建设、基地建设、科技服务;就业水平、毕业生评价、企业评价
谢敏等,2018[252]	高职院校校企融合度评价指标体系	专业建设,师资队伍,课程建设,实践教学条件建设,合作支持	产学合作;校外兼职教师、企业兼职专业带头人;合作建设课程、合作开发教材;校内实践基地建设、校外实习实训基地、顶岗实习、职业资格证书与社会培训;企业满意度、毕业生就业
涂宝军等,2018[222]	应用型本科院校产教融合水平测度与评价	专业结构与三大产业适配度,专业结构与主导产业适配度,新增专业与战略性新兴产业适配度	
霍丽娟,2020[253]	区域发展背景下产教融合度评价	校企协同合作能力,服务区域建设发展能力,社会环境支持度	校企协同资源匹配度和成长性、合作的基础资源数量;为区域企业带来的绩效提升和理念转变、各省域城镇化率、毕业生就业率;利益相关者的支持、推动和响应

表 6-1(续)

文献来源	研究描述	一级指标	二级指标
沈绮云等，2021[254]	产教融合目标达成度评价	组织保障，行业企业对职业教育投入，多元化办学机制，校企协同育人，产教融合教育效果，对区域经济发展和产业升级的贡献	治理组织；财物投入、人员投入；办学形式；校企协同；人才培养、人才质量；技术创新
Kaklauskas等，2018[255]	产教融合可持续评价	微观层面，中观层面，宏观层面	研究和创新绩效、转移和吸收能力、技术开发能力；制度设计、沟通网络、地方法规；政策环境、经济环境、文化环境、政治环境、社会环境和技术环境
Suh等，2019[96]	产学合作满意度评价	人力资源，技术资源，合作环境，机构和制度	劳动力规模、校企合作经历、企业参与意愿、伙伴选择、互信、沟通；员工专业知识、学习/培训、设备利用率、技术储备；预算投资、地理邻近性、商业化支持、组织文化；服务组织、评估/补偿、政策规则、合作网络、合作动机
Gibson等，2019[94]	产教融合创新平台（协同研究中心）评价	生产新知识，利益相关者满意度，学生参与，学生发展，技术转移媒介，技术转移对象	合作研究项目、合作论文；产业咨询委员会成员满意度、研究者满意度；学生参与校企合作、学生研究主题；学生参与项目、学生学术研讨；企业雇佣学生、技术咨询、共享资源；新方法、新成果、专利(许可)

从已有的研究(表 6-1)来看，学术界对产教融合的评价主要集中在某个

主体层面(如高职院校、应用型本科院校等),而关于市级层面产教融合评价指标体系尚未形成[9]。大多数产教融合评价指标体系是结果导向型的,往往采用一种终结性评价方式,并不能满足探索城市产教融合深化路径的需要。因此,这里引入一种国际教育评价领域常用的CIPP评价模型[256],采用以诊断、改进和提升为导向的发展性评价,更加注重城市产教融合的过程和发展。

6.2.2 CIPP评价模型及其适用性

CIPP模型是由美国学者斯塔夫比姆(Stufflebeam)[257]在20世纪60年代提出的,之初主要用于教育领域的评价问题,后来在社会管理、商业和军事等领域均有使用。CIPP模型包括背景评价(context evaluation)、输入评价(input evaluation)、过程评价(process evaluation)和结果评价(product evaluation)等四个部分,其最终目的不在于证明,而在于改进[258]。也就是说,运用CIPP模型不是为了单纯得到一个评价结果,而是在于其对评价对象(评价方案)的改进和完善[259]。

CIPP模型的核心组成部分如图6-1所示。在背景评价中,评价人员需要评价需求、问题、有利条件和机会,以及相关的背景条件和动态。在输入评价中,评价人员通过确定和评价备选方法,协助制订项目计划,随后对程序计划、人员编制和预算进行评价,明确有关满足既定需求和达到预期目标的可行性与潜在的成本效益。在过程评价中,评价人员监督、记录、评价并报告项目计划的实施情况。在结果评价中,评价人员确定并评价成本和结果,包括预期的和非预期的结果、短期的和长期的结果。

在图6-1中,3个同心圆描述了CIPP模型的基本元素,其中内部圆表示核心价值,用于强调给定的评价;环绕核心价值之外的圆环被分成了4个评价焦点,即目标、计划、行动和结果;最外层的圆环是面向4个评价焦点的评价类型,即背景评价、输入评价、过程评价和结果评价。目标设定任务给背景评价提出了问题,这些问题为确认和改进目标提供信息。计划改进工作会给输入评价提出问题,这些问题相应地会提供计划评判意见和计划加强的方向。项目行动也会给过程评价提出问题,这些问题会提供对行动的评判意见,强化工作反馈。成就、缺乏成就和副作用会控制对结果评价的注意

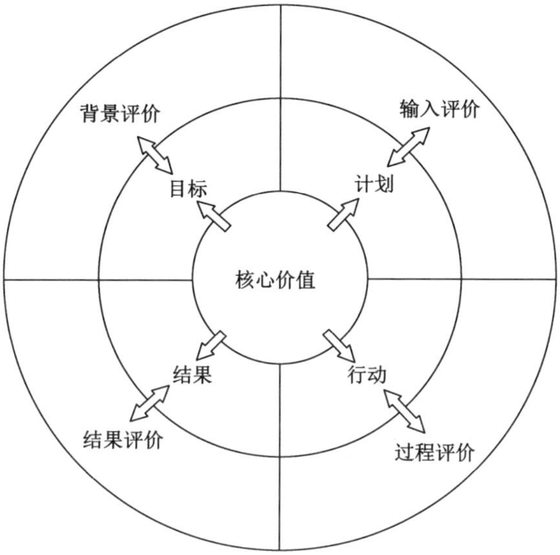

图 6-1 CIPP 模型的核心组成部分[260]

力，最终会产生结果评判意见，并有助于确认需求以达到更好的结果。

杨海华基于 CIPP 教育评价模型，从理念与目标（背景层面）、组织运作和教育资源（输入层面）、课程与教学（过程层面）、学习成效（结果层面）等维度编制问卷，对江苏省职业学校创业教育的实施成效进行调查研究[261]。张霞珍将 CIPP 评价模型引入职业院校顶岗实习教学评价中，认为 CIPP 评价模型的过程性评价特征，与顶岗实习教学过程的评价需求以及反馈改进机制相符合[262]。柯亮建立应用型高校实践教学评价的“背景—投入—过程—成果”分析框架，认为 CIPP 模型的决策导向与实践教学目标的复杂性和多样性特点相契合，过程导向与实践教学过程的动态性和生成性特点相契合，改进功能与实践教学结果的改进性和反馈性特点相契合[263]。

综合上述理论介绍和应用分析，CIPP 评价模型的过程导向和改进功能，既能满足城市产教融合发展水平测度的需要，也能促进城市产教融合反馈改进机制的建立。可以说，CIPP 评价模型为城市产教融合评价指标体系的构建提供了理论框架。

① CIPP 模型的过程性评价导向适用于对城市产教融合发展水平和态势的判断。传统的产教融合评价指标体系倾向于结果评价，可能是学校用

于产教融合质量的评价，政府部门用于产教融合示范城市（基地、项目）的遴选，并没有很好地反映结果形成的过程性因素。以CIPP模型为框架构建的产教融合评价指标体系，不仅关注产教融合的结果性因素（如产教融合成果、效率等），也关注产教融合的过程性因素（如背景环境、主体投入、过程机制等），这样的评价更能反映城市产教融合发展水平和态势。同时，CIPP评价模型强调评价主体的多元化，即政府、行业企业、学校、社会组织都是产教融合评价的主体，从而保证评价的公正性和客观性，为推进城市产教融合发展提供精准的决策依据。

② CIPP模型的改进功能适用于建立城市产教融合评价的反馈与改进机制。开展城市产教融合评价的另一个目的是，及时掌握城市产教融合中的反馈信息，便于找出城市产教融合中的问题，持续推进城市产教融合发展。CIPP评价模型具有诊断和改进功能，它注重对城市产教融合过程的反馈和改进，注重收集政府、行业企业、学校、社会组织等多元评价主体对产教融合的意见和建议，并将产教融合成果与产教融合环境、主体投入、过程机制相关联，形成一套有效的反馈机制，为推动城市产教融合发展提供及时有效的决策信息。可见，CIPP评价模型对城市产教融合的改进功能适切于城市产教融合发展的要求。

6.3 评价指标体系构建

6.3.1 基于理论模型和文献分析的指标筛选

根据CIPP评价模型结构，在产教融合影响因素研究和评价文献分析的基础上，从产教融合环境（背景评价）、产教融合资源（输入评价）、产教融合过程（过程评价）和产教融合成效（结果评价）四个维度选取指标，构建初步的城市产教融合评价指标体系。

(1) 城市产教融合环境评价指标的选取：背景评价

背景评价是指通过评价城市环境对产教融合的积极影响和支持力度[253]，来诊断产教融合的背景条件。根据前文有关城市产教融合影响因素的研究，宏观政策法规、微观主体制度、社会认同、文化氛围、平台载体等环境层面因素对于城市产教融合具有深层次、根源性影响。因此，城市产教融合环境评价指标主要从城市区域层面的制度环境、社会文化环境和经济环境筛选。这里选取“政策法规”作为城市制度环境的评价指标，选取“公共服务”“社会文化”作为城市社会文化环境的评价指标，选取“园区建设”作为城市经济环境的评价指标。

“政策法规”是城市区域内激励和规范产教融合发展的各种制度的总称，其主要反映产教融合的财税、金融、用地等激励政策的制定与落实情况[264]，教育和产业引导政策的制定与落实情况[81]，校企合作权益保障法规等的制定与落实情况[265]。“公共服务”反映政府部门或社会组织在产教双向对接过程中发挥的服务功能，是城市产业发展和产教融合的重要环境支撑。根据罗汝珍[266]的研究，可以通过监测产教融合服务组织、第三方评价组织等社会组织在产教双向对接中的功能发挥情况，衡量城市产教融合的公共服务水平。同时，政府公共服务的能力和水平也是产教融合发展的重要条件[267]。“社会文化”反映城市产教融合发展面临的社会认知和文化氛围，其对城市产教融合具有潜移默化的影响。该指标可以通过公众合作发展意识[106]、企业参与办学积极性[246]进行观测。“园区建设”是城市产教融合实施的物理空间载体，能够支撑城市产教融合的发展。该指标主要反映城市产业园、大学科技园、产教融合园及职教园区等载体建设与运行情况。

(2) 城市产教融合资源评价指标的选取：输入评价

输入评价是指通过评价政府、学校和企业等主体的资源投入和配置情况，来检验城市产业系统和教育系统整合资源实现产教融合的现状。由城市产教融合影响因素的研究结果可知，企业基础条件、企业资源投入、学校基础条件、学校资源投入等主体层面影响因素可以反映城市产教融合资源现状。在企业资源投入和学校资源投入中，经费是最重要的资源投入，也是各主体实施产教融合的动力和保障。在学校基础条件中，师资队伍是产教融合的必要条件，是学校实施产教融合的核心资源。在企业基础条件中，生产现场、研发平台都可以为产教融合提供设施和场所。因此，这里选取“经费投入”、“师资队伍”、“设施设备”和“平台建设”作为产教融合资源的评价指标。

产教融合的“经费投入”来自两个方面，一方面来自政府对于教育和科技的财政投入，另一方面来自企业在联合研发、科技项目外包、举办职业学校、开展职工培训等方面的经费投入。因此该指标可以通过政府教育与科技经费投入情况、企业研发与教育费用投入情况进行衡量。“师资队伍”是考察产教融合最重要的因素之一，它不仅包括学校教师队伍，也包括到学校兼职的企业技术和管理人才。根据前人的研究，可以通过观测学校双师型教师比例[50]、企业兼职教师承担课时比例[252]、企业兼职专业带头人（如产业教授）人数[268]等来衡量师资队伍建设情况。“设施设备”是产教融合开展的物质条件，包括教学仪器、实习实训设备、校舍厂房、信息基础设施及其他公共配套设施[206]。“平台建设”是国家产教融合建设试点实施方案的重要任务之一，是协同开展人才培养、科技创新、成果转移和产业化的载体。根据平台载体功能的划分，可以从实习实训基地建设情况[218]、创新创业基地建设情况[60]和产教融合创新平台建设情况[10]等三个方面考察“平台建设”指标。

（3）城市产教融合过程评价指标的选取：过程评价

过程评价是指通过评价产教融合内容的实现程度，来判断城市产教融合运行的效率。根据姜大源[28]的研究，产教融合的内容不仅包括校企合作培养人才，还包括校企合作创新和科技成果转化。由城市产教融合影响因素的研究结果可知，产教融合主体在人才培养、合作创新和科技成果转化过程中的资源共享、信息沟通、组织协调、利益分配，是产教融合机制层面的影响因素，可以反映城市产教融合运行机制的有效性。因此，这里选用“人才培养”、“合作创新”和“成果转化”等指标来评价产教融合过程。

“人才培养”是产教融合最重要的功能之一，现有关于产教融合的文献研究和实践探索大多是围绕人才培养展开的，其中涉及课程内容、教学过程、专业建设、实习实训等诸多环节。作为产教融合过程评价的“人才培养”指标，主要考察校企合作设置专业、制定培养方案、建设课程的实施情况[252,198]，企业员工培训覆盖水平和质量[40]，以需求为导向的专业结构动态调整情况[222]。“合作创新”是产教融合主体围绕产业关键技术、核心工艺和共性问题等方面开展的技术和产品研发[22]。这里通过考察教师参与企业技术开发情况[269]、学校承担企业委托横向科研项目情况[249]、学校和企业联合承担纵向科研项目情况[270]，来评价产教融合过程中的合作创新。“成果转化”是产教融合主体在合作创新的过程中，将具有实用价值的科技成果进行后续试验、开发、应用、推广直至形成新产品、新工艺或者新材料[179]。根据科技成果转化的链条，可以从企业创新需求发布与创新成果识别情况[271]、学校创新需求识别与创新成果转让情况[269]、企业创新成果引进吸收与产品化情况[272]等三个方面来描述“成果转化”指标。

(4) 城市产教融合成效评价指标的选取：结果评价

结果评价是指通过评价产教融合利益相关者的利益诉求满足程度，来反映城市产教融合取得的成效。城市产教融合成效是环境、主体和机制层面影响因素综合作用的结果。根据已有的研究成果，产教融合效果主要体现在人才培养质量[246]、企业绩效提升[253]、区域经济发展[254]等方面。因此，这里选取“学生成长”、“企业发展”和“城市动力”作为城市产教融合成效的评价指标。

“学生成长”是学校产教融合的主要成果，也是反映学校办学水平的重要标志。根据高慧等对产教融合质量评价开展的质性研究，学生成长和发展是大部分受访者提及的指标(参考点)[246]。这里采用学生就业质量[248]、毕业生用人单位满意度[252]、学生创业的社会效益与经济效益[52]，来衡量作为产教融合成效指标的“学生成长”。“企业发展”是企业产教融合的主要成果，也是企业获得创新能力的反映。刘怡芳在研究政府研发补贴对技术创新的影响时，将“新产品销售收入”作为企业技术创新经济效益转化程度指标[273]，可见新产品销售收入情况较好地反映了企业可持续发展能力；而周健君等认为“发明专利拥有量”是反映企业创新能力的主要指标[274]。因此，可以从新产品销售收入情况和企业专利拥有数量两个方面来考察企业实施产教融合的成果。“城市动力”是政府推进产教融合的价值旨归，是产教融合驱动城市发展的必然结果，是城市创新发展的重要内容[84]。教育作为城市系统的重要组成部分，其最大贡献就在于为城市专业劳动力市场提供了技术娴熟的毕业生[125]，不断提升城市人力资源增量。与此同时，产教融合能够带动企业在岗职工的技术技能培训，促进区域专业技术人才的素质提升，不断优化城市人力资源存量。产业是城市经济发展的基石，高新技术产业是城市科技水平的风向标，在一定程度上反映了城市未来经济发展的潜力。因此，“城市动力”作为城市产教融合成效的指标，可以通过区域专业技术人才数量、区域高新技术产业增加值进行观测。

根据以上分析，初步筛选的城市产教融合评价指标，如表 6-2 所示。

表 6-2　初步筛选的城市产教融合评价指标

维度	指标	指标说明
产教融合环境（背景评价）（I_1）	政策法规（R_1）	产教融合激励政策和有关法规的制定、落实情况
	公共服务（R_2）	政府部门和社会组织服务水平
	社会文化（R_3）	社会公众合作发展意识，企业参与办学积极性
	园区建设（R_4）	城市产业园、大学科技园、产教融合园及职教园区等载体建设与运行情况
产教融合资源（输入评价）（I_2）	经费投入（R_5）	政府、学校和企业对产教融合培养人才、科技研发的经费投入情况
	师资队伍（R_6）	学校“双师型”教师队伍和企业兼职教师到校授课情况
	设施设备（R_7）	教学和实训仪器设备、校舍厂房、信息基础设施及其他公共配套设施建设情况
	平台建设（R_8）	学生实习实训基地、创新创业基地及产教融合创新平台建设情况
产教融合过程（过程评价）（I_3）	人才培养（R_9）	校企合作设置专业、制定培养方案、建设课程的实施情况，企业职工接受培训情况
	合作创新（R_{10}）	校企共同承担科研项目情况，教师参与企业技术开发情况
	成果转化（R_{11}）	校企创新需求识别与创新成果转让情况，政府部门和科技中介组织引导、服务情况
产教融合成效（结果评价）（I_4）	学生成长（R_{12}）	学生创新创业能力、就业质量，以及企业对毕业生的评价情况
	企业发展（R_{13}）	企业研发能力，以及研发成果转化为新产品生产和销售情况
	城市动力（R_{14}）	区域人力资源存量和增量，高新技术产业发展情况

6.3.2 基于专家调查的指标筛选

在初步构建城市产教融合评价指标体系后，运用专家调查法进一步筛选指标。将6-2中的评价指标及其说明编制成专家意见征询表，设置“非常同意”、“同意”、“不确定”、“不同意”和“非常不同意”5个选项，分别按照5，4，3，2，1计分，同时在征询表的最后设置“增加和修改指标建议”的开放题。根据专家的反馈意见，分别计算每个指标的均值(M_i)和变异系数(V_i)，以此作为修订和筛选评价指标的依据。一般认为，当指标的均值小于4分或变异系数大于0.2时，该指标不予入选[275]。

其中，均值(M_i)反映专家意见集中程度，$M_i = \frac{1}{m}\sum_{k=1}^{m} X_{ik}$($X_{ik}$表示第$k$个专家对第$i$个指标的评分，$m$是参与咨询的专家数量，下同)。

标准差(S_i)反映专家意见偏差程度，$S_i = \sqrt{\frac{\sum_{k=1}^{m}(X_{ik} - M_i)^2}{m-1}}$。

变异系数(V_i)反映专家意见协调程度，$V_i = \frac{S_i}{M_i}$。

邀请12位来自普通高等院校、职业院校、企业和政府部门的专家参加咨询(与4.3节影响因素调查时的专家群体相同)，第一轮咨询意见反馈后的统计结果如表6-3所示。

表6-3 第一轮专家调查意见统计结果

评价指标(R_i)	均值(M_i)	标准差(S_i)	变异系数(V_i)
政策法规(R_1)	4.167	0.718	0.172
公共服务(R_2)	4.250	0.754	0.177
社会文化(R_3)	4.083	0.669	0.164
园区建设(R_4)	3.000	0.853	0.284
经费投入(R_5)	4.500	0.522	0.116
师资队伍(R_6)	4.250	0.452	0.106

表 6-3(续)

评价指标(R_i)	均值(M_i)	标准差(S_i)	变异系数(V_i)
设施设备(R_7)	2.917	0.900	0.309
平台建设(R_8)	4.083	0.669	0.164
人才培养(R_9)	4.583	0.515	0.112
合作创新(R_{10})	4.167	0.577	0.138
成果转化(R_{11})	4.250	0.453	0.107
学生成长(R_{12})	4.333	0.492	0.114
企业发展(R_{13})	4.000	0.739	0.185
城市动力(R_{14})	4.083	0.793	0.194

根据专家调查的第一轮反馈意见,园区建设(R_4)和设施设备(R_7)两个指标的均值小于 4 分且变异系数超过 0.2,建议删去这两个指标。部分专家在"增加和修改指标建议"开放题项中,给出了"不同意"的理由。一是园区建设(R_4)和平台建设(R_8)存在信息交叉。园区作为城市产教融合的物理空间载体,其主要功能是聚集产教融合主体和资源,围绕城市产业集群、学校学科专业集群,建设产教融合信息服务平台、技术创新成果转化平台、公共实习实训平台。这与"平台建设"指标内涵存在较多的一致性,且不如"平台建设"对产教融合的表述到位,因此建议保留"平台建设"指标,删去"园区建设"指标。二是设施设备(R_7)不具备独立性。该指标的相关信息在"人才培养"和"平台建设"指标中均已涵盖,因此建议删除。同时,有 4 位专家提出建议,在产教融合成效维度增加社会贡献、价值增值之类的指标。原因在于,城市产教融合评价不同于高职院校(应用型高校)产教融合评价,不能仅关注学校或学生在产教融合中的发展或成长,更应关注产教融合给区域社会带来的增值效应。

按照专家调查的第一轮反馈意见,删去园区建设(R_4)、设施设备(R_7)两个指标,增加社会贡献(R_{15})指标,形成新的专家意见征询表,进行第二轮专家调查,专家反馈意见统计结果如表 6-4 所示。

表 6-4 第二轮专家调查意见统计结果

评价指标(R_i)	均值(M_i)	标准差(S_i)	变异系数(V_i)
政策法规(R_1)	4.250	0.452	0.106
公共服务(R_2)	4.333	0.492	0.114
社会文化(R_3)	4.167	0.577	0.138
经费投入(R_5)	4.250	0.452	0.106
师资队伍(R_6)	4.167	0.577	0.138
平台建设(R_8)	4.250	0.452	0.106
人才培养(R_9)	4.167	0.718	0.172
合作创新(R_{10})	4.417	0.515	0.117
成果转化(R_{11})	4.250	0.754	0.177
学生成长(R_{12})	4.250	0.452	0.106
企业发展(R_{13})	4.000	0.426	0.107
城市动力(R_{14})	4.250	0.452	0.106
社会贡献(R_{15})	4.000	1.128	0.282

根据专家调查的第二轮反馈意见,社会贡献(R_{15})变异系数超过 0.2,应删去这项指标。究其原因,不同专家对该指标存在一定的分歧,部分专家认为该指标涵盖面过广,包括了学生成长、企业发展和城市动力等指标的信息,会影响综合评价的结果。

6.3.3 城市产教融合评价指标体系的形成

经过上述两个步骤的指标筛选后,形成了正式的城市产教融合评价指标体系,如表 6-5 所示。城市产教融合评价指标体系包括 4 个评价维度(即一级指标)和 12 个评价指标(即二级指标),其中每个评价指标又有 2～3 个观测点,便于评价者在对评价指标做出判断或评语时进行参考。

表 6-5　城市产教融合评价指标体系

评价维度	评价指标	指标观测点
产教融合环境（背景评价）（A_1）	政策法规（B_{11}）	财税、金融、用地等激励政策的制定与落实情况
		教育和产业引导政策的制定与落实情况
		校企合作权益保障法规的制定与落实情况
	公共服务（B_{12}）	社会组织服务水平
		政府部门服务水平
	社会文化（B_{13}）	公众合作发展意识
		企业参与办学积极性
产教融合资源（输入评价）（A_2）	经费投入（B_{21}）	政府教育与科技经费投入情况
		企业研发与教育费用投入情况
	师资队伍（B_{22}）	学校双师型教师比例
		企业兼职教师承担课时比例
		企业兼职专业带头人（产业教授）人数
	平台建设（B_{23}）	学生实习实训基地建设情况
		学生创新创业基地建设情况
		产教融合创新平台建设情况
产教融合过程（过程评价）（A_3）	人才培养（B_{31}）	校企合作设置专业、制定培养方案、建设课程的实施情况
		企业职工培训覆盖水平和质量
		以需求为导向的人才培养结构动态调整情况
	合作创新（B_{32}）	教师参与企业技术开发情况
		学校承担企业科研项目情况
		学校和企业联合承担纵向科研项目情况
	成果转化（B_{33}）	企业创新需求发布与创新成果识别情况
		学校创新需求识别与创新成果转让情况
		企业创新成果引进吸收、产品化情况

表 6-5(续)

评价维度	评价指标	指标观测点
产教融合成效（结果评价）(A_4)	学生成长(B_{41})	学生就业质量
		毕业生用人单位满意度
		学生创业的社会效益与经济效益
	企业发展(B_{42})	新产品销售收入
		企业专利拥有数量
	城市动力(B_{43})	区域专业技术人才数量
		区域高新技术产业增加值

6.4 本章小结

本章在明确评价指标筛选思路和原则的基础上，基于 CIPP 模型建立城市产教融合评价指标体系框架，综合运用文献研究法和专家调查法对于评价指标进行筛选，形成城市产教融合评价指标体系。城市产教融合评价是一种改进导向型评价，兼顾过程评价和结果评价。城市产教融合评价指标体系包括产教融合环境(Context)、产教融合资源(Input)、产教融合过程(Process)和产教融合成效(Product)四个维度。其中，产教融合环境维度包括政策法规、公共服务、社会文化等指标；产教融合资源维度包括经费投入、师资队伍、平台建设等指标；产教融合过程维度包括人才培养、合作创新、成果转化等指标；产教融合成效维度包括学生成长、企业发展、城市动力等指标。

7

城市产教融合评价方法及应用

从宏观上看,评价方法可以分为定性评价方法和定量评价方法。定性评价方法主要是针对一些无法获得数据或无法量化的指标,依靠评价主体的经验判断进行的评价,如调查分析法、专家判断法、间接类比推算法等。定量评价方法主要是依靠客观数据,运用数学、系统科学或统计学的方法对评价对象进行的评价,如计量经济分析方法、投入产出分析方法、灰色理论方法等。在城市产教融合评价中,对于产教融合环境和机制有定性评价指标,对于产教融合投入和成效有定量评价指标,因此应该将定性评价方法和定量评价方法相结合,充分考虑指标的模糊性和不确定性,从而保证城市产教融合评价的科学性。

7.1 基于直觉模糊层次分析法的指标权重确定

7.1.1 常用权重确定方法分析

权重是指评价体系中某一指标的相对重要程度。常用的权重确定方法有主观赋权法、客观赋权法和组合赋权法。主观赋权法主要由专家经验得到权重,然后对指标进行综合评价,常见方法有德尔菲法、层次分析法(AHP)、序关系分析法等。这类方法易操作,但存在一定主观性。客观赋权法主要依据历史数据来研究指标之间的相对重要性,或依据指标与评价结果的影响关系来确定其相对重要性,常见方法有熵值法、主成分分析法、变异系数法等。这类方法无须考虑决策者主观意愿和业务经验,但需要较多的数据,计算方法较为复杂。组合赋权法将主观赋权法和客观赋权法得到的结果进行组合,得到指标新的权重。

根据城市产教融合评价指标的属性,要获取城市产教融合评价指标的定量数据比较困难,因此比较适合采用主观赋权法计算指标权重。层次分析法(AHP)是一种最常用的主观赋权法,由美国学者 Saaty 提出[276]。它将复杂问题分解为包含目标层、准则层、指标层等的多阶层次结构,由专家对指标之间的相对重要性进行两两比较判断(判断值用 1～9 范围内的清晰数字表示),然后利用数学方法计算得到每一层次指标的相对重要性,最后合成得到指标的综合权重。传统的层次分析法简单、易操作,但是由于依靠专家的判断,主观性较强。因为在某些现实情况下，专家可能由于知识有限而无法在比较判断时赋予清晰的评价值，所以本研究采用直觉模糊层次分析法（IFAHP），允许专家判断的模糊性和犹豫性，以提高指标权重计算的科学性和准确性。

7.1.2 直觉模糊层次分析法(IFAHP)

直觉模糊层次分析法（IFAHP）是由徐泽水等在 Zadeh 的模糊集理论基础上提出的一种模糊决策方法[277]。这种方法考虑到专家在评价过程中表现出的犹豫性，使定性和定量因素的集结方法达成一致。同时，这种方法对于评价中出现的非一致性直觉模糊偏好关系能够自动修正，无须返回专家重新评价，可以有效提高评价的准确性和可操作性。

利用直觉模糊层次分析法计算城市产教融合评价指标权重的过程如下：

（1）构造直觉模糊判断矩阵

根据已经建立的城市产教融合评价指标体系，邀请专家对每层指标相对于上一层次相应指标的重要性进行两两比较，从而建立直觉模糊判断矩阵（直觉模糊偏好关系）$R=(r_{ik})_{m\times m}$，其中 $r_{ik}=(\mu_{ik},\nu_{ik})$，$\mu_{ik}$ 表示隶属度，即第 i 个指标优于第 k 个指标的程度；ν_{ik} 表示非隶属度，即第 i 个指标劣于第 k 个指标的程度；π_{ik} 表示犹豫度，$\pi_{ik}=1-\mu_{ik}-\nu_{ik}$。

（2）一致性检验

直觉模糊判断矩阵的一致性，可以通过直觉模糊集的距离[278]进行判定，检验公式如下：

$$d(\bar{R},R)=\frac{1}{2(m-1)(m-2)}\sum_{i=1}^{m}\sum_{k=1}^{m}(|\bar{\mu}_{ik}-\mu_{ik}|+|\bar{\nu}_{ik}-\nu_{ik}|+|\bar{\pi}_{ik}-\pi_{ik}|) \tag{7-1}$$

式中，$R=(r_{ik})_{m\times m}$ 是直觉模糊判断矩阵，$\bar{R}=(\bar{r}_{ik})_{m\times m}$ 是 R 对应的完美一致性直觉模糊判断矩阵，其构造过程如下：

① 当 $k>i+1$ 时，令 $\bar{r}_{ik}=(\bar{\mu}_{ik},\bar{\nu}_{ik})$，其中，

$$\bar{\mu}_{ik}=\frac{\sqrt[k-i-1]{\prod_{t=i+1}^{k-1}\mu_{it}\mu_{tk}}}{\sqrt[k-i-1]{\prod_{t=i+1}^{k-1}\mu_{it}\mu_{tk}}+\sqrt[k-i-1]{\prod_{t=i+1}^{k-1}(1-\mu_{it})(1-\mu_{tk})}},k>i+1 \tag{7-2}$$

$$\bar{\nu}_{ik}=\frac{\sqrt[k-i-1]{\prod_{t=i+1}^{k-1}\nu_{it}\nu_{tk}}}{\sqrt[k-i-1]{\prod_{t=i+1}^{k-1}\nu_{it}\nu_{tk}}+\sqrt[k-i-1]{\prod_{t=i+1}^{k-1}(1-\nu_{it})(1-\nu_{tk})}},k>i+1 \tag{7-3}$$

② 当 $k=i+1$ 时，令 $\bar{r}_{ik}=r_{ik}$。

③ 当 $k<i$ 时，令 $\bar{r}_{ik}=(\bar{\nu}_{ki},\bar{\mu}_{ki})$。

如果 $d(\bar{R},R)<0.1$，直觉模糊判断矩阵 R 通过一致性检验。如果 $d(\bar{R},R)\geqslant 0.1$，直觉模糊判断矩阵 R 未通过一致性检验，此时可以将直觉模糊判断矩阵 R 与其对应的完美一致性直觉模糊判断矩阵 $\bar{R}$ 进行合成，并得到新的直觉模糊判断矩阵 $\tilde{R}=(\tilde{r}_{ik})_{m\times m}$，其每个元素的定义为：

$$\tilde{\mu}_{ik}=\frac{(\mu_{ik})^{1-\sigma}(\bar{\mu}_{ik})^{\sigma}}{(\mu_{ik})^{1-\sigma}(\bar{\mu}_{ik})^{\sigma}+(1-\mu_{ik})^{1-\sigma}(1-\bar{\mu}_{ik})^{\sigma}},i,k=1,2,\cdots,m \tag{7-4}$$

$$\tilde{\nu}_{ik}=\frac{(\nu_{ik})^{1-\sigma}(\bar{\nu}_{ik})^{\sigma}}{(\nu_{ik})^{1-\sigma}(\bar{\nu}_{ik})^{\sigma}+(1-\nu_{ik})^{1-\sigma}(1-\bar{\nu}_{ik})^{\sigma}},i,k=1,2,\cdots,m \tag{7-5}$$

其中，σ 为控制参数，$\sigma\in[0,1]$，σ 的值越小，$\tilde{R}$ 越接近 R。

对于新的直觉模糊判断矩阵 $\tilde{R}$，使用下面公式进行一致性检验：

$$d(\bar{R},\tilde{R})=\frac{1}{2(m-1)(m-2)}\sum_{i=1}^{m}\sum_{k=1}^{m}(|\bar{\mu}_{ik}-\tilde{\mu}_{ik}|+|\bar{\nu}_{ik}-\tilde{\nu}_{ik}|+|\bar{\pi}_{ik}-\tilde{\pi}_{ik}|) \tag{7-6}$$

如果 $d(\bar{R},\tilde{R})<0.1$，直觉模糊判断矩阵 $\tilde{R}$ 通过一致性检验，否则再次调整控制参数 σ 得到新的直觉模糊判断矩阵 $\tilde{R}$，直到 $d(\bar{R},\tilde{R})<0.1$ 为止。

(3) 计算指标的直觉模糊权重

对于通过一致性检验的直觉模糊判断矩阵 $\tilde{R}=(\tilde{r}_{ik})_{m\times m}$，其中 $\tilde{r}_{ik}=(\tilde{\mu}_{ik},\tilde{\nu}_{ik})$，使用规范化的顺序求和法[277]，计算各指标相对于上一层次相应指标的权重：

$$\omega_i=\left(\frac{\sum_{k=1}^{m}\tilde{\mu}_{ik}}{\sum_{i=1}^{m}\sum_{k=1}^{m}(1-\tilde{\nu}_{ik})},1-\frac{\sum_{k=1}^{m}(1-\tilde{\nu}_{ik})}{\sum_{i=1}^{m}\sum_{k=1}^{m}\tilde{\mu}_{ik}}\right),i=1,2,\cdots,m \tag{7-7}$$

(4) 直觉模糊数权重转换

根据直觉模糊数的相似性函数[279]，可以将评价指标的直觉模糊数权重转化为实数权重：

$$L(\omega_i)=\frac{1-\nu_{\omega_i}}{1+\pi_{\omega_i}} \tag{7-8}$$

其中，ω_i 为指标 i 相对于上一层次指标的直觉模糊数权重，$\omega_i=(\mu_i,\nu_i)$，$\pi_i=1-\mu_i-\nu_i$，$L(\omega_i)$为指标 i 相对于上一层次指标的实数权重。

7.2 基于二元语义的综合评价

7.2.1 现有产教融合评价方法分析

关于产教融合评价的方法，现有的研究主要使用了主成分分析法、模糊数学评价法、灰色理论评价法和数据包络方法等。霍丽娟收集省域层面产教融合评价指标数据，运用主成分分析法和熵值法对我国 31 个省、自治区、直辖市的产教融合度进行评价[253]。陈新民等以 2018 年全国 718 所高职院校为分析样本，运用聚类分析、主成分分析等方法评价高职院校产教融合绩效[249]。沈绮云等运用德尔菲法以专家积极系数、专家权威系数、专家协调系数来判断专家意见，研究了产教融合目标达成度的评价问题[254]。周春光等引入改进的 G1 法来确定产教融合评价指标权重，以江苏旅游职业学院为例，运用基于中心点可能度函数的灰色聚类模型进行产教融合评价[251]。岑霭芬通过收集广东省某市 17 所中等职业学校的相关数据，综合运用 TOPSIS（理想解法）和 RSR（秩和比法）两种方法对产教融合进行综合排序和分档[187]。邱胜海等基于模糊综合评价方法建立产教融合评价模型[280]，邢美华等基于模糊积分法对产学研合作绩效进行评价[281]。王天擎等建立基于粗糙集理论-数据包络方法的产学研合作效率评价模型[282]，利用数据包络方法（DEA）的 BCC 模型评价产学研合作效率，利用粗糙集理论（RS）对计算结果进行离散分析，得到影响产学研合作效率的关键属性，提出优化产学研合作效率的方案。

然而，这些研究中有的评价方法需要依赖于定量数据，有的评价方法虽然可以处理定性评语，但是忽略了评价者可能存在的模糊判断。产教融合是一个涉及多主体的复杂系统，其评价信息具有多源性、随机性和模糊性的特征。面对复杂的评价过程，评价者往往使用模糊语言变量来表达自己对评价指标的判断。针对指标的不确定性，Zadeh 提出用语言变量来表达评价信息[283]。为了计算语言变量，Herrera 等提出了二元模糊语义模型[284]。二元语义方法是一种描述和处理语言评价信息的方法，这种方法能够有效避免语言信息在处理过程中的损失和扭曲，使评价信息更加准确。二元语义方法自提出以来，得到了迅速的发展，特别是在二元语义信息集结算子方面，广义有序加权平均算子、调和算子、混合几何集结算子、混合算术集结算子和密度集结算子相应地被提出并应用于综合评价领域。

7.2.2　二元语义评价方法

二元语义是一个基于符号转移的概念，它采用一个二元组(s_k, α_k)来表示语言评价信息，其中，s_k 为语言信息评价集 S 中的第 k 个元素，α_k 为符号转换值，表示由计算得到的语言信息和预先定义的语言信息集 S 中最贴近语言短语 s_k 之间的偏差，$\alpha_k \in [-0.5, 0.5)$。

运用二元语义方法对城市产教融合程度进行评价的步骤如下：

(1) 构建语言信息判断矩阵

邀请专家从语言信息评语集 S 中选择评语对评价对象进行评价，从而形成语言信息判断矩阵。一般而言，$S=\{s_0=\mathrm{VB}$(非常差)，$s_1=\mathrm{W}$(很差)，$s_2=\mathrm{B}$(差)，$s_3=\mathrm{N}$(一般)，$s_4=\mathrm{G}$(好)，$s_5=\mathrm{E}$(很好)，$s_6=\mathrm{VG}$(非常好)$\}$。

(2) 将语言信息判断矩阵转化为二元语义判断矩阵

一般通过转换函数 θ 将单个语言信息转化为二元语义的表述形式，从而将语言信息判断矩阵转化为二元语义判断矩阵。转换函数 θ 定义如下：

$$
\begin{aligned}
&\theta: S \to S \times [-0.5, 0.5) \\
&\theta(s_k) = (s_k, 0), s_k \in S
\end{aligned}
\tag{7-9}
$$

(3) 使用模糊算子 $Q(r)$ 计算评分专家的权重

对于专家的权重 v_i，可以使用模糊算子 $Q(r)$ 计算得到：

$$
v_i = Q(i/m) - Q((i-1)/m) \tag{7-10}
$$

其中，$v_i \in [0,1]$，$\sum_{i=1}^{m} v_i = 1$。

$$Q(r)=\begin{cases}0, r<a \\ (r-a)/(b-a), a \leqslant r \leqslant b \\ 1, r>b\end{cases} \tag{7-11}$$

其中，$a,b\in[0,1]$，在至少一半、多数、尽可能多的原则下，参数(a,b)分别为$(0,0.5)$、$(0.3,0.8)$、$(0.5,1)$。

(4) 计算二级指标的二元语义信息

采用二元语义有序加权平均算子(Time-ordered Weighted Averaging Operator，T-OWA)对各专家的语言评价信息进行集结，得到城市产教融合评价指标体系中二级指标的二元语义信息。

在使用 T-OWA 算子集结语言评价信息之前，先定义实数与二元语义之间转化的函数。如果实数 $\beta\in[0,g]$为语言评价集 S 经集结转换得到的实数，那么 β 可由函数 Δ 及 Δ^{-1} 来达到二元语义的基本换算。$\Delta(\beta)=(s_k,\alpha_k)$，$k=\text{Round}(\beta)$，Round 为四舍五入取整算子，$\alpha_k=\beta-k$；$\Delta^{-1}(s_k,\alpha_k)=k+\alpha_k=\beta$。

假设$\{(s_1,\alpha_1),(s_2,\alpha_2),\cdots,(s_m,\alpha_m)\}$是一组专家的语言评价信息集合，对 T-OWA 算子 Φ 作如下定义：

$$\begin{aligned}(\bar{s},\bar{\alpha}) &= \Phi((s_1,\alpha_1),(s_2,\alpha_2),\cdots,(s_m,\alpha_m)) \\ &= \Delta\left(\sum_{i=1}^{m} c_i v_i\right), \bar{s} \in S, \bar{\alpha} \in [-0.5,0.5)\end{aligned} \tag{7-12}$$

式中，c_i 表示$\{\Delta^{-1}(s_i,\alpha_i), i=1,2,\cdots,m\}$集合中按照从大到小的顺序排列后的第 i 个的元素；v_i 为专家 i 的权重；$(\bar{s},\bar{\alpha})$表示对专家语言评价信息集结后的二元语义。

(5) 计算一级指标的二元语义信息

将二级指标的二元语义信息进行综合，得到第 j 个一级指标的二元语义信息，其中，ω_{jk} 为第 j 个一级指标下的第 k 个二级指标的权重(根据前述 IFAHP 方法计算得到)。

$$(s_j,\alpha_j) = \Delta\left(\sum_{k=1}^{l} \omega_{jk}\Delta^{-1}(s_k,\alpha_k)\right), j = 1,2,\cdots,q; k = 1,2,\cdots,l \tag{7-13}$$

(6) 计算评价对象的综合评价信息

综合各个一级指标的二元语义信息，得出最终评价结果。

$$(s,\alpha)=\Delta\left(\sum_{j=1}^{q}\omega_j\Delta^{-1}(s_j,\alpha_j)\right),s\in S,\alpha\in[-0.5,0.5) \qquad (7\text{-}14)$$

综上所述,城市产教融合评价方法的实施过程如图 7-1 所示。

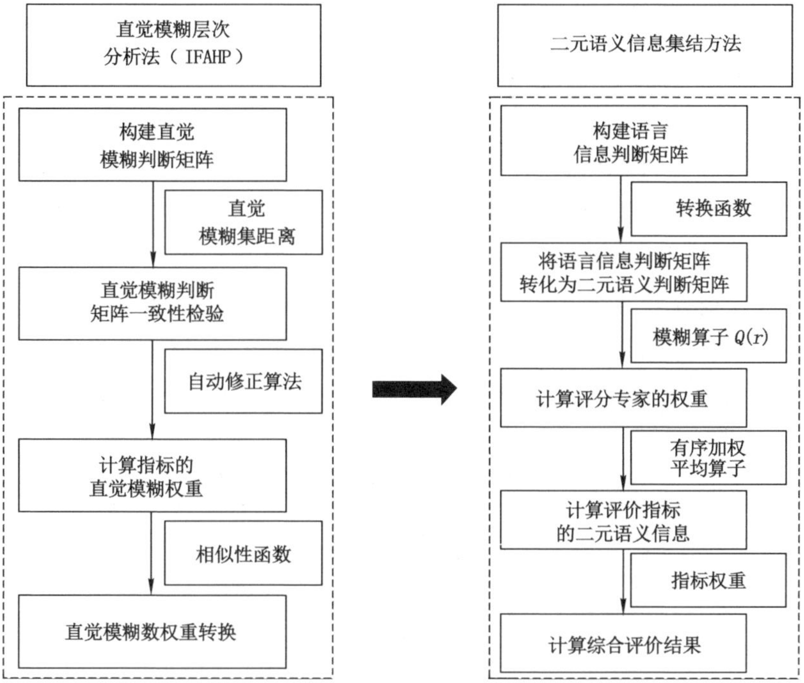

图 7-1　城市产教融合评价方法

7.3　城市产教融合评价实例分析

为了验证指标体系和评价方法的有效性,下面以江苏省徐州市为例做城市产教融合评价的实证研究。徐州市是华东地区重要的门户城市,也是国家"一带一路"重要节点城市。2021 年年末,全市三次产业结构比例为 9.2∶41.6∶49.3。高新技术产业产值占规模以上工业总产值比重为 47.1%,战略性新兴产业产值占规模以上工业总产值比重为 57.3%。全市拥有各级高等院校 10 所,在校学生 24.75 万人,毕业生 6.91 万人;中等职业教育在校生 9.71 万人,毕业生 2.51 万人。省级以上科技创新平台

214 个，省级以上孵化器 60 个，省级以上众创空间 81 个。全市专利授权量 41 895 件，其中发明专利授权量 4 464 件；企业专利授权量达到 33 195 件；万人发明专利拥有量达到 22.81 件。技术市场签订技术合同 4 233 个，技术合同成交额 105.67 亿元。①

7.3.1 评价指标权重确定

对于城市产教融合评价指标的权重计算，需要构建直觉模糊判断矩阵。根据城市产教融合评价指标体系（表 6-5）的结构特点，结合直觉模糊层次分析法（IFAHP）的判断矩阵要求，编制“城市产教融合评价指标专家调查表”，邀请 6 位专家对评价指标的重要性进行判断，形成直觉模糊判断矩阵。这 6 位专家均是徐州市产教融合的参与者，对该市产教融合状况比较熟悉，其中 3 位来自学校，3 位来自企业，具体信息见表 7-1。

表 7-1 语言信息评价专家基本信息

专家编号	机构来源	职称/职务	专业/专长	产教融合经历
专家 1(E_1)	本科院校	副教授	材料工程	9 年
专家 2(E_2)	职业院校	教授	机械工程	17 年
专家 3(E_3)	职业院校	副教授	市场营销	12 年
专家 4(E_4)	服务业企业	公司领导	战略管理	15 年
专家 5(E_5)	服务业企业	人力资源主管	人力资源管理	8 年
专家 6(E_6)	工业企业	技术研发主管	电气工程	10 年

专家 E_1 给出各一级指标相对重要性的直觉模糊判断矩阵 $R^{(1)}$，如表 7-2 所示。

① 数据来源：《2021 年徐州市国民经济和社会发展统计公报》。

表 7-2 专家 E_1 的一级指标直觉模糊判断矩阵 $\boldsymbol{R}^{(1)}$

$R^{(1)}$	A_1	A_2	A_3	A_4
A_1	(0.5,0.5)	(0.5,0.5)	(0.6,0.3)	(0.5,0.5)
A_2	(0.5,0.5)	(0.5,0.5)	(0.7,0.2)	(0.2,0.7)
A_3	(0.3,0.6)	(0.2,0.7)	(0.5,0.5)	(0.1,0.8)
A_4	(0.5,0.5)	(0.7,0.2)	(0.8,0.1)	(0.5,0.5)

注:直觉模糊判断矩阵中的 A_i 即指表 6-5 中对应的指标,下同。

由式(7-2)、式(7-3)可以计算直觉模糊判断矩阵 $R^{(1)}$ 对应的完美一致性直觉模糊判断矩阵 $\bar{R}^{(1)}$,如表 7-3 所示。

表 7-3 $\boldsymbol{R}^{(1)}$ 对应的完美一致性直觉模糊判断矩阵 $\bar{\boldsymbol{R}}^{(1)}$

$\bar{R}^{(1)}$	A_1	A_2	A_3	A_4
A_1	(0.5,0.5)	(0.5,0.5)	(0.7,0.2)	(0.169 5,0.666 7)
A_2	(0.5,0.5)	(0.5,0.5)	(0.7,0.2)	(0.205 9,0.5)
A_3	(0.2,0.7)	(0.2,0.7)	(0.5,0.5)	(0.1,0.8)
A_4	(0.666 7,0.169 5)	(0.5,0.205 9)	(0.8,0.1)	(0.5,0.5)

由式(7-1)计算得到 $d(\bar{R}^{(1)},R^{(1)})=0.236\ 2>0.1$,说明直觉模糊判断矩阵 $R^{(1)}$ 未通过一致性检验。取 $\sigma=0.3$,利用式(7-4)、式(7-5)对 $R^{(1)}$ 和 $\bar{R}^{(1)}$ 进行合成,得到新的直觉模糊判断矩阵 $\tilde{R}^{(1)}$,如表 7-4 所示。

表 7-4 $\boldsymbol{R}^{(1)}$ 和 $\bar{\boldsymbol{R}}^{(1)}$ 合成后的直觉模糊判断矩阵 $\tilde{\boldsymbol{R}}^{(1)}$

$\tilde{R}^{(1)}$	A_1	A_2	A_3	A_4
A_1	(0.5,0.5)	(0.5,0.5)	(0.631 4,0.267 2)	(0.383,0.551 8)
A_2	(0.5,0.5)	(0.5,0.5)	(0.7,0.2)	(0.201 8,0.644 1)
A_3	(0.267 2,0.631 4)	(0.2,0.7)	(0.5,0.5)	(0.1,0.8)
A_4	(0.551 8,0.383)	(0.644 1,0.201 8)	(0.8,0.1)	(0.5,0.5)

再由式(7-1)计算得到 $d(\bar{R}^{(1)},\tilde{R}^{(1)})=0.0686<0.1$,说明直觉模糊判断矩阵 $\tilde{R}^{(1)}$ 通过一致性检验。

重复上述过程,分别对其他 5 位专家的直觉模糊判断矩阵进行一致性检验,得到满足一致性要求的直觉模糊判断矩阵 $\tilde{R}^{(2)},\cdots,\tilde{R}^{(6)}$,如表 7-5 至表 7-9 所示。

表 7-5　满足一致性要求的专家 E_2 的直觉模糊判断矩阵 $\tilde{R}^{(2)}$

$\tilde{R}^{(2)}$	A_1	A_2	A_3	A_4
A_1	(0.5,0.5)	(0.6,0.3)	(0.628 8,0.249 5)	(0.234 4,0.628 7)
A_2	(0.3,0.6)	(0.5,0.5)	(0.6,0.3)	(0.249 2,0.613 1)
A_3	(0.249 5,0.628 8)	(0.3,0.6)	(0.5,0.5)	(0.3,0.6)
A_4	(0.628 7,0.234 4)	(0.613 1,0.249 2)	(0.6,0.3)	(0.5,0.5)

表 7-6　满足一致性要求的专家 E_3 的直觉模糊判断矩阵 $\tilde{R}^{(3)}$

$\tilde{R}^{(3)}$	A_1	A_2	A_3	A_4
A_1	(0.5,0.5)	(0.5,0.5)	(0.375 6,0.511 8)	(0.708,0.163 5)
A_2	(0.5,0.5)	(0.5,0.5)	(0.7,0.2)	(0.281,0.598 8)
A_3	(0.511 8,0.375 6)	(0.2,0.7)	(0.5,0.5)	(0.5,0.5)
A_4	(0.163 5,0.708)	(0.598 8,0.281)	(0.5,0.5)	(0.5,0.5)

表 7-7　满足一致性要求的专家 E_4 的直觉模糊判断矩阵 $\tilde{R}^{(4)}$

$\tilde{R}^{(4)}$	A_1	A_2	A_3	A_4
A_1	(0.5,0.5)	(0.6,0.3)	(0.286 2,0.550 5)	(0.420 1,0.497 7)
A_2	(0.3,0.6)	(0.5,0.5)	(0.2,0.7)	(0.246 6,0.651 7)
A_3	(0.550 5,0.286 2)	(0.7,0.2)	(0.5,0.5)	(0.5,0.5)
A_4	(0.497 7,0.420 1)	(0.651 7,0.246 6)	(0.5,0.5)	(0.5,0.5)

表 7-8 满足一致性要求的专家 E_5 的直觉模糊判断矩阵 $\widetilde{R}^{(5)}$

$\widetilde{R}^{(5)}$	A_1	A_2	A_3	A_4
A_1	(0.5,0.5)	(0.5,0.5)	(0.830 4,0.157 5)	(0.587 8,0.401 6)
A_2	(0.5,0.5)	(0.5,0.5)	(0.3,0.6)	(0.805 2,0.168 6)
A_3	(0.157 5,0.830 4)	(0.6,0.3)	(0.5,0.5)	(0.3,0.6)
A_4	(0.401 6,0.587 8)	(0.168 6,0.805 2)	(0.6,0.3)	(0.5,0.5)

表 7-9 满足一致性要求的专家 E_6 的直觉模糊判断矩阵 $\widetilde{R}^{(6)}$

$\widetilde{R}^{(6)}$	A_1	A_2	A_3	A_4
A_1	(0.5,0.5)	(0.9,0.1)	(0.868,0.068 3)	(0.786 7,0.111 5)
A_2	(0.1,0.9)	(0.5,0.5)	(0.7,0.2)	(0.546 9,0.325 8)
A_3	(0.068 3,0.868)	(0.2,0.7)	(0.5,0.5)	(0.1,0.9)
A_4	(0.111 5,0.786 7)	(0.325 8,0.546 9)	(0.9,0.1)	(0.5,0.5)

对直觉模糊信息的群决策问题，廖虎昌等提出如果所有专家给出的直觉模糊偏好关系都满足可接受的积性一致性，那么由 SIFWG 算子合成得到的直觉模糊偏好关系也满足可接受的积性一致性[285]。SIFWG 算子的定义如下：

令 $\alpha_j = (\mu_{\alpha_j}, \nu_{\alpha_j})(j = 1,2,\cdots,n)$ 为一列直觉模糊数，$\gamma_j(j = 1,2,\cdots,n)$ 为相应的权重，且满足 $\gamma_j \in [0,1]$ 及 $\sum_{j=1}^{m} \gamma_j = 1$，则 SIFWG 算子为映射：$\Theta^n \rightarrow \Theta$，使得

$$\mathrm{SIFWG}_{\gamma}(\alpha_1, \alpha_2, \cdots, \alpha_n) = \bigotimes_{j=1}^{n} \alpha_j^{\lambda_j} = \left(\prod_{j=1}^{n} \mu_{\alpha_j}^{\lambda_j}, \prod_{j=1}^{n} \nu_{\alpha_j}^{\lambda_j}\right) \tag{7-15}$$

在群体决策中，$\gamma_j(j=1,2,\cdots,n)$ 是专家的权重。孟俊娜等针对直觉模糊群决策问题，提出一种基于投影的权重确定方法[286]。利用这种方法，可以计算得到 6 位专家的权重分别为 0.168 8，0.161 9，0.162 5，0.156 0，0.169 3，0.181 5。

因此，可以利用式(7-15)对具有可接受积性一致性的直觉模糊判断

矩阵 $\tilde{R}^{(1)}, \tilde{R}^{(2)}, \cdots, \tilde{R}^{(6)}$ 进行合成，得到的直觉模糊判断矩阵 $\tilde{R}$ 同样具有可接受的积性一致性，如表 7-10 所示。

表 7-10　合成后的直觉模糊判断矩阵 $\tilde{R}$

$\tilde{R}$	A_1	A_2	A_3	A_4
A_1	(0.5,0.5)	(0.589 5,0.317 4)	(0.568 8,0.234 7)	(0.485 9,0.322 6)
A_2	(0.317 4,0.589 5)	(0.5,0.5)	(0.486 5,0.312 7)	(0.344 4,0.445 5)
A_3	(0.234 7,0.568 8)	(0.312 7,0.486 5)	(0.5,0.5)	(0.240 2,0.639 7)
A_4	(0.322 6,0.485 9)	(0.445 5,0.344 4)	(0.639 7,0.240 2)	(0.5,0.5)

对于合成后的直觉模糊判断矩阵 $\tilde{R}$，利用公式(7-7)计算得到一级指标 A_1、A_2、A_3、A_4的直觉模糊数权重分别为：$\omega_1=(0.237\ 9, 0.624\ 3)$，$\omega_2=(0.182\ 9, 0.692)$，$\omega_3=(0.142\ 9, 0.741\ 7)$，$\omega_4=(0.211\ 7, 0.652\ 3)$。

利用公式(7-8)将一级指标 A_1、A_2、A_3、A_4的直觉模糊数权重转化为相应的实数权重，分别为：$L(\omega_1)=0.289\ 3$，$L(\omega_2)=0.239\ 8$，$L(\omega_3)=0.202\ 9$，$L(\omega_4)=0.268\ 1$。

重复一级指标权重计算的过程，可以依序计算得到各一级指标下的二级指标权重，具体结果如图 7-2 所示。

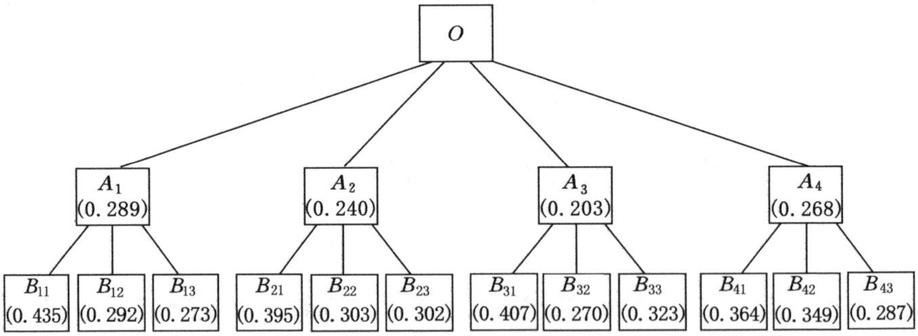

图 7-2　城市产教融合评价指标权重

图 7-2 结果表明，城市产教融合环境(A_1)是最重要的评价维度(权重系数 0.289)，政策法规(B_{11})是最重要的评价指标(综合权重系数 $0.126=0.289\times0.435$)。这也印证了之前城市产教融合影响因素的研究结果，产

教融合环境作为深层次的影响因素,它能够反映城市产教融合的发展基础,有助于判断城市产教融合的发展态势,因而成为最重要的评价维度。政策法规作为中心度较高的影响因素之一,它对城市产教融合主体行为具有激励和约束作用,同时也为城市产教融合运行和发展提供保障,因而成为评价城市产教融合发展水平最重要的指标。

7.3.2 二元语义综合评价

使用二元语义模型对城市产教融合进行评价,首先需要构建语言信息判断矩阵。根据表 6-5 中的指标观测点,编制“城市产教融合评价指标评分表(学校版)”和“城市产教融合评价指标评分表(企业版)”,同样邀请上述 6 位专家根据语言信息评语集 S,对徐州市产教融合状况进行评价,评价信息如表 7-11 所示。

表 7-11 专家的语言信息判断矩阵

评价指标	E_1	E_2	E_3	E_4	E_5	E_6
政策法规(B_{11})	G	N	N	G	N	B
公共服务(B_{12})	N	N	N	N	B	B
社会文化(B_{13})	N	G	G	N	B	W
经费投入(B_{21})	N	N	G	G	N	B
师资队伍(B_{22})	E	N	G	VB	B	W
平台建设(B_{23})	G	N	G	G	N	B
人才培养(B_{31})	G	N	N	E	G	B
合作创新(B_{32})	G	W	N	N	G	N
成果转化(B_{33})	G	W	B	N	N	W
学生成长(B_{41})	N	G	G	N	G	N
企业发展(B_{42})	G	G	N	B	N	N
城市动力(B_{43})	G	N	G	N	N	N

根据语言信息与二元语义转化函数的定义，利用式(7-9)将专家的语言信息判断矩阵转化为二元语义判断矩阵，如表 7-12 所示。

表 7-12　二元语义判断矩阵

评价指标	E_1	E_2	E_3	E_4	E_5	E_6
政策法规(B_{11})	$(S_4,0)$	$(S_3,0)$	$(S_3,0)$	$(S_4,0)$	$(S_3,0)$	$(S_2,0)$
公共服务(B_{12})	$(S_3,0)$	$(S_3,0)$	$(S_3,0)$	$(S_3,0)$	$(S_2,0)$	$(S_2,0)$
社会文化(B_{13})	$(S_3,0)$	$(S_4,0)$	$(S_4,0)$	$(S_3,0)$	$(S_2,0)$	$(S_1,0)$
经费投入(B_{21})	$(S_3,0)$	$(S_3,0)$	$(S_4,0)$	$(S_4,0)$	$(S_3,0)$	$(S_2,0)$
师资队伍(B_{22})	$(S_5,0)$	$(S_3,0)$	$(S_4,0)$	$(S_0,0)$	$(S_2,0)$	$(S_1,0)$
平台建设(B_{23})	$(S_4,0)$	$(S_3,0)$	$(S_4,0)$	$(S_4,0)$	$(S_3,0)$	$(S_2,0)$
人才培养(B_{31})	$(S_4,0)$	$(S_3,0)$	$(S_3,0)$	$(S_5,0)$	$(S_4,0)$	$(S_2,0)$
合作创新(B_{32})	$(S_4,0)$	$(S_1,0)$	$(S_3,0)$	$(S_3,0)$	$(S_4,0)$	$(S_3,0)$
成果转化(B_{33})	$(S_4,0)$	$(S_1,0)$	$(S_2,0)$	$(S_3,0)$	$(S_3,0)$	$(S_1,0)$
学生成长(B_{41})	$(S_3,0)$	$(S_4,0)$	$(S_4,0)$	$(S_3,0)$	$(S_4,0)$	$(S_3,0)$
企业发展(B_{42})	$(S_4,0)$	$(S_4,0)$	$(S_3,0)$	$(S_2,0)$	$(S_3,0)$	$(S_3,0)$
城市动力(B_{43})	$(S_4,0)$	$(S_3,0)$	$(S_4,0)$	$(S_3,0)$	$(S_3,0)$	$(S_3,0)$

对于专家权重 v_i，可以使用模糊算子 $Q(r)$ 计算。多数情况下式(7-11)可以写作：

$$Q(r)=\begin{cases}0, r<0.3\\ \dfrac{r-0.3}{0.8-0.3}, 0.3\leqslant r\leqslant 0.8\\ 1, r>0.8\end{cases}$$

于是，可得 $Q(0)=0$，$Q\left(\frac{1}{6}\right)=0$，$Q\left(\frac{2}{6}\right)=0.066$，$Q\left(\frac{3}{6}\right)=0.4$，$Q\left(\frac{4}{6}\right)=0.733$，$Q\left(\frac{5}{6}\right)=1$，$Q\left(\frac{6}{6}\right)=1$。

根据式(7-10)可以计算专家权重如下：

$$v_1=Q\left(\frac{1}{6}\right)-Q(0)=0;v_2=Q\left(\frac{2}{6}\right)-Q\left(\frac{1}{6}\right)=0.066;$$

$$v_3=Q\left(\frac{3}{6}\right)-Q\left(\frac{2}{6}\right)=0.334;v_4=Q\left(\frac{4}{6}\right)-Q\left(\frac{3}{6}\right)=0.333;$$

$$v_5=Q\left(\frac{5}{6}\right)-Q\left(\frac{4}{6}\right)=0.267;v_6=Q\left(\frac{6}{6}\right)-Q\left(\frac{5}{6}\right)=0。$$

下面以二级指标 B_{11} 为例,说明采用 T-OWA 算子集结二元语义信息的过程。由实数与二元语义转化函数的定义可知:对于专家 E_1 的评价,有 $\Delta^{-1}(s_4,0)=4$;对于专家 E_2 的评价,有 $\Delta^{-1}(s_3,0)=3$;对于专家 E_3 的评价,有 $\Delta^{-1}(s_3,0)=3$;对于专家 E_4 的评价,有 $\Delta^{-1}(s_4,0)=4$;对于专家 E_5 的评价,有 $\Delta^{-1}(s_3,0)=3$;对于专家 E_6 的评价,有 $\Delta^{-1}(s_2,0)=2$。

于是,将集合 $\{\Delta^{-1}(s_4,0),\Delta^{-1}(s_3,0),\Delta^{-1}(s_3,0),\Delta^{-1}(s_4,0),\Delta^{-1}(s_3,0),\Delta^{-1}(s_2,0)\}$ 中的元素按照从大到小排序,得到 $\{c_1,c_2,c_3,c_4,c_5,c_6\}=\{4,4,3,3,3,2\}$。根据式(7-12),计算得:$(\bar{s},\bar{\alpha})=\Delta\left(\sum_{i=1}^{6}c_iv_i\right)=\Delta(3.066)$。由实数与二元语义转化函数的定义知,$k=\text{Round}(3.066)=3$,$\alpha_k=3.066-3=0.066$,所以 $\Delta(3.066)=(s_3,0.066)$,即二级指标 B_{11} 集结后的二元语义信息为 $(s_3,0.066)$。

同理,得到其他二级指标集结后的二元语义信息,如表 7-13 所示。

表 7-13 二级指标集结后的二元语义信息

指标	权重	二元语义信息
政策法规(B_{11})	0.435	$(s_3,0.066)$
公共服务(B_{12})	0.292	$(s_3,-0.267)$
社会文化(B_{13})	0.273	$(s_3,-0.201)$
经费投入(B_{21})	0.395	$(s_3,0.066)$
师资队伍(B_{22})	0.303	$(s_2,0.199)$
平台建设(B_{23})	0.302	$(s_3,0.4)$
人才培养(B_{31})	0.407	$(s_3,0.4)$
合作创新(B_{32})	0.270	$(s_3,0.066)$

表 7-13(续)

指标	权重	二元语义信息
成果转化(B_{33})	0.323	(s_2,0.133)
学生成长(B_{41})	0.364	(s_3,0.4)
企业发展(B_{42})	0.349	(s_3,0.066)
城市动力(B_{43})	0.287	(s_3,0.066)

接下来，根据表 7-13 中的二级指标权重和二元语义信息，使用式(7-13)计算得到一级指标的二元语义信息。以一级指标(A_1)为例，

$$(s_1, \alpha_1) = \Delta\left(\sum_{k=1}^{3} \omega_{1k}\Delta^{-1}(s_k, \alpha_k)\right)$$
$$= \Delta(0.435 \times 3.066 + 0.292 \times 2.733 + 0.273 \times 2.799)$$
$$= (s_3, -0.104)$$

同理，得到其他一级指标的二元语义信息，如表 7-14 所示。

表 7-14　一级指标的二元语义信息

指标	权重	二元语义信息
产教融合环境(A_1)	0.289	(s_3,−0.104)
产教融合资源(A_2)	0.240	(s_3,−0.096)
产教融合过程(A_3)	0.203	(s_3,−0.1)
产教融合成效(A_4)	0.268	(s_3,0.188)

最后，根据表 7-14 中的一级指标权重和二元语义信息，使用式(7-14)计算得到徐州市产教融合发展水平的二元语义信息。

$$(s, \alpha) = \Delta\left(\sum_{j=1}^{4} \omega_j\Delta^{-1}(s_j, \alpha_j)\right)$$
$$= \Delta(0.289 \times 2.896 + 0.240 \times 2.904 + 0.203 \times 2.9 + 0.268 \times 3.188)$$
$$= (s_3, -0.023)$$

由此可知，徐州市产教融合处于“一般”水平。尽管该市有充足的教育

资源和较好的产业基础,但产教融合发展水平并不令人满意。其中,"成果转化"和"师资队伍"两项指标被评为"差"。究其原因,一方面是驻地院校的科研创新与当地产业发展结合度不高,科研工作不能满足当地企业的需求,且地方技术服务市场不发达,学校和企业之间的供需对接缺乏有效平台;另一方面是驻地院校的教师一般没有在企业工作的经历,对于人才培养和科研创新还停留于理论层面,而企业的技术专家很少有机会到学校任教,不能把企业生产的新技术、新材料、新工艺和新需求带到学校课堂中去。

7.3.3 评价方法比较分析

为了说明二元语义评价方法在城市产教融合评价中的适切性,下面将其与模糊综合评价方法做比较分析。根据城市产教融合评价指标权重(图7-2)及专家评价结果(表7-11),采用模糊综合评价法对指标层评价如下:

$$SA_1=(0.435,0.292,0.273)\begin{pmatrix}0 & 0 & 0.167 & 0.500 & 0.333 & 0 & 0\\ 0 & 0 & 0.333 & 0.667 & 0 & 0 & 0\\ 0 & 0.167 & 0.167 & 0.333 & 0.333 & 0 & 0\end{pmatrix}$$

$$=(0,0.046,0.215,0.503,0.236,0,0)$$

类似的,

$$SA_2=(0.051,0.051,0.167,0.349,0.333,0.051,0)$$

$$SA_3=(0,0.153,0.122,0.378,0.280,0.068,0)$$

$$SA_4=(0,0,0.058,0.548,0.394,0,0)$$

这里,$SA_{1\sim4}$分别代表各一级指标的综合评价结果。城市产教融合的综合评价结果,由一级指标权重和一级指标评价结果合成得到:

$$S=(0.289,0.240,0.203,0.268)\begin{pmatrix}0 & 0.046 & 0.215 & 0.503 & 0.236 & 0 & 0\\ 0.051 & 0.051 & 0.167 & 0.349 & 0.333 & 0.051 & 0\\ 0 & 0.153 & 0.122 & 0.378 & 0.280 & 0.068 & 0\\ 0 & 0 & 0.058 & 0.548 & 0.394 & 0 & 0\end{pmatrix}$$

$$=(0.012,0.056,0.143,0.453,0.310,0.026,0)$$

根据最大隶属度原则,城市产教融合的模糊综合评价结果为"一般"。虽然两种评价方法得出的结果一样,但是利用二元语义评价方法得到的结果信息更丰富。在评价城市产教融合时,二元语义方法不仅能够给出城市产教融合发展水平的层级，而且能说明城市产教融合评价结果与真实状态之间的差距，便于掌握城市产教融合的优化方向。

7.4 本章小结

本章综合运用直觉模糊层次分析法（IFAHP）和二元语义方法，建立城市产教融合评价方法，并以实例说明该评价方法的有效性。基于IFAHP的指标权重确定方法，考虑专家在评价过程中表现出的犹豫性，使定性和定量因素的集结方法达成一致。同时，对于评价中出现的非一致性直觉模糊偏好关系能够自动修正，无须返回专家重新评价，可以有效提高评价的准确性和可操作性。权重计算结果表明，城市产教融合环境是最重要的评价维度（权重系数0.289），政策法规是最重要的评价指标（综合权重系数0.126）。基于二元语义的综合评价方法，将专家的语言评价信息转化为二元语义信息，并通过有序加权平均算子实现对二元语义信息的集结，可以有效避免语言信息在处理过程中的损失和扭曲，使评价信息更加准确。实例应用表明，城市产教融合评价方法具有较好的适切性，不仅能够判断城市产教融合发展水平，还能反映产教融合环境、资源、过程、成效等各维度的状态，为城市产教融合的优化提供重要依据。

8

城市产教融合的优化路径

在前述研究中，影响机制研究着重于阐述城市产教融合要素之间的作用关系，便于找出制约城市产教融合发展水平的原因；发展评价研究着重于判断城市产教融合的发展水平或状态，便于掌握城市产教融合的优化方向，两者共同服务于深化产教融合。根据城市产教融合影响机制和发展评价的研究结果，从产教融合环境、机制和主体三个层面提出城市产教融合的优化路径。

8.1 环境层面优化路径

产教融合环境是深层次的影响因素，也是最为重要的评价维度。根据城市产教融合影响因素的中心度和原因度分析结果，宏观政策法规、微观主体制度、城市平台载体、文化氛围等都属于强原因型因素。因此，可以从政策体系、平台载体、社会文化等角度设计城市产教融合环境层面的优化路径。

8.1.1 推动政策协同，建立组合激励政策体系

产教融合作为一种制度性安排，涉及因素多，而且这些因素跨领域、跨行业，在主体上涉及政府机构、非政府组织与行业协会、学校与企业等，在行政上纵向涉及国家、省级和市级政府，横向涉及教育部门、发改部门、人社部门等，政策的制定与执行存在碎片化问题。在此背景下，相关政策的体系化与协同化成为城市产教融合发展的必然要求和前提条件。根据产教融合政策实施情况[287]，以下三种政策亟须协同推进，以图发挥出最大效力。

一是精准实施财政税收政策，实现财政支持最大化。对于非政府财政支持的教育机构，应最大程度予以政策支持；对于地区急需且对产业发展和人才培养等有积极作用的产教融合项目可以采取多种财政支持政策，在制度允许范围内，支持政府财政与社会资本合作，支持政府向社会购买产教融合项目。统筹规划教育和产业发展布局，并将产教融合项目纳入中长期发展规划，积极争取上级财政与政策支持；拓展产教融合项目支持资金来源，组合化利用上级转移支付、政府债券资金和政策性基金的支

持;对国家和省一级财政支持或投资补助的项目,市一级政府应予以配套支持。支持有关企业举办职业教育(技工教育),在行政审批、税费减免等方面予以体现,如按照一定比例的投资额抵免企业当年应缴纳教育费附加和地方教育附加。

二是多措并举强化融资政策,用好市场化融资工具。如果产教融合主体是企业性质的,可允许其按照规定申请市场化融资,如申请发行专项债券,以扩大产教融合的社会化资金支持,或使用企业信用信息、产教融合项目等进行信用贷款融资。同时开展金融政策创新,可以支持地方商业银行开发针对产教融合项目的金融产品;在做好各项风险管控的前提下,对经过资质认证的产教融合基地的基础设施或装备(设备)建设与改造实行"绿色通道",在可持续原则下,适当简化贷款审批程序,并按照公益标准,合理降低贷款利率。支持政府、学校和社会资本合作,按照共同出资、共同管理、共同受益的原则设立产教融合发展联合基金,靶向支持社会或产业亟需、符合国家产业发展政策、对经济社会发展有积极作用的产教融合项目。同时,作为产教融合重要内容的学生实习实训工作,也应纳入金融支持政策,探索建立学生实习强制保险制度,保费可从学费列支或由产教融合企业承担。

三是准确把握土地支持政策,建立土地要素保障体系。土地因素是制约当前产教融合健康持续发展的重要因素,对此,需要对产教融合项目用地的性质进行新界定,建议各级各类学校(公办或民办职业院校、高校)的教育用地,可以按照教育或科学研究用地进行管理;同时,对产教融合重大建设项目的规划要具有超前意识,对于土地保障供应等做好提前谋划,为项目的后期发展预留空间。对于产教融合项目的相关土地处理应采取更为灵活的政策,如可以结合项目特点拟定地价;将相关房产、地产纳入市政范围,在政策允许范围内,将产教融合中使用的部分老旧房屋等纳入危旧改造范围,支持职业院校和高校等对空闲用地进行充分利用,扩展产教融合的空间。

8.1.2 加强园区建设,搭建产教融合平台载体

城市产教融合的平台载体通常有三种类型,即职教园(职教城)、产教融合园(产教园)以及大学科技园。这些载体的设立主体与管理主体不尽相

同,或政府主导与管理,或社会资本主导与管理。就个体而言,每个园区或学校都能在自己范围内理性建设、优化配置;出于成本考虑与规模效应,它们也尽量扩大教育体系和公共服务设施规模,以实现聚集和规模效应,不过这也造成了各自发展、各自为政的局限。因此,为发挥聚集效应和减少重复建设,实现资源和设施的高效集约使用,应该从四个方面入手:

一是建立产教融合资源共同体。各类园区要发挥服务主导作用,根据学校和企业产教融合资源基础情况,按照共商共建共享原则,建立产教融合公共资源平台,通过共享相关基础设施,引导学校朝集约方向发展。在这个过程中,要注意使用市场而非行政手段,用效益牵引而非权力压制方式来实现;要通过寻找学校、企业、社会资本等主体的利益契合点,使多元主体利益得到满足和融合,从而联结成为产教融合发展的资源共同体、利益共同体和命运共同体,实现城市产教融合的可持续发展。

二是建设产教融合信息服务体系。以智慧城市和智慧园区建设为抓手,加强园区信息化基础设施建设,充分发挥大数据的技术优势,整合学校、企业和政府产教融合信息,向相关主体提供产教融合信息服务,促进园区、校区实验仪器设备、实训基地厂房等公共配套设施的分时共享。建立园区产教融合信息服务平台,内容包括企业人才和技术需求信息,学校人才培养、学科专业建设、科学研究信息,政府产教融合政策和项目申报信息等,开通信息搜寻和推送功能,解决学校和企业在产教融合过程中的信息孤岛问题。

三是建设一批产教融合实践平台。园区内学校和企业要打破传统的行政管理、行业壁垒,充分利用地理邻近优势和产业集聚优势,联合挖掘并引进吸收优质的现场教学资源,形成融实习实训、创新创业为一体的产教融合实践平台,将企业先进的工艺、设备、技术和管理等要素嵌入学校的人才培养体系,真正实现企业生产资源与学校人才培养的对接。

四是建设一批产教融合创新平台。在园区内,依托高等学校、科研院所、职业院校、行业龙头企业等产教融合主体,建设一批技术领先、设备先进、管理科学的实验室、工程研究中心、技术研发中心、中试基地等平台,形成“基础研究—应用技术研究—产业化开发”的创新价值链,以高水平的合作创新和成果转化,带动和促进城市产教融合高质量发展。

8.1.3 创新人才评价，形成合作创新的社会文化

文化作为城市发展的软环境，也是产教融合生态系统的重要组成部分。为此，需要通过创新人才评价体系、塑造合作文化、建设创新创业社会支持体系，形成尊重知识和人才、鼓励创新创业的社会文化。具体包括三个方面的内容：

一是创新人才评价体系。依据国家职业分类，建立健全以职业能力为导向、以工作实绩为重点、注重职业道德和技术水平的人才评价体系。对于优秀人才，要打通职称评定的绿色通道，可采用代表作或突出工作业绩评定，不受学历、资历等条件限制。完善和健全地方评价人才的标准体系，既鼓励适应新技术、新业态的职称认定探索，也要精准调整，完善传统行业技术人才的评价标准。将职称评定权限下放，探索"谁用谁评"机制，可以由行业龙头企业牵头制定标准、组织实施，以自主开展、政府备案的方式开展职称评审和职业资格认定，构建国家—地方—行业多层次、多元化的人才评价体系。

二是塑造合作文化。当下产教融合依然存在着一些文化层面的桎梏因素，影响着产业系统与教育系统的深度融合。例如，社会群体对技能人才身份的认知偏差、企业的短期逐利意识和机会主义行为、学校办学定位模糊等问题，都阻碍着产教融合的深度发展，导致跨系统、跨行业甚至校际合作都无法达成。对此，既要探索制度创新，又要培育包容开放、合作共赢的文化氛围，提升信任的制度保障，共建社会合作网络。

三是建设创新创业社会支持体系。产教融合的关键在于融，就是教育融入产业，产业融入教育，最终促进经济社会发展。新中国成立后的一段时期产业与教育是相连的，学校可以开办工厂，工厂也可以开办学校，随着经济体制改革，之前行业开办的学校逐渐剥离，教育与产业之间出现一定程度的分离[128]。对此必须具有打破制度和心理藩篱，寻求产业、教育与城市发展的贯通与联动机制。要采取多种措施与机制，营造创新文化和工匠精神，培养与提升人的创新创业能力。具体到产教融合中就是注重培养教师的创新引领和带动能力，培养学生的创造思维与创新能力，进而促进其将知识转化为技术，将技术融入产业更新与发展之中。

8.2 机制层面优化路径

产教融合机制是中间层的影响因素，它既受到产教融合环境的影响，也会对产教融合主体产生影响。在城市产教融合影响因素的中心度分析中，资源共享共用、成本分担与补偿、组织运行等都属于高中心度的因素，即比较重要的影响因素。因此，可以从资源共享、利益平衡、组织运行等角度设计城市产教融合机制层面的优化路径。

8.2.1 完善共建共享机制，促进资源有效转换

产教融合不仅仅需要文化上的融合，更需要物理层面的融合。对此，需要以城市为载体，建立物理层面的资源共享机制，实现产业资源和教育资源的共享，从而促进城市产教融合的深化发展。为此，需要从三个方面发力：一是促进物资资源共享。虽然产教融合是产业转型升级和区域经济发展的重要举措，但是长期以来因为行政管理、行业壁垒、地理距离等形成了合作与协作观念的限制和物资装备的各自为政。因此，有必要在产教融合背景下，从协作和合作角度出发，审视产融合主体的物质资源，突出各自优势，做到强强联合、强弱互补，弥补不同主体之间的差距与弱点，实现 1＋1＞2 的协作优势。产业系统通常具有充足的场所场地、较为先进的生产装备和设备，这些资源对于学校来说是欠缺的，因此学校可以将其柔性引入，有利于学生开展实习实训、教师开展科学研究等。同时，学校拥有高水平的实验室、工程研究中心等，这些资源对于企业而言也是欠缺的，因此企业可以通过与学校的合作，共享学校的高端实验设备开展技术研发。当然，在产教融合中，必须对校企双方的权利义务、安全生产、利益分配等进行制度约束，使合作与互信具有制度保障。二是促进人才资源共享。学校可以通过建立技能大师工作室、产业教授（导师）制度，引进企业技术人员到校担任兼职教师、技能竞赛选手指导教练，帮助学校培训教师；也可以通过规定教师企业实践时间、企业实践形式，引导教师到企业学习所教专业在生产实践中的知识和技术。企业可以吸引学校教师到企业开展技术创新实践，在协同解决企业技术难题的同时，提高教师解决实际技术问题的能力。教师通过在企

业"真刀真枪"的实战，有效解决课堂教学的内容空泛问题，用企业生产实践和技术研发中的问题丰富课堂内容，能够提升教学效果和质量。三是促进教学与科研资源共享。结合学校教学和企业生产，开发和建设数字化教学资源，利用信息技术和网络技术，通过共享系统向学校学生、企业职工和社会人员提供教育和培养服务，实现优质课程与教学资源共享。建立校企协同科研创新平台，企业与学校之间一方面可以有针对性地开展研究工作，降低双方在科研中的重复性投入，提高科研成果质量；另一方面可以共同开展科研项目需求调研、方案设计、过程研究、市场转化等，提高科研成果转化率。

8.2.2 建立利益平衡机制，实现产教融合主体共赢

产教融合是一项涉及多要素的系统工程，在实施过程中投入大，但产生的短期效益不明显，利益实现具有滞后性和不平衡性，这直接制约了产教融合主体的积极性。因此，需要建立利益平衡机制，促进产教融合利益共同体的形成。一是科学分摊成本，从制度上界定学校与企业的投入成本比例和责任边界。在产教融合过程中，学校通常投入人才和科研成果等，而企业通常投入资金、场地、设备等。由于学校每年都有数量众多的学生需要生产实习，如果完全依靠企业承担学生实习任务，则企业的成本负担太重。学校可以盘活校内资源，和企业共建校内实习实训基地，由学校提供场地和管理，企业提供师资和设备，双方共同承担学生的实习任务，共同分担育人成本。二是合理分配收益，从制度上保证产教融合主体实现利益最大化。学校和企业不仅在投入成本的特征和比例上存在差异，在收益方面也存在差异。学校的收益相对稳定，而企业的收益不太确定，这就导致了学校和企业在产教融合实践中的博弈。因此，需要通过政策对学校和企业之间的利益冲突进行平衡，使得学校和企业不断调整自身的合作对策，促进产教融合主体利益分配实现合理化。三是强化利益激励，从制度上激发产教融合主体的积极性。由于企业和学校在产教融合中都需要投入一定的成本，同时面临产教融合成效偏差带来的损失，因此政府应该发挥多种政策工具功能，加强财政支持、税收优惠、土地保障等措施，充分发挥政策的激励效应，激发企业和学校等主体参与产教融合的积极性。

8.2.3 创新组织形态及运行机制，促进产教融合良性运行

城市产教融合是多主体协作的过程，为推进各主体实现资源共享与利益均衡，需要从以下两个方面入手，创新城市产教融合组织形态。一是建立以价值共创为核心的区域产教联盟。城市内学校、企业、科研院所及有关地方政府（园区）可围绕区域产业发展需求，组建区域产教联盟，有组织地开展专业和师资建设、人才培养、科技创新、政策咨询等方面的合作，以专业群对接产业群、创新链对接产业链，增强产教融合服务区域产业发展的能力。产教联盟采用网络型组织的运行模式，聚焦城市战略性新兴产业、特色产业的技术需求和人才需求，按照各成员主体投入产出相平衡的社会交换原则，以价值共享激发成员主体活力。同时，要制定产教联盟章程，明确各成员主体的权利与义务，并配套相应的评价与激励机制，促进产教联盟可持续发展。二是举办跨主体合作的产业学院。学校可以与一家企业或多家企业组建产业学院，通过共享学校和企业资源开展人才培养，以满足企业的人才需求。产业学院以专业或资产为纽带，实施行业、企业与学校的深度合作，对教育资源进行高效整合，做到取长补短，并建立相对独立的运行机制和主体责任制度。以产业学院为依托，学校可与企业共同制定人才培养方案或专业认证方案，将学校教育的宽基础和企业培训的专业化相结合，使学生既可以学到通用的知识和技能，也可以学到企业独有的专用技能，克服学校人才培养与企业或产业需求不相符合，学生毕业即落后的困境。

8.3 主体层面优化路径

主体是城市产教融合的表层影响因素，因此改善产教融合主体行为对于优化产教融合的效果更为直接。这里主要从政府功能发挥、学校人才培养、企业资源利用等角度设计城市产教融合主体层面的优化路径。

8.3.1 政府发挥规划引领功能，统筹城市产教融合发展格局

在我国，产教融合并非完全市场行为，还需要政府的规划和引导。政府

在城市产教融合中具有重要的作用，应该发挥好以下三个方面的功能：一是以系统思维做好产教融合规划。政府在编制城市经济社会发展规划时，要同步把产教融合发展要求融入其中，统筹高等教育、职业教育与区域产业发展的关系，协调教育、发改、财政、人社、科技、土地、税务、金融等行政部门，明确产教融合发展的政策措施、项目安排和支持方式等。政府通过调整和优化布局，推进职业院校向产业和人口集聚区集中，高等学校与行业骨干企业协同创新，构建梯次有序、功能互补、资源共享、合作紧密的产教融合网络。二是以多样方式做好产教融合引导。政府可设立重大产教融合项目，鼓励学校和企业联合申报；合理界定平台产权，鼓励学校和企业之间进行科技成果转化。组织开展产教融合对接活动，人社部门出台政策将教师职称评审与企业实践挂钩，引导学校教师到企业进行实践锻炼，教育部门和财政部门出台政策支持学校向企业购买实训教学服务。选取产教融合典型案例，宣传产教融合的有关政策，引导学校和企业开展产教融合实践，让产教融合成为学校和企业等主体的自觉行动。三是以规范标准做好产教融合监督。除经济手段外，政府要适当利用行政手段、法律手段规范产教融合主体行为。可设立产教融合促进办公室，并建立产教融合项目备案制度，动态掌握城市产教融合主体、项目、过程等有关信息。要定期督导检查产教融合工程和项目的经费使用、进度进展情况，以及产教融合的政策、制度和标准落实情况。同时，要按照有关准则和规范，受理并协调解决产教融合中的矛盾与纠纷，并对违约或显失公平的项目进行纠偏或监管。

8.3.2 学校创新人才培养模式，提高服务行业企业能力

学校是产教融合的积极倡导者，人才培养、科学研究、社会服务等是其主要功能。因此，学校要把专业结构优化、人才培养改革、师资队伍塑造、培训模式创新，作为优化城市产教融合的重要发力点。一是优化学校专业结构。围绕城市经济结构和产业转型发展需求，建立专业结构动态调整和优化机制，将学校专业结构与行业企业人才需求结构进行有效对接，实现学校专业建设与区域产业发展的融合。同时要加快推动学校应用型技术成果在当地的孵化与转化，为城市产业体系建设提供新动能。二是创新人才培养模式。学校人才培养既要适应产业需求，也要引领产业发展。为此，可以由

企业兼职教师与学校任课教师共同组成师资队伍，共同商定教学内容，共同指导学生项目实习与实训，帮助学生体验工作场景、提高工作技能，做到人才培养与行业企业要求相契合。学校要和企业一道根据有关职业技能标准，制定学生能力与素质考核标准，以培养合格的技术技能人才或创新人才为目标，力求考核标准多元化、考核方式多样化，促进学生能力发展。三是建设产教融合型师资队伍。产教融合型师资队伍的特点是来源多元化、结构多维化，既有来自学校的知识型教师，也有来自产业或企业一线的产业型教师。为此，学校要创新和完善人事管理体制，选聘一批企业技术能手作为产业教授（专家）参与学校人才培养，指导学生的生产实践和科技创新。要加大“双师型”师资队伍培养力度，支持学校教师定期到企业进行技能训练、工程技术实践锻炼，促进教师实践能力的养成。四是打造新型职业培训模式。学校职业培训要与社会发展需求相衔接，突破传统培训模式，创新职业培训思路，大力推动“互联网＋”职业培训的新型模式，充分适应现代社会碎片化学习的新特点，进一步促进劳动者技能与素质的提升。

8.3.3 企业利用资源比较优势，推动协同育人和合作创新

企业是产教融合的重要主体，在某种意义上是产教融合最为关键的一方。因此，企业要担负起社会责任，以自身资源比较优势，推动校企协同育人和合作创新。一是促进企业资源与学校资源的有序流动。一般而言，企业在生产设备、场所和工艺等方面具有比较优势，而学校在人才、技术、项目等方面具有比较优势，因此企业要打破传统的行政或行业藩篱，主动与学校对接，寻求资源互补。在这种资源的有序流动中，企业可以获得科技成果和技术技能人才，学校可以获得资金和场地、设备支持，两者实现合作效益的最大化。二是充分发挥行业龙头企业的引领作用。行业龙头企业要主动担责，引导区域内学校在学科专业建设、人才培养、科学研究等方面向产业需求聚焦。同时，进一步拓展外部资源，积极组织行业协会、其他企业参与产教融合，促进产教双方有效对接，在深化产教融合中努力作为。三是全过程参与学校人才培养。企业不仅要向学校提供行业或产业的人才需求，更应该参与学校人才培养方案制定、课程与教材建设，指导学生生产实习实训，反馈就业后学生发展信息等，形成校企合作培养人才的良性闭环。同时，企

业要将优秀的企业文化、干事创业的奋斗精神输入课堂，引导学生感受企业的优秀文化和创业精神，激发学生更好地学习科学知识和技术技能，提高学生的思想道德素养、科学素养与职业道德水平，为社会和行业发展培养合格人才。四是积极开展开放式创新。企业要积极响应市场需求，主动对接学校的应用技术研发、成果推广应用，积极探索技术转移和知识转化的途径，发挥其与学校合作创新的优势，推进科技成果从学校实验室向产业市场转化，缩短产品创新周期，不断提高自身竞争优势。

8.4 本章小结

根据城市产教融合影响因素及评价研究结果，本章从环境、机制和主体三个层面提出城市产教融合的优化路径。在环境层面，要推动政策协同，建立组合激励政策体系；加强园区建设，搭建产教融合平台载体；创新人才评价，形成合作创新的社会文化。在机制层面，要完善共建共享机制，促进资源有效转换；建立利益平衡机制，实现产教融合主体共赢；创新组织形态及运行机制，促进产教融合良性运行。在主体层面，政府发挥规划引领功能，统筹城市产教融合发展格局；学校创新人才培养模式，提高服务行业企业能力；企业利用资源比较优势，推动协同育人和合作创新。

9

研究结论与展望

9.1 研究结论

本研究以城市产教融合生态系统为分析视角，运用 DEMATEL-ISM-SEM 法分析城市产教融合的影响因素结构及其作用关系，构建城市产教融合的 CIPP 评价模型，在开展评价实证研究的基础上提出城市产教融合的优化路径。主要研究结论如下：

① 城市产教融合是一个复杂的人工生态系统，其要素结构包括生态主体、生态环境和生态机制。

产教融合生态主体主要包括政府、学校和企业，它们遵循三螺旋模型，在合作和互动中相互渗透和融合。政府在城市产教融合中承担统筹规划、组织引导、服务保障、评估监督等角色，获取产业转型升级的人才资源、创新资源是其推进产教融合的动力所在。学校在城市产教融合中承担人才培养、科学研究、社会服务等职能和角色，获得办学资金和设备的支持、提高人才培养质量、促进科技成果转化、提升社会影响力是其推进产教融合的利益诉求。企业在城市产教融合中承担办学主体、培养主体、创新主体等角色，获得人才资源、科技创新成果以及政府在财政、税收、融资、土地等方面的支持，提高自身社会声誉是其推进产教融合的利益诉求。产教融合生态环境包括经济环境、社会环境、技术环境和制度环境。城市产教融合生态机制是主体与主体之间、主体与环境之间相互作用和调节的过程和方式，包括资源共享机制、沟通协调机制、利益平衡机制和组织保障机制。

② 城市产教融合的影响因素主要包括产教融合主体（内生性因素）、产教融合环境（外生性因素）及产教融合机制（系统运行因素）。

在主体层面，学校主体影响因素包括学校产教融合意识、基础条件、办学水平和资源投入等；企业主体影响因素包括企业基础条件、文化特征和资源投入；政府主体影响因素主要在于政府功能发挥。在环境层面，经济环境影响因素包括城市产业结构、城市平台载体，社会环境影响因素包括社会认同、文化氛围，技术环境影响因素包括技术人才需求、技术成果应用，制度环境影响因素包括宏观政策法规、微观主体制度。在机制层面，资源共享机制影响因素体现为资源共享共用；沟通协调机制影响因素主要包括信息沟通渠道、社会组织协调；利益平衡机制影响因素包括利益分配、成本分担与补偿；组织保障机制影响因素包括区域组织运行、微观组织运行。

根据DEMATEL模型的中心度和原因度分析结果，将城市产教融合影响因素分为四类，即强原因型因素、弱原因型因素、弱结果型因素、强结果型因素。强原因型因素包括宏观政策法规、政府功能发挥、技术人才需求、社会文化氛围、城市平台载体、微观主体制度、区域组织运行，这些因素对城市产教融合有显著的影响，且对其他结果型因素也有较大的影响。弱原因型因素包括社会认同、企业文化特征、城市产业结构、企业基础条件、社会组织协调，这些因素对城市产教融合有一定的影响，对其他结果型因素有较大的影响。弱结果型因素包括学校基础条件、学校资源投入、学校产教融合意识、学校办学水平，这些因素是其他原因型因素综合作用的结果，对城市产教融合有一定的影响。强结果型因素包括企业资源投入、成本分担与补偿、利益分配、信息沟通渠道、技术成果应用、资源共享共用、微观组织运行，这些因素也是其他原因型因素综合作用的结果，但是对城市产教融合有重要的影响。

根据ISM模型的层次结构分析结果，将城市产教融合影响因素分为三层，即表层影响因素、中间层影响因素、深层影响因素。表层影响因素主要是集中于产教融合主体层面的影响因素。城市区域内学校和企业的规模、数量、实力等是产教融合发展的基础条件和必要条件，这些因素直接影响城市产教融合的形成。中间层影响因素主要是集中于产教融合机制层面的影响因素。城市产教融合的资源共享机制、沟通协调机制、利益平衡机制、组织保障机制受到制度环境、社会环境的影响，同时也会影响学校、企业等主体的产教融合行为，因此它们是城市产教融合的间接影响因素。深层影响因素主要是集中于产教融合环境层面的影响因素。城市产教融合的经济环境、社会环境、技术环境和制度环境，不仅影响产教融合的运行机制，而且影响学校、企业等主体的产教融合行为。

根据SEM模型的验证分析结果，城市产教融合环境对产教融合机制具有显著的正向影响，作用路径系数为0.918。城市产教融合机制对产教融合主体具有显著的正向影响，作用路径系数为0.384。城市产教融合环境对产教融合主体具有显著的正向影响，其中直接影响效应为0.545，间接影响效应为 0.353，总体影响效应为 0.898。

③ 城市产教融合评价是一种改进导向型评价，兼顾过程评价和结果评价。

城市产教融合评价指标体系包括产教融合环境（Context）、产教融合资源（Input）、产教融合过程（Process）和产教融合成效（Product）四个维度。其中，产教融合环境维度包括政策法规、公共服务、社会文化等指标；产教融合资源维度包括经费投入、师资队伍、平台建设等指标；产教融合过程维度包括人才培养、合作创新、成果转化等指标；产教融合成效维度包括学生成长、企业发展、城市动力等指标。从评价指标的权重来看，城市产教融合环境是最重要的评价维度（权重系数 0.289），政策法规是最重要的评价指标（综合权重系数 0.126）。

基于直觉模糊层次分析和二元语义信息集成的城市产教融合评价方法，能够很好地处理带有模糊性和不确定性的语言评价信息。该方法不仅能够评价城市产教融合发展水平的层级，而且能够反映产教融合环境、资源、过程、成效等各维度的状态，为城市产教融合的优化提供重要依据。

④ 根据城市产教融合影响因素及评价研究结果，从环境、机制和主体三个层面提出城市产教融合的优化路径。

在环境层面，要推动政策协同，建立组合激励政策体系；加强园区建设，搭建产教融合平台载体；创新人才评价，形成合作创新的社会文化。在机制层面，要完善共建共享机制，促进资源有效转换；建立利益平衡机制，实现产教融合主体共赢；创新组织形态及运行机制，促进产教融合良性运行。在主体层面，政府发挥规划引领功能，统筹城市产教融合发展格局；学校创新人才培养模式，提高服务行业企业能力；企业利用资源比较优势，推动协同育人和合作创新。

9.2 创新之处

不同于过往单纯从学校角度研究产教融合问题，本研究聚焦区域层面的产教融合问题，运用管理学、教育学、系统科学、统计学等多学科理论和方法，研究以城市为载体的产教融合影响机制与评价体系，力图实现产教融合研究的视角创新、思路创新和方法创新。

① 聚焦中观层面的产教融合问题，首次研究以城市为载体的产教融合影响因素与评价体系，创新了产教融合的研究视角。

本研究从中观层面选择城市作为产教融合的空间载体，将市域内的学校、行业企业、政府纳入同一个分析单元，建构城市产教融合生态系统理论模型，分析城市产教融合的核心主体、生态环境及运行机制，研究城市产教融合的影响因素及作用关系、评价体系、优化路径等问题，为产教融合研究开辟了新的视角。

② 提出城市产教融合影响因素的生态系统分析框架，挖掘城市产教融合的关键影响因素并对其关系进行结构化分析，创新了产教融合影响因素的研究思路。

本研究从生态主体、环境、机制三个层面识别城市产教融合的影响因素，定量分析影响因素的重要性程度和层次结构，提出城市产教融合主体、环境、机制影响因素之间的作用关系假设，编制城市产教融合影响因素调查问卷，建立结构方程模型，验证城市产教融合影响因素的作用关系，为产教融合影响因素研究提供了新的思路。

③ 构建城市产教融合评价的 CIPP 模型，提出契合指标属性的模糊语言信息评价方法，创新了产教融合评价的研究方法。

本研究从产教融合环境、资源、过程和成效四个维度构建城市产教融合评价指标体系，基于直觉模糊层次分析法确定评价指标权重，运用二元语义信息集结方法确定综合评价结果，有效解决了评价过程中的专家判断模糊性、非一致性问题和评价信息损失问题，更加符合城市产教融合评价的指标属性和现实情境，为产教融合评价研究提供了新的方法。

9.3 研究展望

本研究以城市为分析单元，研究了产教融合的影响因素及评价体系，为深化产教融合提供重要的理论依据。尽管在规范研究和实证研究中尽可能做到科学严谨，但还有一些内容需要在今后的研究中不断完善。

① 在城市产教融合影响因素的识别过程中，主要依赖于文献研究，研究

方法较为单一。下一步可以开展城市产教融合的案例研究，总结和分析不同城市产教融合的主体行为、生态环境和运行机制，从城市产教融合发展的实践中提炼影响因素，增强影响因素体系的全面性和解释力。

② 在城市产教融合影响因素作用关系的研究中，只研究了主体、环境和机制三个层面影响因素之间的作用关系，没有实证分析这三个层面影响因素对城市产教融合的作用路径系数。下一步可以找出城市产教融合的测量变量，再通过更大规模的问卷调查，研究城市产教融合影响因素的作用机理。

③ 在城市产教融合优化路径的研究中，主要参考国内产教融合试点城市的发展经验，缺乏国际经验的借鉴。下一步可以开展城市产教融合的比较研究，梳理和总结国外城市产教融合发展的模式和路径，为我国城市产教融合发展提供路径选择。

附录 1　城市产教融合影响因素专家评分表

尊敬的专家：

您好！我们正在做一项有关城市产教融合的研究，请您根据您对产教融合的认知，对城市产教融合影响因素之间的影响程度做出判断。本表格采用匿名方式作答，仅作为学术研究之用。感谢您对我们研究工作的支持。

填表说明：如果因素 U_i 对因素 U_j “没有影响”，请在影响因素判断矩阵对应的位置填写“0”；如果因素 U_i 对因素 U_j 有“弱的影响”，请在影响因素判断矩阵对应的位置填写“1”；如果因素 U_i 对因素 U_j 有“一般影响”，请在影响因素判断矩阵对应的位置填写“2”；如果因素 U_i 对因素 U_j 有“强的影响”，请在影响因素判断矩阵对应的位置填写“3”；如果因素 U_i 对因素 U_j 有“较强影响”，请在影响因素判断矩阵对应的位置填写“4”。

产教融合主体层面影响因素判断矩阵

	U_1	U_2	U_3	U_4	U_5	U_6	U_7	U_8
U_1								
U_2								
U_3								
U_4								
U_5								
U_6								
U_7								
U_8								

注：产教融合主体层面影响因素：学校产教融合意识(U_1)、学校基础条件(U_2)、学校办学水平(U_3)、学校资源投入(U_4)、企业性质和规模(U_5)、企业文化特征(U_6)、企业资源投入(U_7)、政府功能发挥(U_8)。

产教融合环境层面影响因素判断矩阵

	U_9	U_{10}	U_{11}	U_{12}	U_{13}	U_{14}	U_{15}	U_{16}
U_9								
U_{10}								
U_{11}								
U_{12}								
U_{13}								
U_{14}								
U_{15}								
U_{16}								

注:产教融合环境层面影响因素:城市产业结构(U_9)、城市平台载体(U_{10})、社会认同(U_{11})、文化氛围(U_{12})、技术人才需求(U_{13})、技术成果应用(U_{14})、宏观政策法规(U_{15})、微观主体制度(U_{16})。

产教融合机制层面影响因素判断矩阵

	U_{17}	U_{18}	U_{19}	U_{20}	U_{21}	U_{22}	U_{23}
U_{17}							
U_{18}							
U_{19}							
U_{20}							
U_{21}							
U_{22}							
U_{23}							

注:产教融合机制层面影响因素:资源共享共用(U_{17})、信息沟通渠道(U_{18})、社会组织协调(U_{19})、利益分配(U_{20})、成本分担与补偿(U_{21})、区域组织运行(U_{22})、微观组织运行(U_{23})。

附录 2　城市产教融合影响因素调查问卷

尊敬的先生/女士：

您好！我们正在做一项有关城市产教融合的研究，请您根据所在城市产教融合发展情况，在下列题项中选择合适的选项。本问卷采用匿名方式作答，仅作为学术研究之用。感谢您对我们研究工作的支持。

一、个人资料

1. 您所在的区域（　　）。

A. 东部地区　　B. 中部地区　　C. 西部地区　　D. 东北地区

2. 您所在的单位（　　）。

A. 普通本科院校　　B. 高等职业院校

C. 中等职业学校　　D. 企业

3. 您从事的工作岗位（　　）。

A. 学校教师　　B. 学校管理人员

C. 企业管理人员　　D. 其他

4. 您的技术职称（　　）。

A. 高级　　B. 中级　　C. 初级　　D. 其他

二、城市产教融合影响因素调查

1. 学校在办学过程中具有产教融合意识。（　　）

A. 非常同意　　B. 大部分同意

C. 一半同意　　D. 少部分同意

E. 非常不同意

2. 学校具备产教融合的办学条件。(　　)

A. 非常同意　　B. 大部分同意

C. 一半同意　　D. 少部分同意

E. 非常不同意

3. 学校具备产教融合的办学能力。(　　)

A. 非常同意　　B. 大部分同意

C. 一半同意　　D. 少部分同意

E. 非常不同意

4. 企业具备开展产教融合的基础条件。(　　)

A. 非常同意　　B. 大部分同意

C. 一半同意　　D. 少部分同意

E. 非常不同意

5. 城市产业结构与学校专业结构匹配联动。(　　)

A. 非常同意　　B. 大部分同意

C. 一半同意　　D. 少部分同意

E. 非常不同意

6. 城市重视建设产教融合平台载体。(　　)

A. 非常同意　　B. 大部分同意

C. 一半同意　　D. 少部分同意

E. 非常不同意

7. 社会公众积极认可职业教育、技能人才。(　　)

A. 非常同意　　B. 大部分同意

C. 一半同意　　D. 少部分同意

E. 非常不同意

8. 社会媒体常会宣传报道产教融合、校企合作。(　　)

A. 非常同意　　B. 大部分同意

C. 一半同意　　D. 少部分同意

E. 非常不同意

9. 新技术成果在学校和企业中得到应用。(　　)

A. 非常同意　　B. 大部分同意

C. 一半同意　　　　D. 少部分同意

E. 非常不同意

10. 国家和省级层面有关产教融合的制度得到贯彻落实。(　　)

A. 非常同意　　　　B. 大部分同意

C. 一半同意　　　　D. 少部分同意

E. 非常不同意

11. 学校和企业在产教融合中能进行合理的收益分配。(　　)

A. 非常同意　　　　B. 大部分同意

C. 一半同意　　　　D. 少部分同意

E. 非常不同意

12. 学校和企业在产教融合中能获得成本分担与补偿。(　　)

A. 非常同意　　　　B. 大部分同意

C. 一半同意　　　　D. 少部分同意

E. 非常不同意

13. 学校和企业主体层面产教融合组织积极有效运行。(　　)

A. 非常同意　　　　B. 大部分同意

C. 一半同意　　　　D. 少部分同意

E. 非常不同意

问卷到此结束,再次感谢您接受我们的调查!

附录3 城市产教融合评价指标专家调查表

尊敬的专家：

您好！我们正在做一项有关城市产教融合的研究，请您根据您对城市产教融合的认知，对下列评价指标的重要性进行判断。本次调查采用匿名方式作答，仅作为学术研究之用。感谢您对我们研究工作的支持。

填表说明：在下面表格的每一行中，如果您认为A比B极端重要，则在“极端重要”栏下相应空格内填写“A”；如果您认为B比A稍微重要，则在“稍微重要”栏下相应空格内填写“B”；如果您认为A与B同等重要，则在“同等重要”栏下相应空格内填写“AB”。每一行的两两比较判断，只能在一个空格中填写A或B或AB。

对于城市产教融合而言，一级指标重要性的判断情况

两两比较 判断的因素	同等重要	稍微重要	明显重要	重要得多	极端重要
A. 产教融合环境 B. 产教融合资源					
A. 产教融合环境 B. 产教融合过程					
A. 产教融合环境 B. 产教融合成效					
A. 产教融合资源 B. 产教融合过程					

续表

两两比较判断的因素	同等重要	稍微重要	明显重要	重要得多	极端重要
A. 产教融合资源 B. 产教融合成效					
A. 产教融合过程 B. 产教融合成效					

对于产教融合环境而言，二级指标重要性的判断情况

两两比较判断的因素	同等重要	稍微重要	明显重要	重要得多	极端重要
A. 政策法规 B. 公共服务					
A. 政策法规 B. 社会文化					
A. 公共服务 B. 社会文化					

注："政策法规"是指城市财税、金融、用地等激励政策以及教育和产业引导政策的制定与落实情况，校企合作权益保障法规的制定与落实情况；"公共服务"是指城市人才中介服务水平、科技中介服务水平；"社会文化"是指社会公众合作发展意识，企业参与办学积极性等。

对于产教融合资源而言，二级指标重要性的判断情况

两两比较判断的因素	同等重要	稍微重要	明显重要	重要得多	极端重要
A. 经费投入 B. 师资队伍					
A. 经费投入 B. 平台建设					

续表

两两比较判断的因素	同等重要	稍微重要	明显重要	重要得多	极端重要
A. 师资队伍 B. 平台建设					

注:“经费投入”是指政府教育与科技经费投入情况,企业研发与教育费用投入情况;“师资队伍”是指学校双师型教师比例,企业兼职教师承担课时比例,企业兼职专业带头人(产业教授)人数;“平台建设”是指学生实习实训基地、创新创业基地建设情况,产教融合创新平台建设情况。

对于产教融合过程而言,二级指标重要性的判断情况

两两比较判断的因素	同等重要	稍微重要	明显重要	重要得多	极端重要
A. 人才培养 B. 合作创新					
A. 人才培养 B. 成果转化					
A. 人才培养 B. 成果转化					

注:“人才培养”是指校企合作设置专业、制定培养方案、建设课程等情况,企业职工培训覆盖水平和质量,以需求为导向的人才培养结构动态调整情况;“合作创新”是指教师参与企业技术开发情况,学校承担企业科研项目情况;“成果转化”是指企业创新需求发布与创新成果识别情况,学校创新需求识别与创新成果转让情况,企业创新成果引进吸收、产品化情况。

对于产教融合成效而言,二级指标重要性的判断情况

两两比较判断的因素	同等重要	稍微重要	明显重要	重要得多	极端重要
A. 学生成长 B. 企业发展					

续表

两两比较 判断的因素	同等重要	稍微重要	明显重要	重要得多	极端重要
A. 学生成长 B. 城市动力					
A. 企业发展 B. 城市动力					

注:“学生成长”是指学生就业满意度与用人单位满意度,学生创业的社会效益与经济效益;“企业发展”是指企业专利授权数量,人均产品销售收入;“城市动力”是指区域专业技术人才数量,区域高新技术产业增加值。

您对城市产教融合评价指标还有哪些建议?

再次感谢您接受我们的调查!

附录4　城市产教融合评价指标评分表(学校版)

尊敬的老师：

您好！我们正在做一项有关城市产教融合的研究，请您根据所在城市的产教融合发展情况，对下列评价指标进行判断，并在您认为确切的评语下画"√"。

本表格采用匿名方式作答，仅作为学术研究之用。感谢您对我们研究工作的支持。

序号	评价指标描述	非常差	很差	差	一般	好	很好	非常好
1	所在城市有关产教融合激励与引导政策的制定与落实情况							
2	所在城市有关产教融合权益保障法规的制定与落实情况							
3	社会组织服务水平（如：科技中介、人才中介）							
4	社会公众合作发展意识							
5	政府教育与科技经费投入情况							
6	企业研发与教育费用投入情况							
7	学校双师型教师队伍建设情况							
8	企业兼职教师到校授课情况							
9	学生实习实训基地建设情况							

续表

序号	评价指标描述	非常差	很差	差	一般	好	很好	非常好
10	产学研协同创新平台建设情况							
11	校企合作培养人才情况							
12	校企合作科技创新情况							
13	科技创新成果转化情况							
14	学生创新创业能力							
15	学生就业满意度							
16	合作企业可持续发展能力							
17	所在城市经济发展活力							

附录5　城市产教融合评价指标评分表(企业版)

尊敬的先生/女士：

您好！我们正在做一项有关城市产教融合的研究，请您根据所在城市的产教融合发展情况，对下列评价指标进行判断，并在您认为确切的评语下画“√”。

本表格采用匿名方式作答，仅作为学术研究之用。感谢您对我们研究工作的支持。

序号	评价指标描述	非常差	很差	差	一般	好	很好	非常好
1	所在城市有关校企合作激励与引导政策的制定与落实情况							
2	所在城市有关校企合作权益保障法规的制定与落实情况							
3	社会组织服务水平(如：科技中介、人才中介)							
4	社会公众合作发展意识							
5	政府教育与科技经费投入情况							
6	企业研发与教育费用投入情况							
7	企业人员受聘学校兼职教师比例							
8	校企共建实习实训基地情况							
9	产学研协同创新平台建设情况							

续表

序号	评价指标描述	非常差	很差	差	一般	好	很好	非常好
10	企业提供学生实习岗位情况							
11	企业职工培训覆盖水平和质量							
12	校企合作科技创新情况							
13	科技创新成果转化情况							
14	企业对本地学校毕业生满意度							
15	企业拥有授权专利情况							
16	企业营业收入增长情况							
17	所在城市经济发展活力							

参考文献

[1] 马世洪.以供给侧改革破解大学生就业市场结构性矛盾[J].中国高等教育,2016(10):15-18.

[2] 张志军,范豫鲁,张琳琳.国家产教融合的历史演进、现代意蕴及建设策略[J].职业技术教育,2021(1):38-44.

[3] 陈志杰.职业教育产教融合的内涵、本质与实践路径[J].教育与职业,2018(5):35-41.

[4] 谢笑珍."产教融合"机理及其机制设计路径研究[J].高等工程教育研究,2019(5):81-87.

[5] 周慧文.高校产教融合困境及其突破:一个综合性的理论分析框架[J].中国人民大学教育学刊,2021(1):59-72.

[6] 许士密.依附论视域下地方本科高校产教融合的困境与超越[J].江苏高教,2020(6):49-55.

[7] 郝天聪,石伟平.从松散联结到实体嵌入:职业教育产教融合的困境及其突破[J].教育研究,2019(7):102-110.

[8] 刘志敏,张闳肆.构筑创新共同体　深化产教融合的核心机制[J].中国高等教育,2019(10):16-18.

[9] 韩连权,臧志军,尤婷婷.产教融合型城市试点:要素、困境与改革路径:以江苏省C市为例[J].职业技术教育,2021(12):26-30.

[10] 李小鲁,刘晶.对建设产教融合型试点城市的思考[J].教育与职业,2020(7):5-11.

[11] 陈星.基于国际经验的产教融合型城市建设路径探索[J].中国职业技术教育,2020(6):54-59.

[12] 朱妍.城市学概论[M].广州:广东人民出版社,2017.

[13] 陈年友,周常青,吴祝平.产教融合的内涵与实现途径[J].中国高校科技,2014(8):40-42.

[14] 潘海生,程欣.新时代职业教育产教融合治理体系和治理能力现代化的现实内涵和行动路径[J].中国职业技术教育,2021(12):68-74.

[15] 孔宝根.企业科技指导员制度:深化职业教育产教融合的新路径[J].教育发展研究,2015(3):59-64.

[16] 刘斌,邹吉权,刘晓梅.职业教育产教融合的逻辑起点与应然之态[J].中国高教研究,2017(11):106-110.

[17] 邱晖,樊千.推进产教深度融合的动力机制及策略[J].黑龙江高教研究,2016(12):102-105.

[18] 徐亦平.产教融合下的人才培养[N].光明日报,2014-08-12.

[19] 贺星岳,等.现代高职的产教融合范式[M].杭州:浙江大学出版社,2018.

[20] 和震,李玉珠,魏明,等.职业教育产教融合制度创新[M].北京:科学出版社,2018.

[21] 蔡敬民,夏琍,余国江.应用型高校的产教融合:内涵认知与机制创新[J].中国高校科技,2019(4):4-7.

[22] 胡昌送,张俊平.高职教育产教融合:本质、模式与路径:基于知识生产方式视角[J].中国高教研究,2019(4):92-97.

[23] 袁靖宇.高等教育:产教融合的历史观照与战略抉择[J].中国高教研究,2018(4):55-57.

[24] 邢晖,李玉珠.民办高校产教融合现状调查与分析[J].教育与职业,2015(36):24-27.

[25] 施晓秋,徐赢颖.工程教育认证与产教融合共同驱动的人才培养体系建设[J].高等工程教育研究,2019(2):33-39.

[26] 陈锋.抓住机遇,乘势前进,推动产教融合迈向新阶段[J].中国高等教育,2018(2):18-22.

[27] 王秋玉.地方本科院校深化产教融合运行机制研究[J].中国成人教育,2017(13):36-39.

[28] 姜大源.高校要提升深度参与产教融合的能力[J].中国高等教育,2018(2):23-24.

[29]《中国高教研究》编辑部,浙江省现代职业教育研究中心.深化产教融合提升人力资源质量(笔谈)[J].中国高教研究,2018(4):62-64.

[30] 秦斌.产教深度融合是现代职业教育发展的重要方向[N].广西日报,2014-08-05.

[31] 李永生,牛增辉.论产教融合及其深化内容[J].北京教育(高教),2018(5):19-22.

[32] 周晶,岳金凤.破解难点问题着力提升产教融合效能[J].职业技术教育,2018(30):22-23.

[33] 杨善江."产教融合"的院校、企业、政府角色新探:基于"三螺旋"理论框架[J].高等农业教育,2014(12):117-119.

[34] 钱程,韩宝平.基于平台建设的职业教育产教深度融合研究[J].教育与职业,2017(13):32-37.

[35] 万卫,张帆.产教融合政策的目标及其实现条件[J].职业技术教育,2019(15):34-38.

[36] 孙云飞,张兄武,付保川.地方高校"产教融合"动力机制的构建研究[J].教育探索,2021(1):39-43.

[37] 本刊编辑部.深化产教融合笔谈会[J].中国职业技术教育,2018(1):16-32.

[38] 张健.论校企合作多元主体的治理[J].中国职业技术教育,2018(18):44-49.

[39] 杨钋.技能形成与区域创新:职业教育校企合作的功能分析[M].北京:社会科学文献出版社,2020.

[40] 刘志敏.产教融合:从"融入"走向"融合"[J].中国高等教育,2018(2):24-25.

[41] 李梦卿,刘晶晶.高职院校深化产教融合的教育生态学意旨、机理与保障[J].高等教育研究,2019(3):71-75.

[42] 吴林璠,徐远火.产教融合视域下职业教育质量第三方评价研究[J].教育与职业,2021(6):19-26.

[43] 刘君."互联网+"时代产教融合的现实困境与实施路径[J].职业技术教育,2018(4):19-23.

[44] 聂劲松,胡筠,万伟平.多元化与集成化:产教融合组织形态的实践演进[J].职教论坛,2021(2):33-39.

[45] 鲁武霞.高职产教融合的混合所有制"共享工厂"模式:架构理念与核心要素[J].中国职业技术教育,2021(4):80-85.

[46] 孙卫平,聂强.在产教融合中探索跨界治理[N].光明日报,2020-05-19.

[47] 贺书霞,冀涛.基于共享发展理念的职业教育产教融合共同体建构[J].职业技术教育,2021(4):35-41.

[48] 周建松,陈正江.基于学校发展系统的高职院校产教融合实现路径[J].教育与职业,2019(5):31-35.

[49] 潘海生,王宁,董伟.基于共词分析法的高等职业教育校企合作政策演变逻辑[J].中国职业技术教育,2017(15):90-96.

[50] 祁占勇,王羽菲.改革开放40年来我国职业教育产教融合政策的变迁与展望[J].中国高教研究,2018(5):40-45,76.

[51] 霍丽娟.深化产教融合政策的多源流分析:匹配、耦合和发展[J].职业技术教育,2018(4):6-13.

[52] 王坤,沈娟,高臣.产教融合政策协同性评价研究(2013—2020)[J].教育发展研究,2020(17):66-75.

[53] 沈凌,张晶欣.促进产教融合创新的政策实现路径[N].中国社会科学报,2020-05-21.

[54] 李海东,黄文伟.我国职业教育产教融合制度体系构建的若干思考[J].高教探索,2021(2):103-108.

[55] 柳友荣,项桂娥,王剑程.应用型本科院校产教融合模式及其影响因素研究[J].中国高教研究,2015(5):64-68.

[56] 王丹中.基点·形态·本质:产教融合的内涵分析[J].职教论坛,2014(35):79-82.

[57] 贺耀敏,丁建石.职业教育十大热点问题[M].北京:中国人民大学出版社,2015.

[58] 王祝华.产教融合从内涵深化到载体创新[J].中国高校科技,2019

(12):61-64.

[59] 马树超,郭文富.高职教育深化产教融合的经验、问题与对策[J].中国高教研究,2018(4):58-61.

[60] 李玉倩,蔡瑞林,陈万明.面向新工科的集成化产教融合平台构建:基于不完全契约的视角[J].中国高教研究,2018(3):38-43.

[61] 陈星.以市场为中心的共治:高职教育产教融合治理机制改革探析[J].教育发展研究,2019(23):56-63.

[62] 石军伟.以深化产教融合促高质量发展[N].湖北日报,2019-12-15.

[63] 牟延林.产教融合 2.0 时代的办学型态[J].中国高等教育,2018(2):22.

[64] 陈抗.面向江苏制造业高质量发展的产教融合研究[J].江苏高教,2021(3):55-58.

[65] 张明珠,陆江,卢炜,等.现代宠物技术专业群教学资源库的研究与实践[J].安徽农业科学,2015(25):386-388.

[66] 雷望红.组织协作视角下产教融合实践困境与破解之道[J].高等工程教育研究,2022(1):104-109.

[67] 谢笑珍.产教融合:从概念改革到行动实施[N].光明日报,2019-08-13.

[68] 毛才盛,田原.地方应用型本科院校产教融合发展路径:共生理论视角[J].教育发展研究,2019(7):7-12.

[69] 李倩.产教融合:地方应用型本科院校转型发展的路径[J].职业与教育,2019(9):45-48.

[70] 黄琳,隋国辉,王榕.应用型转型背景下高校产教融合困境的破解机制研究[J].黑龙江高教研究,2019(2):89-93.

[71] 刘晓,郭军峰.区域深化产教融合的发展现状与问题研究:以郑州市为例[J].当代经济,2020(4):63-65.

[72] 邢晖,李玉珠.民办高校产教融合现状调查与分析[J].教育与职业,2015(36):24-27.

[73] 刘耀东.产教融合过程中企业逻辑和学校逻辑的冲突与调适[J].国家教育行政学院学报,2019(10):45-50.

[74] 黄亚宇,李小球.利益相关者视角下区域性产教融合政策的实现路

径[J].职业技术教育,2020(9):34-38.
[75] 张振飞,伊继东.发挥企业作用 深化产教融合[J].中国高等教育,2018(2):40-41.
[76] 宋丽.企业参与职业教育校企合作积极性研究[D].天津:天津大学,2013.
[77] 沈剑光,叶盛楠,张建君.我国企业参与校企合作的现实意愿及影响因素:基于766份样本数据的调查[J].职业技术教育,2018(7):33-39.
[78] 范惠明.高校教师参与产学合作的机理研究[D].杭州:浙江大学,2014.
[79] 陈星.应用型高校产教融合动力研究[D].重庆:西南大学,2017.
[80] 白逸仙.高水平行业特色高校"产教融合"组织发展困境:基于多重制度逻辑的分析[J].中国高教研究,2019(4):86-91.
[81] 刘晶晶.基于协同理论的高职教育产教融合机制及优化策略研究[D].武汉:华中师范大学,2019.
[82] 彭青,赵培红."产城教"的融合与发展:以河北省为例[J].河北经贸大学学报,2018(1):43-49.
[83] 毛伟雄,陈金聪.职教如何与城市融合发展[N].光明日报,2018-04-05.
[84] 程宇,袁洪艳.顺"市"而为:职业教育服务城市发展的行动逻辑及实践策略——2016职业教育与城市发展高层对话会综述[J].职业技术教育,2016(18):35-38.
[85] 余霞,石贵舟.产教融合视域下高职教育与区域经济协同发展研究[J].职业技术教育,2020(19):35-40.
[86] 王建.职业教育促进产城人融合发展[M].上海:同济大学出版社,2018.
[87] NSANZUMUHIRE, GROOT. Context perspective on university-industry collaboration processes:a systematic review of literature[J]. Journal of cleaner production,2020,258,ID:120861.
[88] SSEBUWUFU, LUDWICK, BELAND. Strengthening university-industry linkages in Africa:a study on institutional capacities and gaps[D]. Accra:Association of African Universities(AAU),2012.

[89] ALSHEHRI, GUTUB, EBRAHIM. Integration between industry and university: case study, faculty of engineering at Rabigh, Saudi Arabia [J]. Education for chemical engineers, 2016, 14: 24-34.

[90] WHITTLE J, HUTCHINSON J. Mismatches between industry practice and teaching of model-driven software development [J]. Models in software engineering, 2012, 7167: 40-47.

[91] GREEN E K. Employee volunteer and employer benefits from business-education partnerships as perceived by employee volunteers [D]. Mississippi: The University of Southern Mississippi, 2012.

[92] LEE Y S. The sustainability of university-industry research collaboration: an empirical [J]. Journal of technology transfer, 2000, 25 (2): 111-112.

[93] CHANAPAI S, SUTTAWET C. Cooperation between public and private sectors in providing workforces and development of labor efficiency in the motorcycle industry [J]. Kasetsart journal of social sciences, 2020, 41(1): 130-135.

[94] GIBSON, DAIM, DABIC. Evaluating university industry collaborative research centers [J]. Technological forecasting & social change, 2019, 146: 181-202.

[95] GEISLER. Benchmarking inter-organizational technology cooperation: the link between infrastructure and sustained performance [J]. International journal of technology management, 2003, 25(8): 675-702.

[96] SUH, WOO, KOH, et al. Analysing the satisfaction of university-industry cooperation efforts based on the Kano model: a Korean case [J]. Technological forecasting & social change, 2019, 148, Article ID 119740.

[97] VILLANI, RASMUSSEN, GRIMALDI. How intermediary organizations facilitate university-industry technology transfer: a proximity approach [J]. Technological forecasting and social change, 2017, 114: 86-102.

[98] LEE. Development of boundary-spanning organizations in Japanese universities for different types of university-industry collaborations: a resource dependence perspective [J]. Asian journal of technology innovation, 2014, 22(2): 204-218.

[99] LEMOS, CARIO. University-industry interaction in Santa Catarina: evolutionary phases, forms of interaction, benefits, and barriers [J]. Rev. Adm. Inovaçao(RAI), 2017, 14(1): 16-29.

[100] DUTRENIT, ARZA. Features of interactions between public research organizations and industry in Latin America: the perspective of researchers and firms [M]//. Albuquerque, Lee, Suzigan, et al. Developing National Systems of Innovation, 2015: 93-119.

[101] CHAVES, RAPINI, SUZIGAN, et al. The contribution of universities and research institutes to Brazilian innovation system [J]. Innovat. Dev., 2015, 6(1): 31-50.

[102] ARZA, DE FUENTES, DUTRENIT. Channels and benefits of interactions between public research organizations and industry: comparing country cases in Africa, Asia, and Latin America [M]// Albuquerque, Lee, Suzigan, et al. Developing National Systems of Innovation, 2015: 164-193.

[103] ZAHARIA. University-industry knowledge transfer: channels of sport research interaction [J]. International journal of business and management, 2017, 12(9): 1.

[104] DE FUENTES, DUTRENIT. Best channels of academia-industry interaction for long-term benefit [J]. Research policy, 2012, 41(9): 1666-1682.

[105] HARRIS, LYON. Transdisciplinary environmental research: building trust across professional cultures [J]. Environmental science technology, 2013, 31, 109-119.

[106] HEMMERT, BSTIELE, OKAMURO. Bridging the cultural divide: trust formation in university-industry research collaborations in the

US, Japan, and South Korea [J]. Technovation, 2014, 34 (10): 605-616.

[107] BSTIELER, HEMMERT, BARCZAK. The changing bases of mutual trust formation in inter-organizational relationships: a dyadic study of university-industry research collaborations[J]. J. Bus. Res. ,2017,74: 47-54.

[108] CHAU, GILMAN, SERBANICA. Aligning university-industry interactions: the role of boundary spanning in intellectual capital transfer[J]. Technological forecasting and social change, 2017, 123: 199-209.

[109] THEODORAKOPOULOS, SANCHEZ PRECIADO, BENNETT. Transferring technology from university to rural industry within a developing economy context: the case for nurturing communities of practice[J]. Technovation, 2012, 32(9/10): 550-559.

[110] FRANCO M, HAASE H. University-industry cooperation: researchers motivations and interaction channels [J]. Journal of engineering and technology management, 2015, 36: 41-51.

[111] SANTORO M D, CHAKRABARTI A K. Frim size and technology centrality in industry-university interactions [J]. Research policy, 2002, 31: 1163-1180.

[112] CHANG Y A. Phase diagram calculations in teaching, research, and industry[J]. Metallurgical and materials transactions, 2006, 37: 7-39.

[113] SIEGEL D S, WALDMAN D A. Commercial knowledge transfers from universities to firms: improving the effectiveness of university-industry collaboration [J]. Journal of high technology management research, 2003, 14: 111-133.

[114] LINDELOF P, LOFSTEN H. Proximity as a resoure base for competitive advantage: university-industry links for technology transfer[J]. The journal of technology transfer, 004, 29: 311-326.

[115] KNUDSEN H. Higher education in a sustainable society [M].

Springer International Publishing,2015:147-175.

[116] MUSCIO, VALLANTI. Perceived obstacles to university-industry collaboration: results from a qualitative survey of Italian academic departments[J]. Ind. Innovat. ,2014,21(5):410-429.

[117] TSUKAMTO K. The interconnection between Australian international education industry and its skilled migration programs [C]. Education Across Borders,2009:49-60.

[118] ISKANDER M. Innovations in E-learning, instruction technology, assessment, and engineering education[M]. Springer Netherlands, 2007:351-354.

[119] PENGAL L H,WU Y P. Research of youth community education and development of local cultural industries[J]. Social and behavioral sciences,2016,217:414-420.

[120] AFONSO A, et al. University-industry cooperation in the education domain to foster competitiveness and employment[J]. Social and behavioral sciences,2012,46:3947-3953.

[121] 克拉克.高等教育系统:学术组织的跨国研究[M].王承绪,徐辉,等译.杭州:杭州大学出版社,1994.

[122] 博克.走出象牙塔:现代大学的社会责任[M].徐小洲,陈军,译.杭州:浙江教育出版社,2001.

[123] ETZKOWITZ,KLOFSTEN. The innovating region: toward a theory of knowledge-based regional development[J]. R & D Management, 2005,35(3):243-255.

[124] 皮肖内.这里改变世界:硅谷成功创新之谜[M].罗成,译.北京:中信出版社,2013.

[125] 戈达德,瓦兰斯.大学与城市[M].陈宇,尔惟,郭雪婷,译.天津:天津大学出版社,2019.

[126] 孙善学.产教融合的理论内涵与实践要点[J].中国职业技术教育,2017(34):90-94.

[127] 彭莉洁.职业教育产教融合的历史演进、逻辑起点与战略要点[J].教

育与职业,2019(6):19-25.

[128] 任聪敏.职业教育产教融合的发展演进、形成原因与未来展望[J].职业与教育,2021(4):25-31.

[129] 石伟平,郝天聪.从校企合作到产教融合:我国职业教育办学模式改革的思维转向[J].教育发展研究,2019(1):1-9.

[130] 王振华,黄志纯.产教融合背景下地方本科院校横向科研工作研究[J].江苏高教,2019(10):62-66.

[131] 王玉龙,郭福春.高职院校深化产教融合的现实样态与路径选择[J].职教论坛,2021(2):40-45.

[132] GUERRERO. Industry-university collaboration in rural and metropolitan regions: what is the role of graduate employment and external non-university knowledge? [J/OL]. Journal of rural studies, 202,78(0):516-530.

[133] TANSLEY A G. The use and abuse of vegetational concepts and terms [J]. Ecology,1935,16(3):284-307.

[134] CLEMENTS F E. Plant succession: An analysis of the development of vegetation [M]. Washington, D. C.: Carnegie Institute of Washington,1916.

[135] GLEASON H A. The structure and development of the plant association[J]. Bulletin of the torrey botanical club,1917,44(10): 463-481.

[136] TANSLEY A G. The classification of vegetation and the concept of development [J]. Journal of ecology,1920,8(2):118-149.

[137] 肖显静,何进.生态系统生态学研究的关键问题及趋势:从"整体论与还原论的争论"看[J].生态学报,2018,38(1):31-40.

[138] JØRGENSEN S E.系统生态学导论[M].陆健健,译.北京:高等教育出版社,2013.

[139] JØRGENSEN S E,FATH B,BASTIANONI S,et al. A new ecology: systems perspective[M]. Amsterdam:Elsevier,2007.

[140] 蔡晓明,蔡博峰.生态系统的理论和实践[M].北京:化学工业出版

社,2012.
[141] 约恩森.生态系统生态学[M].曹建军,等译.北京:科学出版社,2017.
[142] 范国睿.教育生态学[M].北京:人民教育出版社,2019.
[143] 王如松.现代生态学的热点问题研究:中国科学院系统生态开放实验室 1992—1995 年部分论文汇编(上册)[M].北京:中国科学技术出版社,1996.
[144] 朱琴华.构建产教融合新生态[N].光明日报,2019-08-13.
[145] 方卫华.创新研究的三螺旋模型:概念、结构和公共政策含义[J].自然辩证法研究,2003(11):69-72,78.
[146] 埃茨科维兹.三螺旋创新模式:亨利·埃茨科维兹文选[M].陈劲,译.北京:清华大学出版社,2016.
[147] ETZKOWITZ, LEYDESDORFF. The endless transition: a "triple helix" of university-industry-government relations[J]. Minerva, 1998, 36(3):203-208.
[148] ETZKOWITZ. Innovation in innovation: the triple helix of university-industry-government relations [J]. Social science information, 2003, 42.
[149] 杜威.评价理论[M].冯平,余译娜,译.上海:上海译文出版社,2007.
[150] DEWEY J. Valuation and experimental knowledge[J]. The philosophical review, 1922, 31(4):325-351.
[151] DEWEY J. The objects of valuation[J]. The journal of philosophy, psychology and scientific methods, 1918, 15(10):253-258.
[152] 三浦武雄,滨冈尊.现代系统工程学概论[M].郑春瑞,译.邵士斌,校.北京:中国社会科学出版社,1983.
[153] 苏为华.多指标综合评价理论与方法问题研究[D].厦门:厦门大学,2000.
[154] 王宗军.综合评价的方法、问题及其研究趋势[J].管理科学学报,1998(1):73-79.
[155] 秦寿康.综合评价原理与应用[M].北京:电子工业出版社,2003.
[156] 郭亚军.综合评价理论、方法及拓展[M].北京:科学出版社,2012.
[157] 彭张林,张强,杨善林.综合评价理论与方法研究综述[J].中国管理科

学,2015(11):245-255.

[158] PARETO V. La curva delle entrate e le osservazioni del prof. Edgeworth [J]. Giornale degli economisti,1896,13(7):439-448.

[159] NEUMANN J, MORGENSTERN O. Game theory and economic behaviour [M]. Princeton:Princeton University Press,1944.

[160] CHARNES A,COOPER W W,RHODES E. Measuring the efficiency of decision making units [J]. European journal of operational research,1978,2(6):429-444.

[161] ROY B. The outranking approach and the foundations of electre methods [J]. Theory and decision,1991,31(1):49-73.

[162] HWANG C L, YOON K S. Multiple attribute decision making: methods and applications [M]. New York:Springer-Verlag,1981.

[163] BUTLER J D, MORRICE D J, MULLARKEY P W. A multiple attribute utility theory approach to ranking and selection [J]. Management science,2001,47(6):800-816.

[164] WANG Y,PARKAN C. A general multiple attribute decision-making approach for integrating subjective preferences and objective information [J]. Fuzzy sets and systems,2006,157(10):1333-1345.

[165] RODRÍGUEZ, DE CIURANA, ELÍAS. Industry and university cooperation to enhance manufacturing education [J]. Journal of manufacturing systems,2005,24(3):277-287.

[166] MARTÍNEZ L. Sensory evaluation based on linguistic decision analysis [J]. International journal of approximate reasoning,2007,44(2):148-164.

[167] 罗西,弗里曼,李普希.项目评估方法与技术[M]. 6版.邱泽奇,译.北京:华夏出版社,2002.

[168] 戴伊.理解公共政策[M]. 10版.彭勃,等译.北京:华夏出版社,2004.

[169] GUBA E G,LINCOLN Y S. Fourth generation evaluation[M]. Sage:Neubury Park,1989.

[170] 张娜.从对教育的评价到促进教育的评价:教育评价国际研究进展综

述[J]. 基础教育,2017(4):81-88.

[171] 刘振天. 现代高等教育评价体系建设:成效、经验及完善之路[J]. 社会科学战线,2021(3):223-232.

[172] 阳荣威,张善超,李震声. 新时代教育评价改革与制度创新:第七届教育质量与评价高层论坛综述[J]. 大学教育科学,2020(6):2.

[173] 周晶,王斯迪. 职业教育产教融合效能评价:概念基础、价值遵循与指标选择[J]. 现代教育管理,2021(10):106-112.

[174] 霍丽娟. 基于知识生产新模式的产教融合创新生态系统构建研究[J]. 国家教育行政学院学报,2019(10):38-44.

[175] 李建奇,孙倩. "三螺旋"视角下地方高校产教融合生态系统构建[J]. 中国建设教育,2019(5):20-25.

[176] 曾阳. 比较视域下职业教育产教融合的制度分析与合作生态构建[J]. 职业技术教育,2021(4):42-47.

[177] 肖化移,李新生. 区域高等职业教育的产教融合:内容体系与实现路径[J]. 职业技术教育,2021(12):21-25.

[178] 刘泰洪,朱培蕾. 现实选择与理性诉求:地方政府自身利益的实践逻辑[J]. 上海行政学院学报,2010(2):22-28.

[179] 谢海波,汤亚平. 基于"四个面向"的高校科技创新能力全面提升研究[J]. 中国高校科技,2021(6):54-58.

[180] 杜连森. 职业院校、企业与产教融合:基于组织社会学视角的分析[J]. 中国高教研究,2018(9):93-98.

[181] 李秀坤,尹西明. 新发展格局下中国高校科技成果转化的机遇、挑战与对策[J]. 国家教育行政学院学报,2021(7):76-83.

[182] 屈璐. 职业教育校企合作中企业角色定位的实证研究[J]. 当代职业教育,2021(4):26-34.

[183] 郭海英. 发展技工教育亟需进一步扩大企业办学[N]. 北京青年报,2019-09-27(2).

[184] 李国杰. 产教融合型企业评价实践研究[J]. 中国职业技术教育,2019(24):15-20.

[185] 冉云芳,石伟平. 企业参与职业院校实习是否获利:基于 109 家企业的

实证分析[J].华东师范大学学报(教育科学版),2020(1):43-59.
[186] 陈飞宇.面向企业技术创新的校企技术转移机理及博弈模型研究[D].哈尔滨:哈尔滨工业大学,2016.
[187] 岑霭芬.产教融合系统内涵体系及管理策略研究[D].广州:广东技术师范大学,2019.
[188] 凌守兴,张建华.高职教育校企合作生态系统及协调发展路径[J].继续教育研究,2015(10):51-53.
[189] 吕银芳,王志远,祁占勇.生态链视域下职业教育产教深度融合的政策环境及其创设[J].职业技术教育,2019(19):61-66.
[190] 史磊.新常态下我国大学科技园的功能定位及发展对策[J].中国高校科技,2015(11):91-92.
[191] 苏丹.基于共生理论的集约型职教园区协同发展研究[J].中国职业技术教育,2016(32).
[192] 张建云.职业教育产教融合园:内涵、动力及功能[J].中国高教研究,2020(11):104-108.
[193] 庄西真.发展职业教育,对冲人口结构变化的影响[J].职教论坛,2021(5):1.
[194] 陈锋:迈出探索和建设智慧学习工场的第一步[EB/OL].(2019-07-30)[2020-07-05]. http://edu.people.com.cn/n1/2019/0730/c1053-31264512.html.
[195] 张守文.无人驾驶的制度环境及其优化[J].人民论坛·学术前沿,2021(2下):22-30.
[196] 方益权,闫静.关于完善我国产教融合制度建设的思考[J].高等工程教育研究,2021(5):113-120.
[197] 李玉倩,陈万明.产教融合的集体主义困境:交易成本理论诠释与实证检验[J].中国高教研究,2019(9):67-73.
[198] 顾菊平,堵俊,华亮,等.高等工程教育产教融合互信机制研究[J].高等工程教育研究,2021(2):94-98.
[199] 张旭刚.乡村振兴视阈下农村职业教育产教融合生态圈构建[J].职业技术教育,2019(28):59-65.

[200] 周丙洋. 江苏省高职产教融合发展的机制梗阻与路径优化[J]. 教育与职业,2020(5):34-39.

[201] ROTHAERMEL F,BOEKER W. Old technology meets new technology: Complementarities, similarities and alliance formation [J]. Strategic management journal,2008,29(1):47-77.

[202] 霍丽娟. 资源依赖理论视角下企业承担职业教育社会责任行为的影响因素分析[J]. 职业技术教育,2020(1):42-48.

[203] 肖荣辉. "校企协同"科研平台建设与运营[J]. 中国高校科技,2017(8):11-13.

[204] 张旭刚. 乡村振兴视阈下农村职业教育产教融合质量评价体系构建[J]. 职业技术教育,2020(31):48-53.

[205] 殷俊. 区域产教融合信息服务平台框架设计研究[J]. 职教论坛,2020(11):20-21.

[206] 奚进. 企业参与职业教育校企合作的交易成本及补偿机制构建[J]. 中国职业技术教育,2018(33):43-50.

[207] 邱璐轶. 高职校企合作的影响因素分析[J]. 教育探索,2011(4):156-157.

[208] GÜMÜSAY A A, BOHNE, T M. Individual and organizational inhibitors to the development of entrepreneurial competencies in universities[J]. Research policy,2018,47(2):363-378.

[209] 傅新民. 校企合作影响因素的二维分类梳理与新探[J]. 职教论坛,2015(9):26-29,35.

[210] 王新国. 产教深度融合发展的制约因素及基本路径研究[J]. 江苏高职教育,2019(3):1-6.

[211] 王保宇. 深化产教融合:协同主体及影响因素[J]. 职业技术教育,2018(18):29-33.

[212] 朱小军. 高校校企合作成效影响因素评价研究:基于江苏省 24 所高校的调研分析[J]. 职业技术教育,2016(13):30-37.

[213] 潘海生,王世斌,龙德毅. 中国高职教育校企合作现状及影响因素分析[J]. 高等工程教育研究,2013(3):143-148.

[214] 多淑杰,易雪玲.我国职业教育校企合作现状比较及影响因素分析:基于全国 20 所职业院校的调查[J].职业技术教育,2015(25):48-52.

[215] 陶红,杨阳.广东高职教育产教融合现状及影响因素分析[J].职业技术教育,2017(9):44-47.

[216] 吴强.企业视角下校企合作战略联盟伙伴选择影响因素分析[J].企业经济,2014(11):33-37.

[217] 庄小将.高职院校校企合作影响因素实证研究[J].职业技术教育,2018(31):51-55.

[218] 王莉.高职院校产教融合评价体系优化探析[J].教育与职业,2019(22):98-101.

[219] 黄晓玲.职业教育发展中企业角色的三重逻辑[J].职业技术教育,2018(7):40-44.

[220] TREYVAUD, DAVIES. Employer participation in school-to-work programs[J]. Annals of the American academy of political and social science,2011,599:109-124.

[221] 翟博文,陈昌礼,陈辉林.产教融合生态圈模型的构想与路径选择:基于绿色视阈下贵安新区的探索[J].中国高校科技,2021(5):71-75.

[222] 涂宝军,孙颖,丁三青.江苏应用型本科院校产教融合水平测度及评价:基于高校专业与地方产业协同发展的宏观视角[J].职业技术教育,2018,39(14):50-54.

[223] 汤正华,谢金楼.应用型本科院校产教融合的探索与实践[J].高等工程教育研究,2020(5):123-128.

[224] 曹靖.产教融合型企业的学理逻辑、多维价值及选择适切性研究:企业行为的视角[J].职业技术教育,2019(10):36-40.

[225] 杨丽桃.校企合作视域下高职院校科技成果转化研究[J].黑龙江科学,2021(5):148-149.

[226] 李玉珠.产教融合制度及影响因素分析[J].职教论坛,2017(13):24-27.

[227] 李正卫,王迪钊,李孝缪.校企合作现状与影响因素实证研究:以浙江为例[J].科技进步与对策,2012(21):150-154.

[228] 张建云,缪朝东.委托-代理视角下的职业院校产教融合实体治理:逻辑、困境与策略[J].国家教育行政学院学报,2021(4):41-48.
[229] 任金秀,周红利.产业学院:中国特色产教融合的组织创新[J].职教论坛,2021(4):51-55.
[230] 欧阳河,戴春桃.产教融合的内涵、动因与推进策略[J].教育与职业,2019(7):51-56.
[231] 林仕彬,谢西金,陈长城.基于 Logistic 回归模型的企业参与校企合作影响因素分析[J].中国职业技术教育,2016(30):61-65.
[232] 刘志民,吴冰.企业参与高职校企合作人才培养影响因素的研究[J].高等工程教育研究,2016(2):143-147.
[233] XIE K F,LIU Z M. Factors influencing escalator-related incidents in China: A systematic analysis using ISM-DEMATEL method[J]. International journal environmental research and public health,2019,16:2478.
[234] 厉松芮,汪美顺,柴剑雪,等.基于 DEMATEL-ISM 模型的电网绿色发展影响因素研究[J].数学的实践与认识,2021(8):283-294.
[235] 陈建设,张萌萌.基于 PSR-DEMATEL 的世界自然遗产旅游景观健康影响因素研究[J].湖南工业大学学报(社会科学版),2021(2):54-61.
[236] 杨德鑫,许开立,李季硕.基于 DEMATEL-ISM 的液氨泄漏事故风险分析[J].消防科学与技术,2021(11):1571-1575.
[237] LEVESON N G. Applying systems thinking to analyze and learn from events[J]. Saf . Sci. ,2011,49(1):55-64.
[238] 袁振国.教育研究方法[M].北京:高等教育出版社,2000.
[239] 裴娣娜.教育研究方法导论[M].合肥:安徽教育出版社,1995
[240] 吴明隆.问卷统计分析实务:SPSS 操作与应用[M].重庆:重庆大学出版社,2010.
[241] 罗胜强,姜嬿.管理学问卷调查研究方法[M].重庆:重庆大学出版社,2014.
[242] 吴明隆.结构方程模型:AMOS 的操作与应用[M].重庆:重庆大学出

版社,2010.

[243] 刘胜男.教师专业学习影响因素及其作用机制研究[D].上海:华东师范大学,2016.

[244] 李丽.航空公司关键岗位人员安全诚信影响因素及作用机制研究[D].北京:中国矿业大学(北京),2019.

[245] 徐祥发,肖人彬.评价指标相关性的消除方法研究[J].系统工程理论与实践,2002(11):1-5.

[246] 高慧,赵蒙成.利益相关者视阈下高职院校产教融合质量评价:基于Nvivo的质性研究报告[J].职教论坛,2018(8):39-43.

[247] 吕路平,童国通."双高计划"背景下高职院校产教融合质量评价体系研究[J].职业技术教育,2020(30):31-36.

[248] 姜泽许.职业教育产教融合质量评价体系的构建[J].职教论坛,2018(5):34-39.

[249] 陈新民,高飞,张朋,等.资源整合视角下高职院校产教融合绩效评价研究[J].高等工程教育研究,2021(2):155-162.

[250] 姚润玲.基于利益相关者理论的应用型本科院校产教融合绩效评价研究[D].哈尔滨:哈尔滨工业大学,2018.

[251] 周春光,周蒋浒,王俊杰,等.高职教育产教融合绩效评价研究:基于灰色聚类评估模型的分析[J].教育发展研究,2021(19):70-76.

[252] 谢敏,顾军燕.产教融合视阈下高职院校校企融合度研究与评价实践[J].中国职业技术教育,2018(5):41-44.

[253] 霍丽娟.区域发展背景下产教融合度的评价及优化策略研究[J].中国职业技术教育,2020(21):76-83.

[254] 沈绮云,欧阳河,欧阳育良.产教融合目标达成度评价指标体系构建:基于德尔菲法和层次分析法的研究[J].高教探索,2021(12):104-109.

[255] KAKLAUSKAS,BANAITIS,FERREIRA,et al. An evaluation system for university-industry partnership sustainability: enhancing options for entrepreneurial universities[J]. Sustainability,2018,10(1),ID:119.

[256] 陈雅川,孙蔷蔷.基于CIPP评价模型的学前教育指标体系研究[J].比

较教育研究，2019(5)：98-105.

[257] STUFFLEBEAM. The use of experimental design in educational evaluation[J]. Journal of educational measurement，1971，8：267-274.

[258] STUFFLEBEAM. CIPP model (context，input，process，product) [M]//Mathison(Eds.). Encyclopedia of Evaluation. Thousand Oaks，CA：Sage，2005.

[259] STUFFLEBEAM. The 21st century CIPP model：origins，development，and use[M]//Alkin(Eds.). Evaluation Roots：Tracing Theorists' View and Influence. Thousand Oaks，CA：Sage，2004.

[260] 塔弗尔比姆，科恩. 评估理论、模型和应用[M]. 2 版. 杨保平，等译. 北京：国防工业出版社，2019.

[261] 杨海华. 基于 CIPP 的职业学校创业教育评价研究[J]. 职教论坛，2019(9)：37-41.

[262] 张霞珍. 基于 CIPP 评价的顶岗实习教学评价指标体系构建[J]. 教育现代化，2019(9)：190-191.

[263] 柯亮. 基于 CIPP 模型的应用型高校实践教学评价体系构建[J]. 中国成人教育，2019(17)：52-56.

[264] 张彦群，徐梦阳. 构建新时代产教融合发展平台战略[J]. 中国高等教育，2019(24)：19-20.

[265] HUANG M H，CHEN D Z. How can academic innovation performance in university-industry collaboration be improved? [J]. Technological forecasting & social change，2017，123：210-215.

[266] 罗汝珍. 职业教育产教融合政策执行成效的监测指标体系研究[J]. 成人教育，2021(2)：60-64.

[267] 宋军平. 地方政府促进高职院校产教融合发展研究：以甘肃省为例[D]. 兰州：西北师范大学，2015.

[268] 刘姗. 社会服务视角下应用型高校产教融合育人体系研究[J]. 职教论坛，2020(3)：138-142.

[269] NIELSEN，CAPPELEN. Exploring the mechanisms of knowledge transfer in university-industry collaborations：a study of companies，

students and researchers[J]. Higher education quarterly, 2014, 68(4):375-393.

[270] 孙俊华,陈传明,占侃,等. 校企合作网络生成影响因素实证研究:基于江苏高校的数据[J]. 江苏高教,2018(10):47-52.

[271] 翟金辉,朱义令. 企业科技成果转化有效路径探析[J]. 科技与创新,2019(24):35-37.

[272] ALEXANDER, MARTIN. Intermediaries for open innovation: a competence-based comparison of knowledge transfer offices practices[J]. Technological forecasting & social change,2013,80:38-49.

[273] 刘怡芳. 我国政府 R&D 补贴对技术创新的影响研究[D]. 长春:东北师范大学,2017.

[274] 周健君,胡有林. 地方国有企业高质量发展评价指标体系研究[J]. 湖南社会科学,2021(6):58-63.

[275] 王智慧. 体育强国的评价体系与实现路径研究[D]. 北京:北京体育大学,2014.

[276] SAATY. A scaling method for priorities in a hierarchical structure[J]. Journal of mathematical psychology,1977,15:234-281.

[277] XU Z S, LIAO H C. Intuitionistic fuzzy analytic hierarchy process[J]. IEEE transactions on fuzzy systems,2014,22(4):749-761.

[278] SZMIDT, KACPRZYK. Distances between intuitionistic fuzzy sets[J]. Fuzzy sets and systems,2000,114(3):505-518.

[279] ZHANG X M, XU Z S. A new method for ranking intuitionistic fuzzy values and its application in multi-attribute decision making[J]. Fuzzy optimization & decision making,2012,11(2):135-146.

[280] 邱胜海,王云霞,董莺,等. 新工科校企产教融合评价体系及评价方法研究[J]. 中国现代教育装备,2021(6):124-126.

[281] 邢美华,王维薇. 基于模糊积分法的农业企业产学研协同创新绩效评价研究[J]. 湖北农业科学,2017(24):4911-4915.

[282] 王天擎,李琪. 基于 RS-DEA 的产学研合作效率评价模型[J]. 系统科学学报,2018(2):126-130.

[283] ZADEH. The concept of a linguistic variable and its application to approximate reasoning. Part I [J]. Information sciences, 1975, 8(3): 199-249.

[284] HERRERA, MARTÍNEZ. A 2-tuple fuzzy linguistic representation model for computing with words [J]. IEEE transactions on fuzzy systems, 2000, 8(6): 746-752.

[285] LIAO H C, XU Z S. Consistency of the fused intuitionistic fuzzy preference relation in group intuitionistic fuzzy analytic hierarchy process[J]. Applied soft computing, 2015, 35: 812-826.

[286] 孟俊娜,于利爽,刘炳胜.基于投影的直觉模糊群决策专家权重确定方法[J].统计与决策,2016(20):43-46.

[287] 郭素森.产教融合政策如何在地市落地[N].中国教育报,2018-09-25.

后　记

本书是在我的博士论文基础上修改完成的。研究从中观层面选择城市作为产教融合的空间载体,将市域内的学校、行业企业、政府纳入同一个分析框架,建构城市产教融合生态系统理论模型,分析城市产教融合的核心主体、生态环境及运行机制,研究城市产教融合的影响机制、评价体系、优化路径等问题,进一步丰富了产教融合研究成果。

在专著出版之际,我要感谢我的导师中国矿业大学张万红教授。张老师仁爱宽厚、德高望重,是我辈学习的楷模。我的博士论文从选题拟定、框架设计、数据分析到论文写作,都凝聚了张老师大量的心血,我的每一点进步都离不开张老师的指导和帮助。于我而言,张老师既是学业上的引路人,也是生活中的护航者。每逢我生活中遇到困难事、烦心事,张老师都给予最坚定的支持。同时,师母王会娟老师对我的学习和生活也给予了热忱的关心和无私的帮助,在此致以深深的敬意。

感谢中国矿业大学段鑫星教授、王义保教授、张长立教授、李爱彬研究员、刘蕾教授、许超教授等老师在我的课程学习、论文开题与写作中给予的指导和建议。感谢浙江大学眭依凡教授、南京师范大学胡建华教授、江苏大学周绿林教授在我的博士论文预答辩和答辩中给予的宝贵意见。感谢在研究过程中接受调查和咨询的专家和老师们,他们分处不同的地域和行业,但是对于我研究中的调查和咨询都给予了高度严谨的回应,保证了论文中数据分析的质量。

感谢中国矿业大学出版社领导和朋友们在我的博士论文写作和专著出版过程中给予的极大支持和帮助。每每回忆起曾经的编辑出版工作,我总感到无比的自豪。感谢徐州工程学院管理工程学院领导和同事们的信任和关怀，在这里我开始了一段新的教学科研生涯。同时，本书的出版得到了徐州工程学院学术著作出版基金的资助，在此一并致谢。

最后要感谢我的家人。可以说，能够顺利完成博士阶段学业和专著写作，家庭是我最温暖的“加油站”。数智时代迎面而来，融合发展已成为社会发展的重要规律之一。在这个充满不确定性的世界里，唯有持续学习才能将不确定性转化为机会。感谢过往中所有帮助过我的人，我会继续在新的赛道上奋力奔跑。

陈振斌

2023年2月于徐州工程学院